Redacción avanzada

Un enfoque lingüístico

Redacción avanzada

Un enfoque lingüístico
Tercera edición

Fidel Chávez Pérez

Instituto Tecnológico y de Estudios Superiores de Monterrey, campus Monterrey

México • Argentina • Brasil • Colombia • Costa Rica • Chile • Ecuador
España • Guatemala • Panamá • Perú • Puerto Rico • Uruguay • Venezuela

┌───┐
/ Datos de catalogación bibliográfica

CHÁVEZ PÉREZ, FIDEL

Redacción avanzada.
Un enfoque lingüístico

PEARSON EDUCACIÓN, México, 2003

ISBN: 970-26-0482-6
Área: Universitarios

Formato: 21 × 27 cm   Páginas: 360
└───┘

Editora: Leticia Gaona Figueroa
                                    e-mail: leticia.gaona@pearsoned.com
Supervisora de desarrollo: Diana Karen Montaño González
Supervisor de producción: Enrique Trejo Hernández

TERCERA EDICIÓN, 2003

D.R. © 2003 por Pearson Educación de México, S.A. de C.V.
      Atlacomulco Núm. 500, 5° Piso
      Col. Industrial Atoto
      53519, Naucalpan de Juárez, Edo. de México

Cámara Nacional de la Industria Editorial Mexicana.
Reg. Núm. 1031.

Addison Wesley Longman es una marca registrada de Pearson Educación de México, S.A. de C.V.

ISBN: 970-26-0482-6

Impreso en México. *Printed in Mexico.*

1 2 3 4 5 6 7 8 9 0 06 05 04 03

La escritura es la ciudad laberíntica construida en las confluencias de todas las escrituras, producción de culturas y sociedades.

Anna Poca

Si no leemos no tendremos jamás palabras para entender y transformar el mundo. No haremos nuestras las experiencias ajenas. Nuestra condición quedaría reducida a la mudez incomunicable de los peces en el acuario.

Jose Emilio Pacheco

Agradecimientos

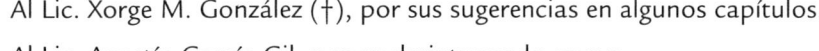

Al Lic. Xorge M. González (†), por sus sugerencias en algunos capítulos.

Al Lic. Agustín García Gil, por su desinteresado apoyo.

A la Lic. Yolanda Pérez, por su acertada participación en el diseño didáctico de la metodología que aparece en la página de Internet que acompaña a este libro.

Contenido

CAPÍTULO 5:
MODELO DEL ESCARABAJO: ANÁLISIS Y PUNTO DE VISTA EN LA SELECCIÓN DE UN TEMA   173

CAPÍTULO 6:
REDACCIÓN DE INFORMES   221

CAPÍTULO 7:
FORMAS ESPECIALIZADAS DE REDACCIÓN   261

Introducción

Los contenidos de este libro responden al programa que se diseñó en 1986 para el curso de Redacción Avanzada en el Instituto Tecnológico y de Estudios Superiores de Monterrey, Campus Monterrey.

En agosto de 1990, esta materia pasó a formar parte de los cursos sello que se incluyeron como obligatorios dentro de los nuevos planes de estudio de las carreras profesionales.

Desde el inicio del proyecto se ha trabajado con una metodología que se fundamenta en algunos principios de lingüística aplicada, lectura e incremento del vocabulario. Su orientación se encamina hacia el desarrollo de la habilidad escritural en estudiantes de nivel profesional.

La ardua labor de investigación realizada para crear un enfoque diferente llevó varios años. Durante todo este tiempo se tuvo especial cuidado de no caer en las características de la mayoría de los libros de redacción que confunden esta habilidad con la gramática y el estilo literario. Por esta circunstancia, gran parte de las lecturas que se incluyen en este libro favorecen el incremento del vocabulario y el manejo del lenguaje estándar.

El curso supone el dominio de los conocimientos esenciales de la lengua materna que se estudian en la primaria, la secundaria y la preparatoria. Sin embargo, considerando que la realidad en el uso de estas habilidades es otra, se incluyó en el texto información relevante sobre algunas dudas y vicios del lenguaje, esquemas etimológicos y un buen número de esquemas conceptuales.

El contenido consta de ocho capítulos. Por cuestiones metodológicas se ordenaron de la siguiente manera: 1. Desarrollo de la observación; 2. Descripción y modificación de una estructura lingüístico-discursiva; 3. El proceso de la comunicación; 4. Acercamiento a un proceso descriptivo; 5. Modelo del escarabajo: análisis y punto de vista en la selección de un tema; 6. Redacción de informes; 7. Formas especializadas de redacción; 8. El texto literario.

Los dos primeros capítulos son decisivos porque en ellos se determinan las bases sobre las que se apoyará el resto del material. El tercero y el cuarto, aunque revisan temas conocidos, su enfoque es más práctico y novedoso. El quinto es medular porque en él se expone el "modelo del escarabajo", una técnica original y sencilla que facilita el desarrollo de ideas. En el sexto se estudia la redacción de informes y el ensayo. En el séptimo se revisan los géneros periodísticos y en el octavo se analizan algunos aspectos del texto literario con el fin de establecer diferencias entre este tipo de lenguaje y el estándar. El orden de cada capítulo se apega al siguiente patrón: a) teoría, b) lecturas, c) ejercicios, d) esquemas de etimologías, e) ejercicios, f) dudas sobre lenguaje.

Para alcanzar las metas de este curso es necesario que se realicen todas las actividades y dinámicas de grupo que se proponen.

Actualmente podemos afirmar que este nuevo enfoque de la redacción cumple con los objetivos que nos llevaron a estructurarlo de esta manera. Las respuestas positivas las hemos constatado en el diario contacto con alumnos y maestros. Además, una de las ventajas de esta metodología es que puede transferirse a otras lenguas, tanto por su enfoque como por los principios teóricos que la sustentan.

A la edición que publicó Alhambra Mexicana por vez primera en 1993 la precedieron 11 ediciones, con otras características, que se realizaron en forma interna en el ITESM, Campus Monterrey.

Para esta tercera edición se cambiaron algunas lecturas y se actualizaron varios temas. También se incluyeron diversas novedades sobre el uso del lenguaje y la metodología para el maestro que se podrán consultar en la página electrónica: **www.pearsonedlatino.com/chavez**

Todas las actividades que se sugieren en este texto se diseñaron para desarrollar el trabajo en equipo, el autoaprendizaje y la búsqueda de información. Sin embargo, es importante el papel del maestro como facilitador o guía, porque es pieza clave para la evaluación.

Por otra parte, es necesario aclarar que algunos de los ejercicios, que se derivan de cada una de las lecturas, permiten que el estudiante pueda buscar información complementaria en los medios electrónicos para realizar sus prácticas escriturales. En estos casos se recomienda revisar los protocolos para el uso de este tipo de información, mismos que se pueden bajar de la red en su versión en español.

El Autor.

1

Desarrollo de la observación

La observación es una facultad que la mayoría de las personas poseemos, pero desafortunadamente no la desarrollamos porque por lo general nos acostumbramos a ver, a mirar, mas no siempre a observar.

La observación requiere ejercicio constante. Existe una fase inicial en la que el individuo aprende a interiorizar. No es la simple acción de ver o mirar, sino la de captar, mediante un análisis minucioso, el mayor número de detalles de lo que se observa, sea un objeto, una persona o un acontecimiento. En otras palabras, se trata de interiorizar lo que se percibe antes de llegar al proceso escritural. La segunda fase consiste en seleccionar, jerarquizar y traducir las imágenes a la escritura para después darle forma al mensaje.

Es necesario establecer diferencias entre los tres conceptos que acabamos de mencionar: ver es percibir a través de la vista; mirar es cuando se fija la mirada en algo y observar es la acción de mirar más la de examinar detenidamente, como lo expone el escritor Ramiro Garza en el siguiente texto:

LA OBSERVACIÓN

Un día un médico olvidó un pedazo de pan en una ventana del hospital.

Llovió. Pasaron muchas horas. Cualquier enfermera descuidada, cualquier ayudante de limpieza, cualquier otra persona, al encontrar de nuevo el pan, lo hubiera echado a la basura sin mayor trámite.

Pero el médico lo observó. Y descubrió algo extraño. Que había moho de diferentes colores. Y que pasadas unas horas, el moho amarillo proliferaba más que el negro. Y que en ese moho había una fuerza secreta oculta a los ojos de los distraídos.

El Dr. Fleming inició así el descubrimiento de la penicilina. Observó, no sólo vio o miró. Observó, y en un relámpago intuitivo, transformó la manera de combatir las infecciones en nuestro siglo. La observación lo comenzó todo. La Observación.

Tú y yo podemos ver un paisaje, podemos mirar una flor. Pero también podemos observar una abeja. La vista es amplia, generosa. La mirada es terminante y selectiva. La observación es concentrada e inteligente. Observando fue como Galileo intuyó que la Tierra era la que se movía y no el Sol. Una observación condujo al holandés Lewenhoek a inventar el microscopio. Porque era un buen observador, Franklin descubrió la electricidad de la atmósfera y dio con el pararrayos. Varias observaciones condujeron a Julián Carrillo a lograr su mundialmente célebre "Sonido 13".

Parece ser que existe una extraña comunicación entre el ojo y el cerebro. La pupila asimila y el cerebro analiza. La creatividad brota de una serie de asociaciones maravillosas. Para quien observa el mundo es, cada instante, una increíble aventura. Decidámonos hoy mismo a ser buenos observadores.

Descubriremos en lo que es para otros sólo una cotidiana realidad, todo un tesoro de sabiduría y de belleza. La observación es la madre de la ciencia, del progreso, de la poesía, de la música interior.

Y también de las revelaciones misteriosas.

Los ejercicios que se sugieren en este capítulo parten de la percepción visual para llegar a la práctica escrita. Se pretende que el alumno redacte mediante un método distinto que no utiliza reglas ni memorización, sólo la simple observación. El proceso parte de la observación del objeto. Debe captarse de él lo que se percibe en la primera impresión, así como lo que hay detrás, es decir, lo que subyace. Para lograrlo se requiere también el desarrollo de nuestra imaginación. Este sencillo procedimiento enfatiza algunos aspectos del lenguaje que se manejan en forma inconsciente. Nos referimos a los diversos procesos comunicativos en los que necesariamente se utilizará el lenguaje oral. Cuando no hay una conciencia definida de la práctica oral, ésta ocasiona dificultades en la comunicación escrita. La organización de las ideas en nuestra mente es el requisito indispensable para que se logre una escritura con orden lógico. En resumen, hay que realizar una traducción de las imágenes que se observan en los signos de escritura; de ahí que la meta de este capítulo sea llegar al texto descriptivo a través de la comunicación verbal.

Cuando se mira o se ve algo, por lo general se ejecuta una acción de tipo mecánico que afecta a un solo sentido: la vista. En este caso, el proceso de interiorización es diferente cuando se observa con detenimiento lo percibido (objeto, persona o suceso). Por tal razón, en este curso, el estudiante debe observar los elementos comunes en una serie de materiales semejantes que le proporcione el maestro (transparencias, objetos, hechos) y analizar las características de éstos. Para llevar a cabo este ejercicio no es necesario seguir ninguna regla o tener algún antecedente, sólo hay que utilizar los pasos de la lógica de la observación y después expresar lo que se observa por medio de la descripción.

LÓGICA DE LA OBSERVACIÓN

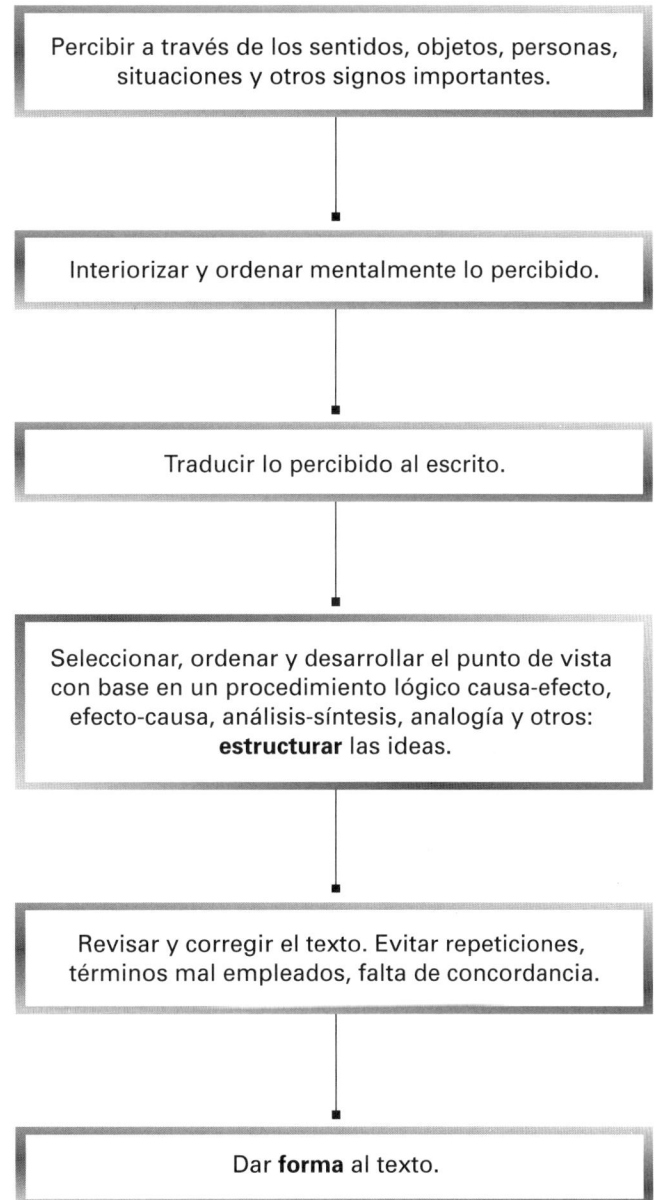

Percibir a través de los sentidos, objetos, personas, situaciones y otros signos importantes.

Interiorizar y ordenar mentalmente lo percibido.

Traducir lo percibido al escrito.

Seleccionar, ordenar y desarrollar el punto de vista con base en un procedimiento lógico causa-efecto, efecto-causa, análisis-síntesis, analogía y otros: **estructurar** las ideas.

Revisar y corregir el texto. Evitar repeticiones, términos mal empleados, falta de concordancia.

Dar **forma** al texto.

Como en diversas actividades de la vida universitaria y profesional se nos pedirá información escrita respecto a nuestras observaciones ya sea para valorar, juzgar o concluir sobre ellas, tendremos que formular *enunciados de observación, de inferencia y juicios de valor*.

Los enunciados de *observación* suponen la *identificación* y/o *clasificación* mientras que la *inferencia: identificación, clasificación, juicios de valor* o *solución de problemas*. Los siguientes ejemplos y características de cada uno de los enunciados ilustran lo anterior:

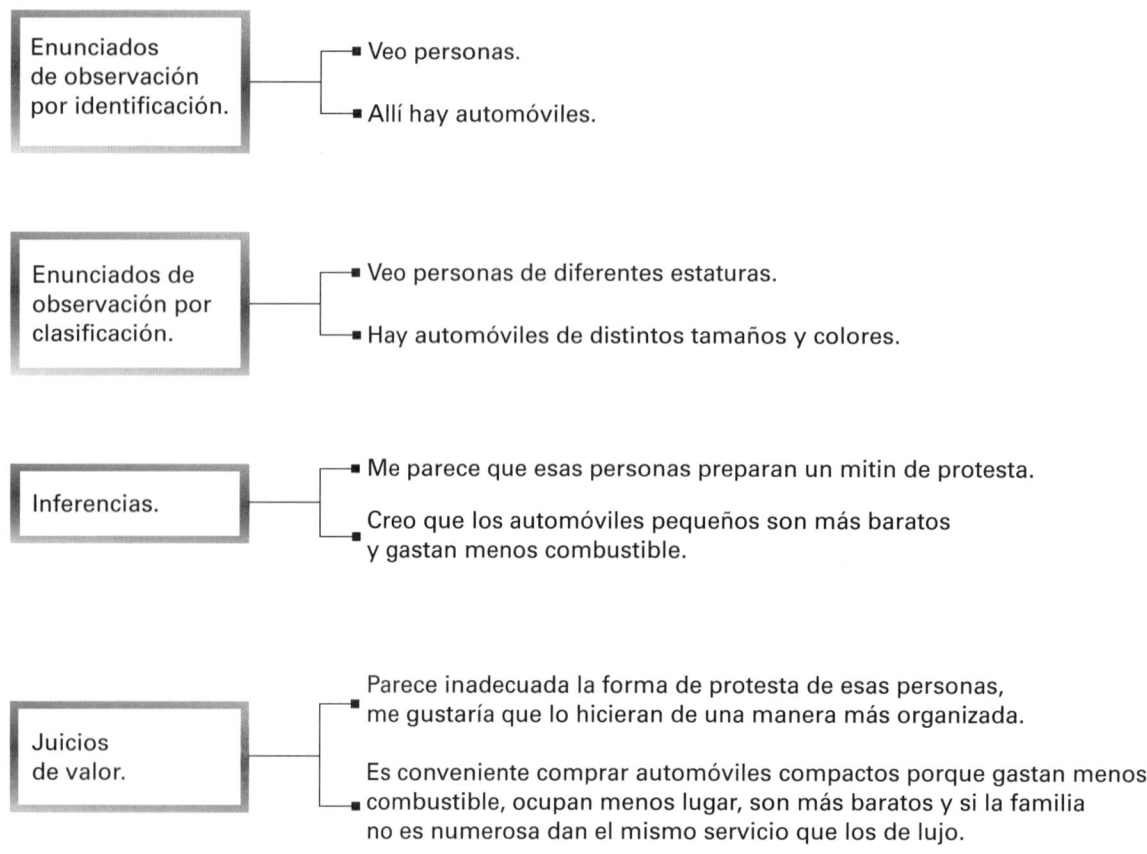

Características de los enunciados de observación

- Implican identificación y clasificación únicamente.
- Sólo pueden formularse *a posteriori* de la observación.
- No trascienden lo observado.
- Preferentemente usan palabras denotativas, pocas veces connotativas.
- Tienden a informar.
- Se apegan totalmente a la realidad (son certeros).

Características de los enunciados de inferencia

- Implican asunciones.
- Pueden formularse antes, después, durante y aun sin la observación.
- Trascienden lo observado.

- Indistintamente utilizan palabras denotativas y connotativas.

- Tienden a interpretar.

Características de los enunciados de valor

- Implican asunciones.

- Pueden formularse en cualquier momento.

- Trascienden lo observado.

- Frecuentemente usan palabras connotativas.

- Pueden tener alto o bajo porcentaje de aceptación.

- Usan valores y preferencias.

Es importante considerar que las observaciones pueden ser *exactas*, cuando se reproduce fielmente lo percibido, e *inexactas*, cuando la información contradice lo percibido. En cambio, las inferencias se pueden hacer por elementos que no aparecen en lo percibido, a través de interpretaciones (asunciones o valoraciones). Las asunciones se buscan en los conocimientos previos que el sujeto posee.

Las fallas más frecuentes en la percepción-observación se pueden dar por: *limitaciones sensoriales* y por *percepción selectiva*. Las limitaciones sensoriales nos remiten a problemas como: daltonismo, miopía y ruido involuntario. En la percepción selectiva sólo vemos lo que queremos ver y oímos lo que queremos oír. Generalmente se trabaja con el primer nivel al que aludimos en el inicio de esta unidad, el de *ver*. En la percepción selectiva se selecciona antes que la información sea procesada. Por esta razón se eliminan algunos elementos importantes. En la selección influyen dos aspectos: las experiencias y los estados psíquicos del receptor (alteraciones nerviosas o emocionales).

La descripción es la forma escritural más recomendable para captar lo que tenemos frente a nosotros. Describir es como pintar con palabras lo que se observa: veamos el siguiente texto:

> Casamiquela y colaboradores descubrieron una localidad del Jurásico superior, que testimonia la presencia de dinosaurios pequeños y de un mamífero, en el nordeste de la provincia de Santa Cruz. Se trata de un conjunto de magníficas huellas, perfectamente conservadas, impresas en una arenisca gris verdosa. Aún hoy pueden verse en el piso de la cantera las filas de huellas de cuatro especies distintas que se entrecruzan en diversas direcciones.
>
> **José F. Bonaparte**

Los conceptos de forma y estructura también son dos elementos muy importantes en el desarrollo de la observación. **Forma** es lo que se ve y **estructura** es lo que subyace. Si analizamos una esquela, una noticia, un telegrama y un poema con tema necrológico, observaremos cómo las cuatro manifestaciones son formas distintas que estructuran una idea semejante y, a la vez, nos muestran la trasformación lingüística de un texto en cuanto a forma y estructura:

ANTIER

En la Cd. de Mazatlán, Sinaloa, a las 19:00 hrs.
dejó de existir el Sr.

ARQ. JESÚS ESTRADA MONÁRREZ

(q.e.p.d.)

A la edad de 47 años

Habiendo vivido siempre en el seno de la Santa Iglesia Católica, Apostólica y Romana, confortada su alma con los Santos Sacramentos. Su esposa: Blanca Graciela González de Estrada, hijos: Blanca Graciela, Claudia Ivette, Alejandro Jesús y Cordelia Estrada González, su madre: Dionisia M. Vda. de Estrada, hermanos, hermanos políticos, sobrinos y demás familiares lo participan a usted con profundo dolor y le ruegan eleve a Dios Nuestro Señor las oraciones que su piedad le dicte por el eterno descanso de su alma.
El duelo se recibe en la Cd. de Mazatlán, Sinaloa.

Monterrey, N.L., a 27 de septiembre de 1990.

Fallece Alberto Moravia

ROMA, 26 (AP).- Alberto Moravia, el célebre escritor italiano cuyos libros provocaron la ira del gobierno fascista y la Iglesia Católica, falleció hoy de un ataque cardiaco en su hogar en esta ciudad. Tenía 82 años de edad.

Moravia, a quien se considera generalmente como el principal escritor italiano del siglo xx, enfermó alrededor de las 8 de esta mañana y falleció segundos más tarde, dijo su médico, Antonio Severini. Moravia tuvo un examen médico hace un par de días y lo declararon en buen estado de salud.

Los restos del autor fueron trasladados al Campidoglio, o colina capitolina, donde el presidente senatorial Giovanni Spadolini y el alcalde romano Franco Carraro se encontraban entre los que presentaron sus respetos. El funeral fue fijado para el viernes, y la sepultura será en la tumba familiar de los Moravia.

TELENALES

SOLICITUD DE TELEGRAMA

PARA USO EXCLUSIVO DE TELENALES						
CANAL	NÚM. DE ROL	MONOGRAMA OPERADOR	HORAS DE TRANSMISIÓN	NÚM. DE TELEGRAMA	MONOGRAMA EXPEDIDOR	TARIFA
CLAVE DE DESTINO		BUP COP HOF HSF PRIORIDAD		NÚM. DE PALABRAS	HORA DE DEPÓSITO	SEGUNDO PRECIO

MARQUE CON UNA "X" LA CLASE DE SERVICIO DESEADO

ORDINARIO ☐   URGENTE ☒   CONTESTACIÓN PAGADA ☐   ACUSE DE RECIBO ☐

PROCEDENCIA ____**Cd. Camargo, Tamps.**____ A __3__ DE **Octubre** DE 19 __90__

DESTINATARIO ____**Lic. Leopoldo Sáenz Tapia**____ TELÉFONO __40-10-12__
NOMBRE Y APELLIDOS COMPLETOS

DOMICILIO ____**Zaragoza # 138**____
CALLE, NÚMERO, COLONIA, DELEGACIÓN O MUNICIPIO

DESTINO ____**Monterrey, N.L.   64700**____
POBLACIÓN, ESTADO, CÓDIGO POSTAL

TEXTO ____**Infórmote tío Juan falleció en Hospital Metropolitano,**____

____**causa diabetes.**____

____**Acude de inmediato.**____

REMITENTE __**Rosina Sáenz Tapia**__
NOMBRE Y APELLIDOS COMPLETOS

DOMICILIO __**Villagrán # 1432, Col. Fabriles, Cd. Camargo, Tamps.**__
CALLE, NÚMERO, COLONIA, DELEGACIÓN O MUNICIPIO

TELÉFONO __**40-03-17**__   FIRMA ____

LA MUERTE DEL NIÑO HERIDO

Otra vez es la noche... Es el martillo
de la fiebre en las sienes bien vendadas
del niño. —Madre, ¡el pájaro amarillo!
¡Las mariposas negras y moradas!
    —Duerme, hijo mío. Y la manita
oprime
la madre junto al lecho. —¡Oh flor de fuego!
¿Quién ha de helarte, flor de sangre, dime?
Hay en la pobre alcoba olor de espliego:
fuera la oronda luna que blanquea
cúpula y torre a la ciudad sombría.
Invisible avión moscardonea.
    —¿Duermes, oh dulce flor de sangre
mía?
El cristal del balcón repiquetea.
    —¡Oh, fría, fría, fría, fría, fría!

Antonio Machado

La *esquela* proporciona información dispuesta según ciertos lineamientos convencionales que responden a las preguntas: ¿cuándo?, ¿dónde?, ¿quién?

En ocasiones las esquelas admiten citas bíblicas o de otra índole, alusivas a la muerte.

La *noticia*, por su carácter informativo, es más amplia e incluye datos que responden a las siguientes preguntas: ¿qué?, ¿quién?, ¿cómo?, ¿dónde?, ¿cuándo?, ¿por qué? y en ocasiones ¿para qué?

El *telegrama* transmite una información breve. Sin embargo, también responde a estas preguntas: ¿quién?, ¿qué?, ¿cuándo?, ¿cómo?, ¿dónde?

El *poema* es una forma de comunicación literaria en la que el autor transfigura la realidad por medio del lenguaje metafórico. Tiene la virtud de la concreción, ya que en la poesía hay que leer más allá de la letra impresa para intuir el significado en el universo de las imágenes.

Las preguntas que resultan claras en los ejemplos anteriores, en este caso, están ocultas dentro de la magia del lenguaje figurado.

La forma responde en cada ejemplo a: **esquela**, **noticia**, **telegrama** y **poema**. La estructura, a la disposición de los elementos lingüísticos y al manejo del lenguaje.

Lo mismo sucede si observamos un edificio: la forma es lo que vemos externamente y la estructura la constituyen los cimientos, columnas, pisos, muros y demás elementos que la sostienen.

Figura 1.   Forma.

Figura 2.   Estructura.

Otro punto relevante en el análisis textual es la detección de palabras clave en un escrito. Éstas nos aclaran, por una parte, el significado del texto y, por otra, revelan la base estructural sobre la que está construido el discurso. Las **palabras** se clasifican en dos tipos: *llenas* y *vacías*. Las primeras (verbos, sustantivos, adjetivos y adverbios) tienen significado; las segundas (artículos, conjunciones, preposiciones) tienen valor posicional y sirven como enlaces. Las interjecciones para algunos autores son palabras semillenas, por la carga expresiva que manifiestan. Esto se puede ver claramente en el lenguaje literario y en algunas formas coloquiales: ¡ah!, ¡oh!, ¡huy!, ¡ay!, ¡ojalá!, etcétera.

Si analizamos las palabras, llenas y vacías, encontraremos las características gramaticales y también la función comunicativa de un texto discursivo, así como la concordancia que guardan ambos tipos entre sí para lograr la coherencia lingüística y la claridad en el párrafo, como se ilustra en el siguiente ejemplo:

El 22 de mayo de 1985 se celebraba fastuosamente el centenario de la muerte de Víctor Hugo. Como yo me había sumergido dócilmente en sus obras, releí con la mayor admiración *El águila del casco*, un poema de alrededor de cuatrocientos versos que forma parte de la *Leyenda de los siglos*.

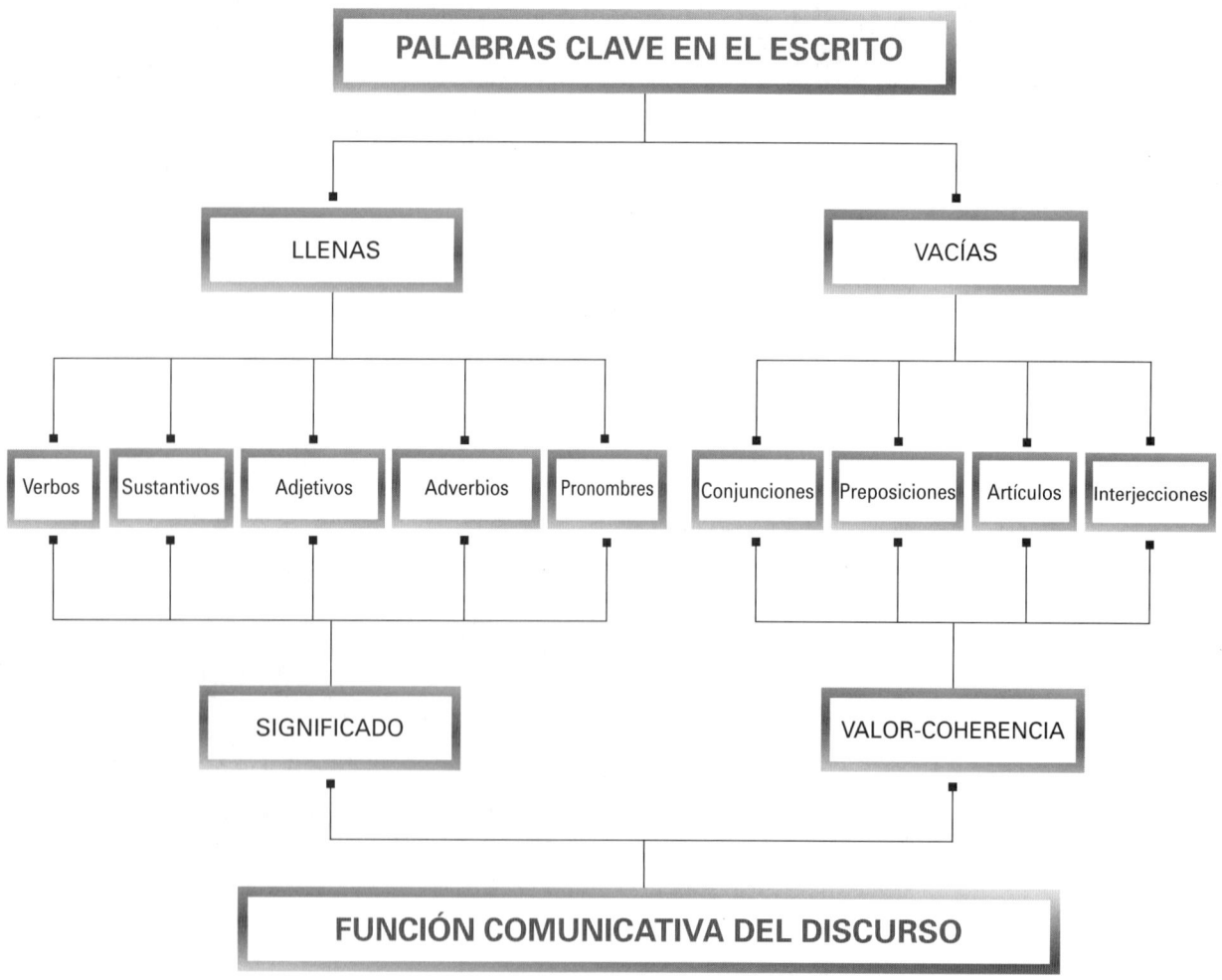

SUSTANTIVOS	VERBOS ADVERBIOS	ADJETIVOS
mayo	celebraba fastuosamente	22
centenario	había sumergido dócilmente	1985
muerte	releí alrededor	sus
Víctor Hugo obras admiración *El águila del casco* poema versos parte *Leyenda de los siglos*	forma	mayor cuatrocientos

PRONOMBRES
se me yo que (relativo)

ARTÍCULOS	PREPOSICIONES INTERJECCIONES	CONJUNCIONES
el un el la la el del (de + el) la los	de de de en con de de de de	como

La **base estructural** se determina por el tipo de palabras que predominan *en un texto discursivo*. La función comunicativa se infiere por el empleo de las mismas, como puede verse en el ejemplo anterior, donde sobresalen los **sustantivos** que reafirman el carácter informativo del escrito.

En otros textos encontraremos que algunas veces dominan los **verbos**, los **adjetivos** o los **adverbios**. La base estructural en el primer caso sería verbal y la comunicación se referiría a acciones activas o pasivas. En el segundo, la base sería adjetival y la función comunicativa modificadora o descriptiva, y en el tercero, adverbial, con cualesquiera de las funciones que se deriven en esta categoría: espacial, temporal, modal u otras, como lo ilustra el siguiente esquema:

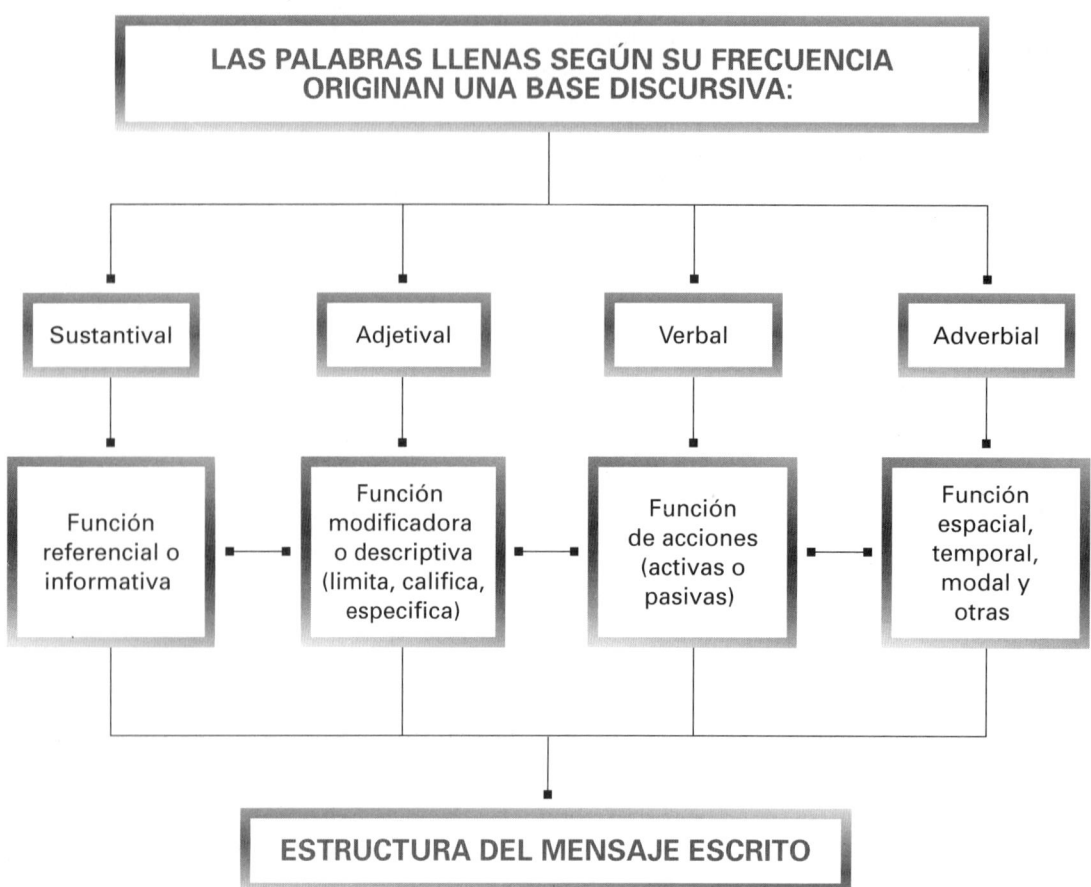

El desarrollo de la observación es el elemento indispensable para lograr una buena redacción. Mediante su empleo, ésta se convertirá en poco tiempo en una práctica sencilla, agradable y útil.

Cuando leemos un escrito y utilizamos la observación y el análisis, detectamos fallas tan comunes como errores ortográficos, alteraciones del sujeto, uso inadecuado de vocablos, repeticiones inútiles y algunos otros aspectos que oscurecen el mensaje escrito.

Como parte esencial de esta actividad es necesario manejar los diccionarios. Se recomiendan aquellos que incluyen raíces griegas y latinas porque no sólo ayudan a la escritura correcta de las palabras, sino también a conocer prefijos y sufijos, que son elementos básicos en el método que proponemos. El significado etimológico de prefijos y sufijos facilita, en gran parte, la construcción de palabras, aumenta en forma notable el vocabulario y nos permite una mejor comprensión del texto.

Todos sabemos que el ser humano percibe mediante sus cinco sentidos: vista, oído, olfato, tacto y gusto. Cada uno de ellos es canal de sensaciones que se pueden interiorizar, según impacte la percepción al individuo. Para nuestros objetivos, en realidad, interesan todos los sentidos, pero particularmente el canal visual, el auditivo y el táctil en lo que a la escritura se refiere. Los ejercicios y dinámicas de grupo sugeridos en este primer capítulo se orientan hacia el desarrollo de la percepción visual y auditiva que, como consecuencia, conducirán a la producción del escrito. Los demás canales sensoriales se utilizarán en la medida en que sean necesarios, del mismo modo como se utilizan la percepción visual y la auditiva.

Generalmente estamos acostumbrados a actuar en forma automática. Este curso pide una actitud distinta de parte del alumno: la de *observar* y *pensar* antes de que se ejercite una actividad escrita. De este modo la redacción dejará de ser sistemática y se convertirá muy pronto en una práctica comunicativa de primer orden para la vida profesional.

Esta metodología es diferente a la de otros cursos de redacción. La diferencia radica en que se hace hincapié en lo visual antes de llegar a lo escrito. El fundamento teórico nos remite constantemente a la semántica y a la lingüística. Nuestra intención es que el alumno aprenda a redactar con un lenguaje estándar que se ajuste a cada propósito de comunicación según se requiera. La semántica nos auxiliará en el análisis contextual y la lingüística en lo referente al lenguaje estándar, sus desviaciones y los diferentes niveles discursivos.

En ningún momento trabajaremos con fórmulas o listas de palabras sin sentido. El objetivo es utilizar el lenguaje en contexto y en situaciones reales, no con paradigmas de escritores de siglos pasados o actuales, que si bien son ejemplos respetables, tienen poco que ver con los procesos comunicativos a los que nos sometemos cotidianamente. En la literatura contemporánea existen numerosos autores que han reivindicado variados aspectos de la práctica oral y los han incluido en la práctica escrita. En este caso, la oralidad en la escritura persigue un fin estilístico. Prueba de ello son algunas obras de Vargas Llosa, Puig, Zapata y otros escritores actuales.

Lectura 1
VIABILIDAD ECOLÓGICA Y LA NUEVA GEOPOLÍTICA

Política y ecología: la importancia de la ecología

¿Es la ecología parte integral de los procesos políticos? En años recientes, esta cuestión ha cobrado creciente importancia. Los promotores y detractores de la relación política-ecología ocupan un espacio cada vez más amplio en los medios de información y difusión. Esta atención se debe al preocupante deterioro del entorno físico. Paradójicamente, los opositores predominan: aquellos que subordinan los aspectos ecológicos a un lugar suplementario del quehacer político. ¿Por qué sucede esto?

La causa se encuentra en el meollo mismo de la razón de ser de la política: la lucha por el poder. Por ser un tema al parecer de corto plazo, no prioritario como parecen ser el crecimiento económico, las demandas sociales y la creación de empleos, y de carácter global, *i.e.*, sin la promoción particular de grupos de presión o interés predominantes, la ecología recibe un tratamiento displicente y retórico. No parece ser un punto crítico, determinante de la lucha por el poder. Al menos por ahora.

De esta manera, la ecología carece de espacios definidos de manifestación política en el concierto actual de "fuerzas vivas", en la mayoría de los casos. Los Partidos Verdes originan risa o burlas, o cuando más, atención transitoria. Y otros grupos o partidos políticos manejan y tratan de apropiarse, alternativamente, de sus demandas. La política, preocupada por definición del tiempo presente, o a corto plazo, se rehúsa a incorporar planteamientos que se ocupan del "bienestar común" (y no de algunos de sus términos específicos), de medidas colectivas urgentes (la antítesis de la lógica de la lucha por el poder).

Pero el hecho es que, más allá de las percepciones manipuladas o distorsionadas, la ecología constituye, cada vez más, un elemento integral del ámbito político, aunque lo nieguen con una miopía obsesiva los encargados de la toma de decisiones. La ecología, la conservación del medio natural, representa, y determinará en forma perentoria, los límites de la acción política. Y en la medida en que no se reconozca, o se posponga su relevancia para los procesos políticos, se incrementará su potencial catalizador del desarrollo, para bien o para mal.

Por una parte, una definición incluyente, integral, del proceso de desarrollo, debe por necesidad incluir a la ecología como uno de sus cinco elementos totales: desarrollo político, económico, social, cultural-ideológico y ecológico. Si alguno de éstos falta, se cancela el desarrollo, se trata tan sólo de una distorsión del mismo. Y todo apunta, a mediano y largo plazo, a escenarios en los cuales le ecología será el factor crítico de la ecuación del desarrollo.

Más importante aún, si no prevalece un mejoramiento, o al menos una estabilidad de las condiciones ecológicas, cualquier ruta hacia el desarrollo, sea cual fuere la ideología que la sustenta, se convierte en un callejón sin salida: el crecimiento económico se desvanece, el progreso social se estanca, la idoneidad cultural se trastoca en caldo de cultivo de conflictos, y la política desemboca en soluciones estrictamente de fuerza, o en la anarquía.

Resulta obvio que la política debe desenvolverse en un medio físico limitado de por sí: un entorno de abundancia o escasez de oportunidades o de negación. Si este medio o entorno se deteriora irreversiblemente, o desaparece, ¿en qué queda la acción política? Desprovista de su sustento esencial, *i.e.*, un territorio propicio o al menos viable para sostener una población en condiciones favorables para la vida en comunidad, y para posibilitar la organización y el funcionamiento de la sociedad en su conjunto, la política sencillamente deja de existir: la lucha por el poder cede lugar a la lucha por la supervivencia. Los países del Sub-Sahara, en África, son ejemplos extremos, pero indicadores precisos, de una situación que podría generalizarse; el concepto de Estado-Nación pierde todo sentido ante la falta de viabilidad ecológica.

La ecología otorga a la política su verdadera dimensión y su capacidad operativa: amplia, estrecha o nula. La plenitud ecológica significa una multitud de opciones para la acción política: modelos de gobierno, organización e ideología que cubren todo el espectro político. Y encierra el embrión de la pluralidad y la democracia, por tenue que sea la expectativa de su realización. Por el contrario, la depredación, el colapso ecológico, es receta segura para el autoritarismo, el totalitarismo o el caos.

La devastación del medio natural

El ataque devastador del *homo sapiens* contra la naturaleza continúa a un ritmo desenfrenado. Es posible que ya sea demasiado tarde. El comportamiento del ser humano, agresivo, depredador, parece conducirlo al inexorable fin de la especie. El mal llamado "progreso" podría acabar, en breve, con la vida en el planeta. Primero, al aniquilar todas las especies animales que nos acompañan, excepto las de cría y mascotas, y convertir en erial los bosques y praderas. Después, al desaparecer el hombre, ahogado en sus propios desperdicios, los insectos heredan el planeta. Esto no es ciencia ficción, sino una realidad posible, e incluso probable, para el siglo XXI.

Las agresiones contra el medio natural son innumerables: la contaminación de tierra, aire y mar, el agotamiento del agua dulce, la tala indiscriminada de los bosques, la desertificación acelerada, son sólo algunas de las más importantes. Pero el elemento toral de efecto multiplicador es la explosión demográfica.

Tan sólo en la actual década, la población mundial aumentará en 1,000 millones, de 5,300 a 6,300 millones de nuevos seres humanos, el incremento demográfico más abrupto en la historia de la humanidad. Entre 1968, cuando había 3,500 millones, y la actualidad, se ha agregado más gente a la raza humana de la que existía en 1918, a fines de la Primera Guerra Mundial. Según informes de la Organización de las Naciones Unidas, cada segundo nacen más de tres personas en todo el mundo, es decir, 250,000 al día y casi 100 millones al año. De acuerdo con el Fondo de la ONU para la Población, casi el 90 por ciento del crecimiento de la población ocurrirá en los países subdesarrollados, y el mayor incremento se registrará en los países más pobres.

A pesar de esta escalofriante realidad, o amenaza a la degradación y supervivencia de la especie, a lo que significa en términos morales, sociales y de desintegración familiar, ciertos círculos conservadores y la iglesia, se oponen tercamente a cualquier tipo de control o planeación demográficos.

El desastre demográfico y su secuela ecológica, con todas sus implicaciones, están ya a la vista. Nadie puede decir con certeza cuál es la "frontera demográfica", *i.e.*, el umbral de la catástrofe, del planeta Tierra, pero mucho antes de llegar a los límites "soportables" por la naturaleza, la vida se convertirá en una pesadilla, tal como ya lo es para miles de millones de personas que viven en abyecta pobreza. Como plantea Fernando Cesarman, el planeta "carece de la capacidad para sostener aun a 6,000 millones de consumidores verdaderamente destructivos".

El efecto negativo de la explosión demográfica es multifacético: un abismo entre Norte y Sur, y dentro de los diversos países, un deterioro acelerado de los ecosistemas, deforestación, desertificación, reducción de la capa de ozono, hacinamientos, problemas de salud y epidemias, y un recrudecimiento acelerado de la agresión inter e intra-específica.

Tal como argumenta Paul Ehrlich, de hecho, todo el mundo se encuentra ya sobrepoblado porque, a pesar de que miles de millones viven en extrema pobreza, el apetito voraz de los más favorecidos, apenas una quinta parte del total, devora los recursos renovables, y también el "capital acumulado a lo largo de diversas épocas geológicas": mantos acuíferos subterráneos, una todavía notable biodiversidad genética de flora y fauna, el "humus" de los suelos agrícolas fértiles.

Las naciones industrializadas son los principales depredadores de recursos y causantes del recalentamiento de la atmósfera, *i.e.*, el "efecto invernadero" y posiblemente el posterior anegamiento de parte de las tierras costeras, por el derretimiento de los casquetes polares. Las alteraciones del clima terrestre provocadas por este "efecto invernadero" podrían exterminar 50 especies animales y vegetales por día, en los próximos 30 años, entre 1990 y 2020.

Es sólo una cuestión de tiempo para que se agoten los sistemas ambientales y los recursos... ¿y después qué? De más está añadir que la carrera desenfrenada por el desarrollo por parte de los países más pobres es una falacia: en la medida en que países como China (1,200 millones) e India (casi 1,000 millones), incrementen su consumo de energía y recursos, se acelerará el recalentamiento de la atmósfera y la depredación ecológica, y se aproximará más el colapso del sistema global.

La enfermedad potencialmente letal, dice Ehrlich, es la expansión de la población humana y su economía, como gigantesca plaga que arrasa con la vida animal y la capa vegetal del planeta: el ecocidio.

Implicaciones geopolíticas

El viejo concepto de teoría política de "espacio cerrado", útil para definir el exclusivismo y la soberanía del Estado-Nación, quedó ya caduco. Las fronteras nacionales son hoy en día membranas porosas que coadyuvan al flujo de gente, mercancías e ideas. Pero el principio positivo de estos flujos de interacción e intercambio está siendo rebasado por fenómenos que llevan a un nivel crítico la capacidad de asimilación de las sociedades, y exacerban el conflicto.

Tradicionalmente, la geopolítica se nutre de insumos de la geografía, la historia, la cultura, la sociedad, la economía y, claro está, la política. Los conflictos y la competencia entre las naciones, las etnias, las razas, las religiones, se desencadenan en el vórtice de estos elementos altamente volátiles y disímiles. A ellos se debe incorporar ahora, definitivamente, la ecología. En la medida en que se comprometa la viabilidad ecológica del planeta, en grados diferentes por regiones, con diversas posibilidades de contención, esto alterará radical y constantemente el equilibrio de fuerzas a nivel internacional, y dará paso a intensos reacomodos geopolíticos.

Los reajustes y desplazamientos geopolíticos se orientarán en la dirección de las carencias, o reservas en su caso, de agua, alimentos y recursos, de presiones poblacionales y urbanas, de búsqueda de espacios vitales, originarán corrientes migratorias gigantescas e inexorables, comprometerán el orden y la estabilidad, intensificarán las rivalidades étnicas y religiosas y traerán consigo una lucha generalizada, ahora por la supervivencia. Este esquema, una vez más, es preámbulo de soluciones autoritarias y de fuerza. En el proceso, disminuirán radicalmente las expectativas de ordenamientos democráticos y plurales.

Abundan los ejemplos de preocupación geopolítica por la soberanía de los recursos naturales. El gobierno de Canadá hace hincapié en la propiedad inalienable de sus reservas de agua dulce. En América Latina, en peligro de convertirse en depósito mundial de basura tóxica proveniente de naciones desarrolladas, gobiernos como los de Perú, Chile, Argentina y Bolivia, han debido rechazar ofertas tentadoras de contratos de desecho potencialmente lucrativas para sus economías tan agobiadas por el peso de la deuda externa. Con tan sólo un 6 por ciento de la superficie de selvas tropicales en el planeta (de 16 por ciento que existía a principios del siglo XX [*sic*]), las 8 naciones sudamericanas que comparten la extensa selva tropical del Amazonas subrayan que no se cederá la soberanía de la zona y rechazan propuestas para poner este amenazado ecosistema bajo protección internacional; esto no impide, claro está, que a nivel nacional, como acontece en Brasil, se destruya la selva amazónica a un ritmo desenfrenado.

En la actualidad, más de una tercera parte de la superficie terrestre, *i.e.*, 48 millones de kilómetros cuadrados, se encuentra en peligro de desertificación. El desierto es, claro está, la última e irreversible fase de degradación de la calidad de la tierra. Esto significa que casi 1,000 millones de personas ven amenazada su forma de vida. En particular, este fenómeno afecta al África subsahariana, donde 65 millones de hectáreas de tierras productivas se han convertido en desierto en los últimos 50 años. Estimaciones de la ONU advierten que alrededor de 30 millones de personas en África podrían morir de hambre a corto plazo. Desde una perspectiva general, se prevé una enorme hambruna en diversos países del llamado Tercer Mundo, debido al estancamiento o declinación en niveles de producción de cosechas. La situación no es privativa del mundo subdesarrollado, ya que en extensas zonas agrícolas como las de Rusia, peligra la agricultura por cambios climatológicos.

La carencia de insumos esenciales, y la extrema pobreza de más de 1,100 millones de personas, podrían conducir a insurrecciones populares, desórdenes generalizados y presiones migratorias incontrolables, que acrecentarían las rivalidades geopolíticas. La emigración podría convertirse en un tema crucial de fines de la presente década, como eje de políticas autoritarias y enfrentamientos entre naciones prósperas y pobres. En especial, los gobiernos y sociedades de Europa Occidental observan con creciente temor y xenofobia la amenaza de oleadas de "migrantes ambientales" provenientes del norte de África.

El elemento más trágico de la ecuación política-ecología es la carencia de acción política, con base en conocimientos constatados, para revertir o al menos detener, la crisis ambiental. Se conocen, desde hace muchos años, las medidas necesarias para impedir el desastre ecológico y la subsiguiente inestabilidad geopolítica: estabilizar y reducir el rápido crecimiento demográfico, hasta llegar a una tasa de cero incremento poblacional; disminuir la producción industrial y desarrollar procesos y tecnologías que no pongan en peligro el medio ambiente; imponer pautas de consumo acordes con las posibilidades globales, en función de un desarrollo sostenible; establecer una política de reciclaje y conservación de recursos materiales, especialmente el agua y los alimentos, con límites estrictos a la contaminación; terminar con la destrucción irracional de bosques, cuencas hidrográficas y especies animales y vegetales, y detener el proceso de desertificación.

Éstas representan algunas de las medidas urgentes que esperan la resolución de la esfera política (ya tardíamente). Se dice que la política es el arte de lo posible. Con respecto a la ecología, que ya comienza a decretar límites precisos a la capacidad de acción política si se trata de superar la retórica y el ilusionismo en aras de la supervivencia colectiva.

Manuel R. Millor Mauri

Ejercicios

1. Escribe el significado de cada una de las palabras según:
    a) Lo que ésta te sugiera.
    b) Su contexto.
    c) El diccionario.

PALABRA	SIGNIFICADO SUGERIDO	SIGNIFICADO CONTEXTUAL	SIGNIFICADO DE DICCIONARIO
meollo			
coadyuvan			
displicente			
perentoria			
catalizador			
idoneidad			
erial			
toral			
abyecta			
hacinamientos			
anegamiento			
privativa			
constatados			
inalienable			

2. Subraya en la lectura otros términos que desconozcas y coméntalos en clase.

3. Analiza los fragmentos de la lectura que te señale el maestro y subraya las palabras clave en cada uno de ellos.

4. Deriva un tema de la lectura y transfórmalo de acuerdo con los conceptos de forma y estructura.

5. Este ejercicio deberá desarrollarse en dos fases. El maestro decidirá trabajarlo de manera individual o en grupos.

Fase a) Sensibilización-imaginación. Ejercita la percepción de tus sentidos en objetos, personas, situaciones y otros signos importantes (sonidos, olores, etcétera).

Fase b) Traduce los signos al escrito. Utiliza los pasos de la lógica de la observación (véase p. 3). Coméntalo con el maestro para su evaluación.

6. Anexa una nota periodística reciente y analízala de acuerdo con los tipos de enunciados que se explican en este capítulo (véanse pp. 4-5).

_____

_____

_____

_____

_____

_____

_____

_____

_____

_____

7. Clasifica los enunciados que te proporcione el maestro. Emplea la O para Observación, la I para Inferencias y JV para Juicios de Valor. Justifica tu respuesta.

_____

Justificación _____

_____

Justificación _____

_____

Justificación _____

_____

Justificación _____

_____

Justificación

Justificación

Justificación

Justificación

Justificación

8. Con base en un tema que se derive de la lectura, redacta un texto donde trabajes con *Inferencias* y *Juicios de valor*: emplea la estructura IDC.

ORACIÓN SIMPLE Y ORACIÓN COMPUESTA

Oración simple = sujeto + **un verbo conjugado** + complementos

Oración compuesta = sujeto(s) + **dos o más verbos conjugados** + complementos

Los verboides: **participio, gerundio e infinitivo no son verbos conjugados**

Observa cómo en el siguiente párrafo se combinan oraciones simples y compuestas:

Oración compuesta	"Adolfo Castañón <u>ofrece</u> un libro de reflexiones obsesivas **verbo** y concisas en torno a un solo tema nunca <u>presentado</u> de cuerpo **verboide** entero, pero <u>conjurado</u> en todas las páginas: la política cultural **verboide** donde "la única patria <u>es</u> la lengua". Una cultura —y su país— **verbo**
Oración simple	en crisis; a ellos <u>se enfrentan</u> las consideraciones sobre una **verbo** sociología de la creación y consumo culturales; suma y yuxta- posición de nuestro presente cultural inmediato. El Mediterrá-
Oración simple	neo <u>señalado</u> por el índice del autor <u>es</u>, pues, el mediocre pa- **verboide** **verbo** norama de nuestros 'medios' (libros, revistas, películas, pro- gramas de televisión, discursos, proyectos, instituciones educativas. . .). Sobre lo anterior, más que qué <u>hacer</u>, el autor **verboide**
Oración simple	<u>se pregunta</u> por qué." **verbo**

9. Identifica las oraciones simples y compuestas en un párrafo que seleccione el maestro.

10. Busca un texto periodístico reciente (puede ser en *El País* o en *La Jornada*) y analiza las oraciones simples y compuestas y los tipos de enunciados.

Etimologías

Esquema 1

PREFIJO	ORIGEN	SIGNIFICADO	EJEMPLOS
enea-	griego	de ennea: nueve	eneágono, eneasílabo
ano-	griego	arriba	ánodo, anopsia
deca-	griego	de deka: diez	década, decálogo
apó-	griego	alejamiento, negación, intensidad	apócope, apogeo
cuadro(i-u-)-	latino	cuatro	cuadriga, cuadrante
cripto-	griego-kryptein	ocultar	cripta, criptografía
cosmos-	griego	mundo	cósmico, cosmogonía
contra-	latino	contra, opuesto a, frente a	contracción, contradecir
con(co)-	latino	con, unión, junto con, igualdad	congénito, coherente, coterráneo
tre-, tri-	latino-griego	tres	trece, triángulo
ob(o)-	latino	fuera de, delante de, frente a	obcecar, obligar

SUFIJO	ORIGEN	SIGNIFICADO	EJEMPLOS
-tipia, -tipo	griego	figura, imagen, molde, reproducción	arquetipo, prototipo, fototipia
-tomía	griego	corte, extirpación	traqueotomía, dicotomía
-tropo	griego	vuelta, movimiento	hidrotropo, psicotrópicos
-bundo	latino	inclinación, proximidad, aumento	furibundo, meditabundo
-ario	latino	ocupación, persona a cuyo favor se hace algo, sitio donde se guardan cosas, relativo a	veterinario, beneficiario, osario, pecuario

Ejercicios

Consulta el esquema etimológico 1 y encuentra la palabra que complete cada enunciado.

1. Cervantes y Shakespeare fueron coetáneos, mas no _____.

2. El restaurante se localiza en el piso _____ del edificio central.

3. El _____ para el ejecutivo moderno presenta los principios esenciales para alcanzar la excelencia.

4. El oftalmólogo recomendó practicar una cirugía para corregir la _____ del ojo izquierdo del paciente.

5. Las _____ romanas encabezaban el regreso triunfal del ejército.

6. San es el _____ de santo.

7. La_____ es el arte de escribir en clave secreta.

8. A la reproducción de imágenes a través de la luz se le conoce con el nombre de _____

_____.

9. La_____ entre las ideas del filósofo lo hacían parecer inconsistente.

10. Los contratos de los seguros de vida solicitan el o los nombres de los _____

_____ como un requisito indispensable.

11. Guardaron los restos del escritor en un _____ de plata.

Nota: El maestro proporcionará otros ejercicios para practicar las etimologías.

USO DE PREPOSICIONES

Las preposiciones son enlaces que establecen relaciones
de subordinación entre núcleos y términos.

Núcleo	Preposición	Término
Voy Caja	a para	México regalo

```
                        a
            ante               bajo
        con          contra         de
    desde        en         entre          hasta
        hacia        para           por
            según        sin        so
                    sobre
                    tras
```

Preposiciones más comunes

"a"

La preposición *a* expresa:

- **Movimiento material o figurado:**
  Voy *a* París.
  Miro *al* cielo.
  Libro dedicado *a* mis padres.

- **Proximidad:**
  Se sentaron *a* la lumbre.
  Se sentaron *a* la mesa.

- **Lugar y tiempo:**
  A la derecha.
  A fin de mes.

Nota: so de latín sub: bajo, debajo de: **so** *pena de.*

- **Modo o manera:**
  A tu estilo.
  A la mexicana.

- **Valor condicional:**
  A no ser por ti, me hubiera ido.

- **Móvil o fin:**
  A propósito de.
  A instancias del juez.

- **Instrumento con que se ejecuta algo:**
  Quien *a* hierro mata, *a* hierro muere.
  Lo mataron *a* golpes.

- **Sirve para formar muchas frases y locuciones adverbiales:**
  A obscuras.
  A regañadientes.
  A ciegas.
  A hurtadillas.

USO INCORRECTO	USO CORRECTO
Acto *a* realizarse	Acto *por* realizarse
De acuerdo *a*	De acuerdo *con*
A nivel de	*En* nivel de
En relación *a*	En relación *con*
Mirarse *al* espejo	Mirarse *en* el espejo
A cuenta de	*Por* cuenta de
Ejecutar *al* piano	Ejecutar *en* el piano
Al instante de salir	*En* el instante de salir
En honor *al* maestro	En honor *del* maestro
Conforme *a*	Conforme *con*
En concordancia *a*	En concordancia *con*
Heredó *a* su padre	Heredó *de* su padre
A colores	*Con* colores
Se vende *al* por mayor	Se vende *por* mayor
Acapulco, *a* 2 de mayo	Acapulco, 2 de mayo

"bajo"

La preposición *bajo* expresa:

- **Situación inferior:**
  Vive *bajo* el mismo techo.
  Paseaba *bajo* sus balcones.

- **Sujeción o dependencia (se aplica a la relación de jerarquía):**
  Libertado *bajo* palabra.
  Vive *bajo* la amenaza del vecino.

USO INCORRECTO	USO CORRECTO
Bajo el punto de vista *Bajo* el gobierno	*Desde* el punto de vista *Durante* el gobierno

"con"

La preposición *con* significa:

- **Medio, modo o instrumento:**
  Aplaqué su ira *con* un grito (medio).
  Con tu esfuerzo lo lograrás (modo).
  Los lastimó *con* un martillo (instrumento).

- **Compañía:**
  Ayer hablé *con* mis tíos.
  Ve *con* Juan.

- **Si se antepone a un infinitivo equivale a gerundio:**
  Con llorar nada se consigue (llorando nada se consigue).
  Con leer se aprende mucho (leyendo se aprende mucho).

- **Circunstancias en que se ejecuta o sucede alguna cosa:**
  Trabaja *con* ganas.
  El invierno entró *con* fuerza.
  Me mira *con* indiferencia.

USO INCORRECTO	USO CORRECTO
Contar *con* los dedos Basta *con* verlo	Contar *por* los dedos Basta verlo

"de"

La preposición *de* indica:

- **Posesión o pertenencia:**
  Éstos son los terrenos *de* mi hermano.
  La inteligencia *de* Ismael.

- **Materia de la que está hecha una cosa:**
  Hoja *de* papel.
  Botas *de* piel.

- **Origen o procedencia de cosas o personas:**
  Planta *de* Brasil.
  Vino *de* París para conocerte.

- **Asunto o materia de que se trata:**
  Libro *de* física.
  ¿Habla usted *de* mi país?

- **Modo de hacer o suceder de algunas cosas:**
  Nos vimos *de* frente.
  Los dos presidentes conversaron *de* pie.
  Le dieron *de* golpes.

- **Tiempo:**
  Es *de* noche.

- **Realce de una cualidad o característica:**
  Hombre *de* valor.
  Entrañas *de* fiera.

- **Naturaleza o condición de una persona o cosa:**
  Es una muchacha *de* buen corazón.
  Es un mueble *de* finísima madera.

- **Ilación o consecuencia:**
  De esto se sigue…
  De aquello se deduce…

- **Aposición:**
  La calle *de* Alcalá.
  Las calles *de* Madero y Juárez.

- **Condición (ante un infinitivo):**
  De haber estado allí, lo hubiera visto.

USO INCORRECTO	USO CORRECTO
Quedó *de* venir	Quedó *en* venir
Gusto *de* conocerlo	Gusto *en* conocerlo
Lo dice *de* verdad	Lo dice *en* verdad
Estoy seguro que triunfará	Estoy seguro *de* que triunfará
Respecto este tema	Respecto *de* este tema
No dudo que así es	No dudo *de* que así es
Se acordó que lo tenía	Se acordó *de* que lo tenía
Quizá deberá estar cansado	Quizá deberá *de* estar cansado
Viajan *de* a miles	Viajan a miles (= *por*)
El año *de* 1988	El año 1988
Lo hace *de* ex profeso	Lo hace ex profeso
Actuó *de* motu propio	Actuó motu proprio*
A menos *de* que venga	A menos que venga
Hagamos *de* cuenta	Hagamos cuenta

*Por uso lingüístico es más común escuchar propio que proprio. Se podría aceptar la primera forma porque no altera el significado.

Lectura 2
LA CIUDAD EN UNA NUEZ

La ciudad fue la obra de un Huitzilopochtli urbanista, al ordenar que su Templo fuera el centro de Tenochtitlan y de él partieran los caminos que deberían limitar sus cuatro barrios, divididos a su vez en otros barrios dotados de sus propios adoratorios. La traza obedeció tanto a una concepción clásica como a una parcelación orientada hacia los cuatro rumbos cardinales, que correspondía a la rigurosa parcelación del cielo y del inframundo. Por consiguiente, el Templo Mayor y su recinto sagrado suponían una *imago mundi*, un verdadero centro del universo sacralizado y la pieza maestra de una concepción mística.

La misma traza ya establecía una rígida jerarquización social. Fuera del recinto destinado a reactualizar las hazañas creadoras de los dioses donde se guardaban las armas, los libros de horóscopos y los objetos del culto, figuraban en primer término los vastos palacios del emperador.

Los barrios o calpullis tenían sus propios dioses tutelares, sus sacerdotes y autoridades, incluido el muy importante barrio de los comerciantes. Unas calles eran todas de agua y otras una mitad de agua y una mitad de tierra, a lo largo de las cuales se ordenaban las casas de los macehuales y las chinampas, pequeños huertos flotantes o anclados en las orillas, que proveían de verduras, flores y semillas a la ciudad. No sabemos con exactitud si los artesanos se hallaban agrupados o cada calpulli disponía de los suyos, pero estos barrios debieron ser en gran parte autosuficientes. Por los canales circulaban millares de canoas, y el agua potable venía a través de acueductos.

De cualquier modo se trataba de una pequeña isla en continua expansión, de una ciudad lacustre a medias protegida con notables obras de ingeniería —diques y albarradones—, una ciudad que llevaba una vida de insectos siempre atareados, siempre cargando bultos a la espalda, pues eran desconocidos los caballos, las mulas o los toros y, por lo tanto, los carros y las carretas.

A las masas —según escribe Bonet Correa— como a las mujeres, había que darles fiestas, ofrendas, guerras, botines y, ciertamente, no se les regateaban. Los veinte meses del año la Plaza Mayor ofrecía una serie de ceremonias grandiosas en las que el pueblo participaba.

Nada más alejado de la sociedad renacentista y barroca establecida por los blancos y, sin embargo, nada más cercano a la traza de la nueva ciudad, a su jerarquización política y social, a sus fiestas y a su idea de dominio, pues las respuestas del hombre a las múltiples interrogaciones que les plantea su vida son limitadas.

Fuera del recinto sagrado, pero en su vecindad, se encontraban los palacios del emperador, de algunos de los grandes sacerdotes, y las residencias de los huéspedes del imperio. Bernal Díaz del Castillo, desde su lejana Guatemala, medio siglo después de realizada la Conquista, se lanza a la búsqueda del tiempo perdido y entra al palacio de Moctezuma. El emperador era "de hasta cuarenta años y bien proporcionado, cenceño, y pocas carnes, y el color ni muy moreno, sino el propio color y matiz de indio; traía los cabellos no muy largos, sino cuanto le cubrían las orejas, y pocas barbas, prietas y bien puestas y ralas, y el rostro algo largo y alegre, y los ojos de buena manera, y mostraba en su persona, en el mirar por un cabo, amor, y cuando era menester, gravedad".

Aunque Bernal era un soldado que cuidaba de obedecer las órdenes de su capitán, recobra el tiempo como el más extraordinario cronista de Indias y se convierte en el duende de palacio. Descubre que el gran Moctezuma se bañaba todas las tardes y se cambiaba a diario de ropa y aun averigua que tenía muchas amigas, hijas de señores, y dos esposas y, si usaba de ellas, lo hacía tan secretamente que no lo alcanzaban a saber sino algunos de sus servidores. Doscientos principales componían su guardia y cuando hablaban con él se quitaban sus ricas mantas y entraban descalzos, vestidos pobre y limpiamente, con los ojos bajos, diciéndole: "Señor, mi señor, mi gran señor", y al ser despedidos retrocedían sin darle las espaldas y los señores venidos de lejanas tierras también llegaban descalzos y humildes, sin séquito, rodeando el palacio, casi como mendigos pues entrar de "rota batida teníanlo por desacato".

Sus cocineras le guisaban trescientos platos puestos en braseros chicos debajo para que no se enfriasen. Bernal oyó decir que le servían carnes de muchachos de poca edad, pero no echó de ver si era carne humana porque cotidianamente le guisaban "gallina, gallos de papada, faisanes, perdices de la tierra, codornices, patos mansos y bravos, venado, puerco de la tierra, pajaritos de caña y palomas y liebres y conejos y muchas maneras de aves y cosas que se crían en esta tierra, que son tantas que no las acabaré de nombrar tan presto".

Comía en un asentadero bajo y blando y cuatro mujeres hermosas y limpias le daban aguamanos y otras dos le traían las tortillas. Al comenzar, le ponían delante un biombo pintado de oro a fin de que no lo vieran comer y lo acompañaban cuatro viejos. A veces les daba uno de sus platos favoritos y lo comían de pie sin mirarle la cara. Su vajilla era de Cholula. Sus guardias, entre tanto, guardaban silencio. Le ofrecían todas las frutas de la tierra y copas de oro rebosantes con la espuma del chocolate. Algunas veces entraban unos indios corcovados, muy feos, enanos, chocarreros, y otros que debían ser truhanes pues decían gracias, cantantes y bailarines ya que Moctezuma era aficionado a placeres y cantares. Terminada la comida volvían a darle aguamanos, fumaba de sus pipas tabaco con liquidámbar y luego se adormía.

Fernando Benítez

Ejercicios

1. Subraya las ideas principales en la lectura y clasifícalas de acuerdo con los enunciados de observación, inferencia y juicios de valor (véanse pp. 4-5).

_____

_____

_____

_____

2. Parafrasea un tema de la lectura.

_____

_____

_____

_____

_____

3. Subraya las palabras llenas en tu escrito y clasifícalas según su forma (verbos, sustantivos, adjetivos y adverbios).

VERBOS	SUSTANTIVOS	ADJETIVOS	ADVERBIOS

4. Analiza la base estructural en el texto que proporcione el maestro (véase p. 10).

_____

_____

_____

_____

_____

_____

_____

_____

_____

_____

_____

_____

_____

_____

5. Busca información en medios electrónicos sobre los indígenas de México. Redacta un texto que se derive de esa información. Utiliza enunciados de inferencia y juicios de valor.

_____

_____

_____

_____

_____

_____

_____

_____

_____

_____

_____

_____

_____

Etimologías

Esquema 2

PREFIJO	ORIGEN	SIGNIFICADO	EJEMPLOS
hemi-	griego	medio, mitad	hemiciclo, hemisferio
hepta-	griego	siete	heptágono, heptasílabo
hetero-	griego	otro	heterogéneo, heterodoxo
hexa-	griego	seis	hexágono, hexámetro
circum-	latino	alrededor	circunloquio, circunstancia
cir-, quiro-	griego	mano	cirugía, quirófano
piro-	griego	fuego	pirotecnia, piromanía
prim-	latino	primero	primigenio, primado
quin-	latino	cinco	quinquenio, quíntuple
novem-	latino	nueve	novena, noviembre
des-, de-	latino	alejamiento, separación, punto de partida, intensidad	delinquir, desvincular, derivar, devaluar

SUFIJO	ORIGEN	SIGNIFICADO	EJEMPLOS
-polis	griego	ciudad	acrópolis, necrópolis
-bulo, -blo	latino	lugar, medio o instrumento	patíbulo, vocablo, venablo
-ble	latino	posibilidad, capacidad	factible, amable
-iatra	griego	médico	pediatra, geriatra
-scopia	griego	ver, observar, examinar (la forma -scopio designa un instrumento)	cefaloscopia, necroscopia, oftalmoscopio

Ejercicios

Consulta el esquema etimológico 2 y selecciona la opción correcta de acuerdo con el significado de cada prefijo o sufijo.

1. depredar   ( )
   - **a)** saquear con violencia
   - **b)** desear el mal a alguien
   - **c)** aprehender a un delincuente
   - **d)** robar las frutas de una huerta

2. hemicardio   ( )
   - **a)** poco cordial
   - **b)** infarto súbito
   - **c)** hemofilia
   - **d)** cada mitad del corazón

3. circunloquio   ( )
   - **a)** lugar común
   - **b)** coloquio
   - **c)** ambages o rodeos en la expresión
   - **d)** circunflejo

4. necrópolis   ( )
   - **a)** oscuridad
   - **b)** muerte
   - **c)** nota luctuosa
   - **d)** cementerio

5. venablo   ( )
   - **a)** arma
   - **b)** acuático
   - **c)** venia
   - **d)** venado

6. geriatra   ( )
   - **a)** vitamina de germen natural
   - **b)** especialista en enfermedades de la vejez
   - **c)** pediatra
   - **d)** germanista

7. quinquenio   ( )
   - **a)** lámpara
   - **b)** izquierdo
   - **c)** lustro
   - **d)** quince

8. heterodoxo   ( )
   - **a)** cotidiano
   - **b)** etéreo
   - **c)** ecléctico
   - **d)** de distinta opinión

Nota: El maestro proporcionará otros ejercicios para practicar las etimologías.

USO DE PREPOSICIONES

"en"

La preposición *en* indica:

- **Lugar:**
  Estuve *en* casa todo el día.
  Julia vive *en* Venecia.

- **Tiempo:**
  Ramiro nació *en* 1952.
  Entonces estábamos *en* invierno.
  En mayo llovió mucho.

- **Modo, y entra en algunas frases adverbiales:**
  Hablaron *en* secreto.
  Estábamos *en* confianza.
  Lo hizo *en* broma.
  Salió *en* mangas de camisa.
  Sólo trabajando *en* orden se produce en serie.

- **Medio o instrumento:**
  Le encanta viajar *en* tren.
  Conversaron *en* francés.

- **Causa:**
  Se le notaba *en* la manera de expresarse.

- **Si antecede a un infinitivo significa "por":**
  Te conozco *en* el andar.

- **Precediendo a ciertos adjetivos, da origen a locuciones adverbiales:**
  En general, *en* particular, *en* absoluto; estas expresiones equivalen a los adverbios: generalmente, particularmente, absolutamente.

USO INCORRECTO	USO CORRECTO
Voy *en* casa de mis padres	Voy *a* casa de mis padres
Salí *en* dirección a Saltillo	Salí *con* dirección a Saltillo
Sentarse *en* la mesa	Sentarse *a* la mesa
Estatua *en* bronce	Estatua *de* bronce
Quedó *que* así lo haría	Quedó *en* que así lo haría

"hasta"

La preposición *hasta* significa:

- **Término o límite espacial:**
  Caminaremos *hasta* la casa.
  Piensa navegar *hasta* el Caribe.

- **Término o límite temporal:**
  Quédate *hasta* la noche.
  Está desde las nueve *hasta* las doce.

- **Término o límite cuantitativo:**
  Ofrece *hasta* cien mil pesos por el libro.
  Llena el vaso *hasta* el borde.

- **Número:**
  Corrigió *hasta* cien cuartillas.

USO INCORRECTO	USO CORRECTO
El autobús da vuelta *hasta* la esquina	El autobús no da vuelta *hasta* la esquina (da vuelta en la esquina)
Hasta el jueves saldrán los viajeros	*Hasta* el jueves no saldrán los viajeros (el jueves saldrán)
Hasta el año próximo empezaré a estudiar	*Hasta* el año próximo no empezaré a estudiar (el año próximo empezaré)

"para"

Para significa:

- **Dirección, destino o fin de una acción o un objeto:**
  Voy *para* México.
  Un regalo *para* Javier.
  Éste es propio *para* adolescentes.
  Compré un cuaderno *para* iluminar.
  Estudio *para* saber.

- **Tiempo o plazo:**
  Lo dejaremos *para* mañana.
  Me caso *para* el 10 de febrero.

- **Proximidad de algún suceso:**
    Está *para* titularse.
    Está *para* llover.

USO INCORRECTO	USO CORRECTO
Pastillas *para* el mareo	Pastillas *contra* el mareo
Jarabe *para* la tos	Jarabe *contra* la tos
Veneno *para* las ratas	Veneno *contra* las ratas

"por"

Por indica:

- **Un lugar indeterminado:**
    Pasear *por* la playa.

- **Tiempo o lapso aproximado:**
    Por aquellos años.
    Por la tarde.
    Por el mes de mayo.

- **Causa:**
    Lo hizo *por* miedo.

- **Modo:**
    Le pedí *por* favor.
    Lo vi *por* televisión.

- **Equivalencia o substitución:**
    Firmó *por* nosotros.
    Tu hijo vale *por* muchos.

- **Concesión** (seguido de adjetivo o adverbio de cantidad y la conjunción "que"):
    Por mucho que lo repitas, no te creo.

- **Finalidad:**
    Fui *por* agua a la fuente.

USO INCORRECTO	USO CORRECTO
Tiene afición *por* las ciencias	Tiene afición *a* las ciencias
Por orden del presidente	*De* orden del presidente

"tras"

La preposición *tras* expresa:

- **Posteridad en el espacio, con verbos de reposo o movimiento:**
  Dejó *tras* sí un intenso aroma.
  Salimos corriendo *tras* el ladrón.
  Tras la tempestad llegó la calma.

- **Expresa aspiración o deseo:**
  Va *tras* la gloria.
  Anda *tras* un empleo.

- **Añadidura:**
  Tras la pobreza, la enfermedad.
  Tras la ociosidad, el vicio.

Ejercicios

Ejemplo:

Todos los estudiantes van *tras* un objetivo legítimo —concluir la carrera— *hasta* que lo logran *en* el tiempo establecido, *para* beneficio propio y también *por* el bien del país.

1. Selecciona las preposiciones que le den coherencia al siguiente texto: *sobre, de, por, a, de, con, de, de, entre, de, por, en, de.*

____ el descubrimiento ____ que ciertos cánceres deben su aparición ____ virus, la idea ____ que puedan resultar contagiosos ha permeado las ideas populares ____ esta enfermedad, aunque hoy sabemos que no existen probabilidades ____ adquirir una neoplasia ____ esta vía. Fueron los avances ____ la biología molecular los que pusieron al descubierto la relación ____ el material genético y los mecanismos celulares. ____ 1951, un biólogo neoyorkino, Ludwik Gross, demostró mediante procedimientos ____ laboratorio que la leucemia ____ la rata era provocada ____ un virus.

2. Busca dos textos diferentes y analiza en ellos el uso de las preposiciones.

a) _____

_____

_____

_____

_____

_____

_____

b) _____

_____

_____

_____

_____

_____

_____

2 | Descripción y modificación de una estructura lingüístico-discursiva

Para modificar o transformar una estructura lingüístico-discursiva, es preciso conocer los niveles sintáctico, semántico y léxico, con el fin de utilizarlos en forma práctica dentro de la redacción de textos y lograr una comunicación escrita sencilla y eficaz. Los conceptos de forma y estructura, que se estudiaron en el capítulo anterior, son indispensables para llegar a la transformación.

Una estructura lingüística se puede transformar, en primera instancia, por **adición** —aumento de palabras— o por **sustracción** —disminución de palabras—, lo básico es que no se pierda la idea principal en ambos casos. Si tomamos un refrán popular: "el que mucho abarca poco aprieta" y lo transformamos por adición, podemos obtener lo siguiente:

> La persona que participa en muchas empresas y quiere estar en todas partes, por la ambición desmedida de crecer, descuida la calidad de lo que hace y termina siendo más débil e insegura que la que camina a paso lento pero firme y decidido.

La idea que encierra el refrán nos condujo a un texto en el que todos los enunciados que se generaron amplían, explican y reafirman el sentido original de los opuestos *mucho-poco*, *abarca-aprieta*. Además, es importante señalar cómo de seis palabras iniciales llegamos a 44. Si empleamos el mismo análisis de palabras llenas y vacías que se utilizó en el capítulo anterior para determinar la base estructural, obtendremos la función de las partes discursivas y su frecuencia en el texto transformado. A través de las palabras clave, resulta más fácil aproximarnos al núcleo significativo del escrito.

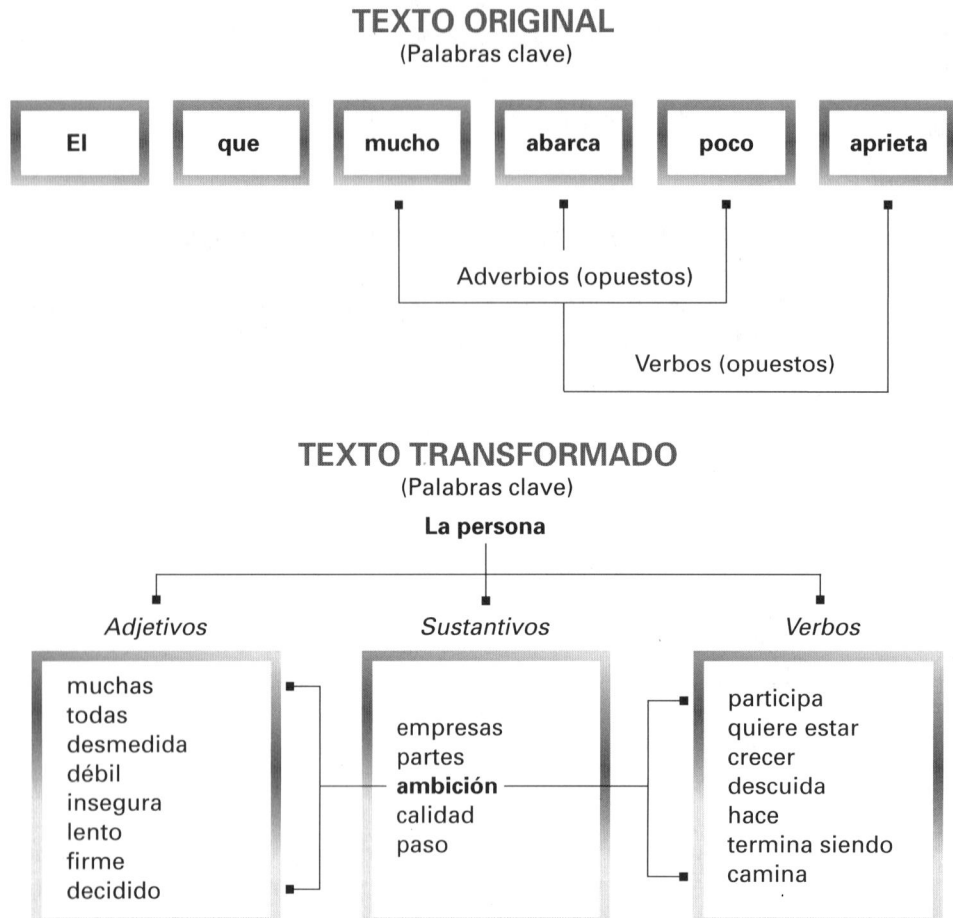

TEXTO ORIGINAL
(Palabras clave)

| El | que | mucho | abarca | poco | aprieta |

Adverbios (opuestos)

Verbos (opuestos)

TEXTO TRANSFORMADO
(Palabras clave)

La persona

Adjetivos

Sustantivos

Verbos

Adjetivos	Sustantivos	Verbos
muchas todas desmedida débil insegura lento firme decidido	empresas partes **ambición** calidad paso	participa quiere estar crecer descuida hace termina siendo camina

Las columnas de adjetivos y verbos, ocho términos en la primera y siete en la segunda, determinan la base estructural como adjetival-verbal. La transformación en este texto, se hizo en torno a la idea de *ambición*; sin embargo, se puede modificar en diferentes direcciones temáticas enfatizando cualquier otro aspecto que se desee destacar y por supuesto, cambiando el orden de las ideas.

Veamos ahora la transformación por sustracción en los ejemplos que se tomaron del libro *Escriba mejor* de Díaz de Cossío, Díaz Ruiz y Schumacher:

Texto original:

Agradeciendo de antemano sus finas atenciones, le reitero mi más alta y distinguida consideración. (14 palabras)

Texto transformado:

Agradezco sus atenciones. (3 palabras)

Otra transformación más simple:

Atentamente. (1 palabra)

Texto original:

A partir del conocimiento y análisis de la población derechohabiente, en sus diferentes variables, se determina la demanda potencial específica por tipo de servicio y prestaciones, considerando esto como la demanda que pudiera derivarse de la utilización de los servicios por el total de la población en sus diferentes grupos, permitiendo de esta manera hacer las prestaciones a corto y largo plazo de las acciones institucionales. (66 palabras)

Texto transformado:

El conocimiento de la demanda potencial específica por tipo de servicio permite programar las prestaciones que la institución otorgará a corto y largo plazo. (24 palabras)

En el primer ejemplo, se redujo el número de palabras sin alterar el sentido original y en el segundo, se desechó la información irrelevante, confusa y mal estructurada que oscurecía el mensaje.

Hay que tomar en cuenta que en ambos procedimientos —adición o sustracción— las palabras clave son importantes porque refuerzan la carga semántica y el valor comunicativo del escrito.

Mientras que la técnica de adición se puede utilizar para adecuar, ampliar, explicar, especificar, comparar y definir el mensaje —entre otras funciones importantes—; la técnica de sustracción concreta lo que se quiere comunicar y, al mismo tiempo, evita ambigüedades.

Otro procedimiento para transformar un texto es a través de lo opuesto. Si retomamos el refrán: "El que mucho abarca poco aprieta" y lo transformamos a partir de la idea contraria, los enunciados tendrán que expresar lo positivo de la ambición desmedida de abarcar, que surgió de los contrarios: *abarca-aprieta*:

La persona que es desmedidamente ambiciosa triunfa mientras que la que va a paso lento y seguro, fracasa.

Este nivel de transformación tiene que ver con el tono del escrito y depende, en gran parte, de lo que queramos lograr con nuestra redacción. Si observamos el texto anterior, el juego de opuestos inicial se conserva pero con un tono o intención distintos.

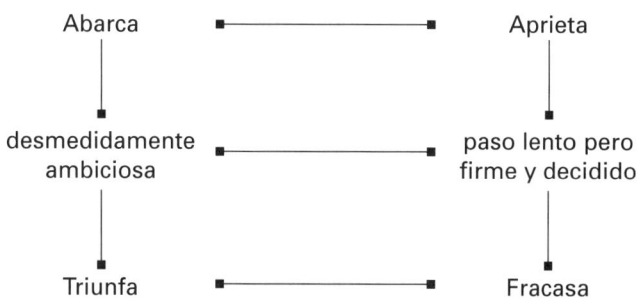

El **tono** es la intención que el autor desea imprimir en su escrito. Los *tipos más comunes de tono* son

- Informativo
- Humorístico
- Científico
- Irónico
- Sarcástico
- Filosófico
- Ponderado
- Agresivo
- Cordial
- Persuasivo
- Otros

Ejemplos:

1. Estimado señor Rodríguez:

   ¡Vaya manera de dirigir una empresa! Hace tres meses, antes de salir de vacaciones, di instrucciones a su repartidor de que no me dejara la revista hasta nueva orden. Al regresar he encontrado 12 números amontonados en el jardín de la casa, el cual se ve desde la calle. Su repartidor debe ser un imbécil, ya que eso equivale a gritar a los cuatro vientos que no hay nadie en la casa. De milagro no me robaron. Me niego a pagar esas revistas. Si se pusiera usted listo despediría al idiota de su repartidor.

   (tono agresivo)

2. Estimado señor Rodríguez:

   La magnífica organización de su empresa no cesa de asombrarme. Su eficiencia es tanta que nada ni nadie logra detenerla. Antes de salir de vacaciones, por tres meses, le dejé dicho a su repartidor que no entregara la revista hasta nueva orden. Pero hoy, al regresar, he encontrado 12 números amontonados en el jardín, a la vista de todos. ¡Cuánta inteligencia desperdiciada! Comprendo que el repartidor tendría que ser un genio para darse cuenta que no hay nadie en casa o para ponerse a pensar que el verlas allí, pudiera atraer a algún ladrón. Renuncio a ese tesoro, señor Rodríguez. Puede usted pasar a recogerlo el día que guste y agregarlo a su preciosa colección de obras maestras.

   (tono sarcástico)

> 3. Estimado señor Rodríguez:
>
> Hace tres meses le pedí a su repartidor que no dejara en casa la revista que ustedes me envían, explicándole que yo estaría fuera todo ese tiempo. Pero hoy, al regresar, he encontrado doce números amontonados en el jardín. Considero que este hecho pudo poner en peligro la seguridad de mi casa. Por otro lado, confío en que me eximirán ustedes de pagar el importe de esos ejemplares, que para mí carecen de interés por haber perdido actualidad.
>
> **(tono ponderado)**

Una estructura lingüística también se puede transformar por el objetivo y el orden de los enunciados dentro del marco discursivo, según se requiera. Para esto es necesario, adecuar el mensaje a partir del análisis del receptor que se expone en el siguiente esquema.

ANÁLISIS DEL RECEPTOR Y OBJETIVO DEL MENSAJE

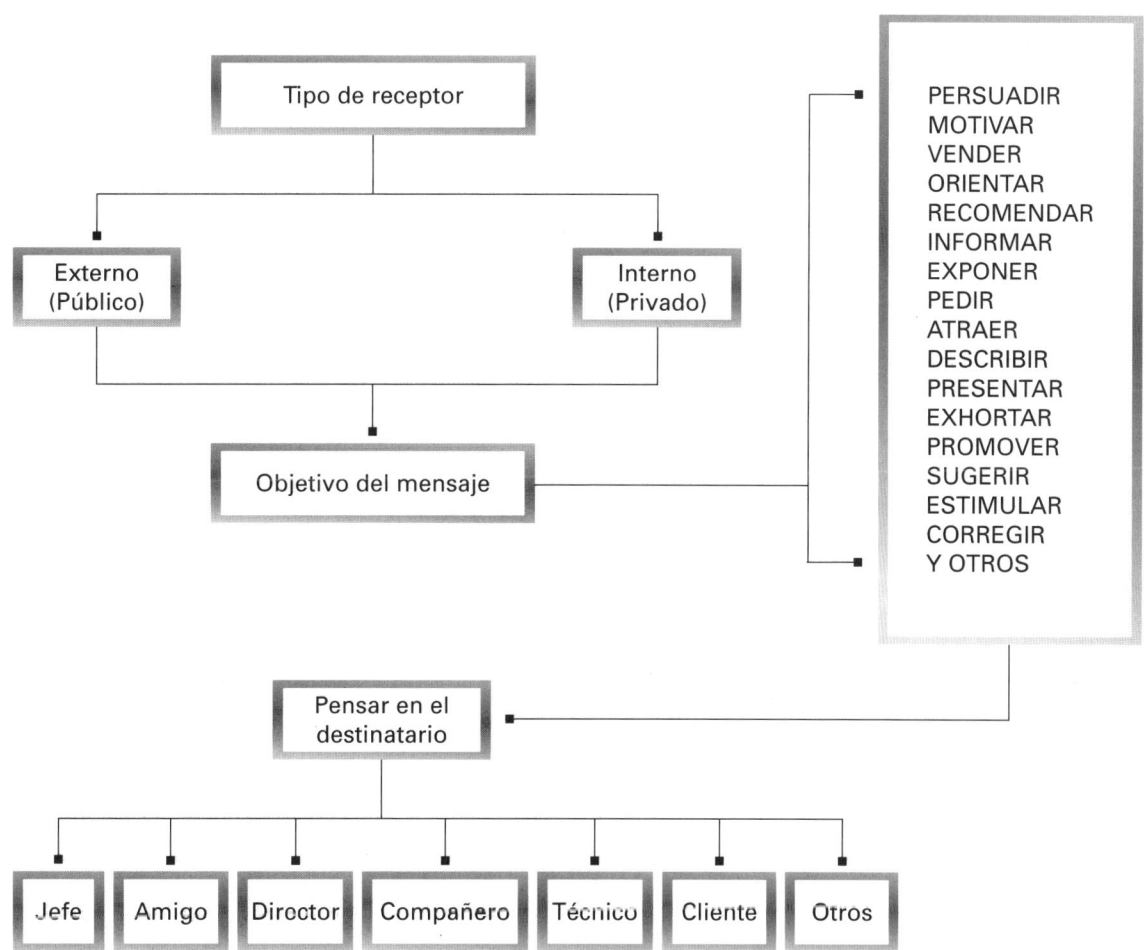

45

Como actividades para los estudiantes sugerimos redactar las transformaciones de un mensaje, tomando en cuenta diferentes **puntos de vista**. Un accidente automovilístico se puede describir desde la perspectiva de la nota periodística, el parte médico, el parte pericial, la filosofía del azar y otros enfoques. El tema de los valores que tanto nos preocupa en el momento actual, puede transformarse a partir de distintos puntos de vista o bien, utilizando diversos tipos de comunicación, sin olvidar el qué, el cómo, el cuándo, el dónde, el por qué y el para qué. Lo importante es que veamos cómo se va modificando el mensaje en cada texto y también cómo cambia el orden de los enunciados en relación con la forma y la estructura:

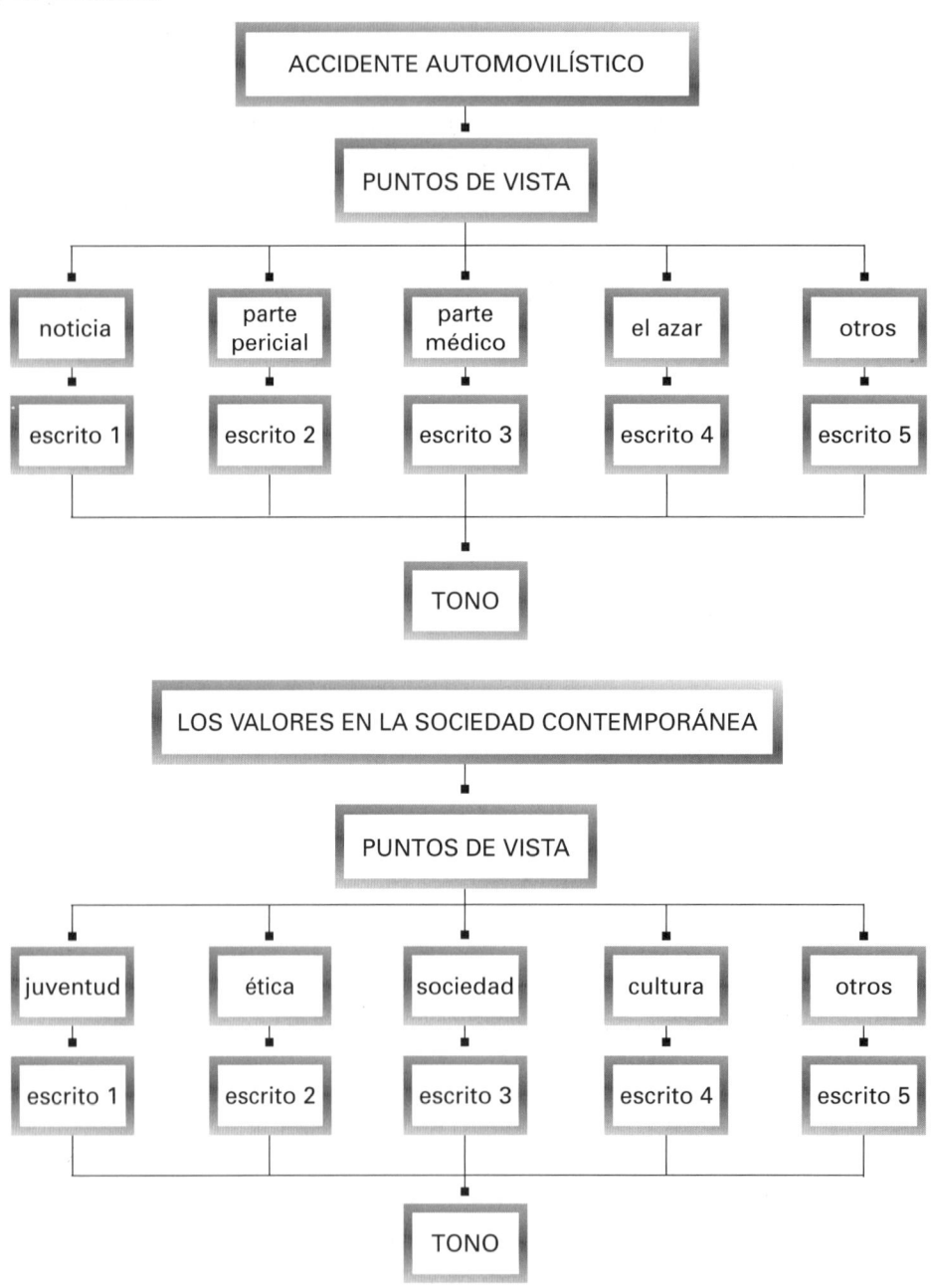

Asimismo, se puede hablar de la transformación por diferenciación y comparación que se emplea en diversos textos. Esta técnica consiste en analizar las diferencias y puntos de contacto entre dos o más sucesos, objetos, sujetos, etcétera, para fundamentar el punto de vista que se expone a través de las ideas.

Los **niveles sintáctico, semántico** y **léxico** que trataremos en este capítulo nos permitirán tener una redacción más lógica y significativa. Además, nos facilitarán el proceso de adaptación del mensaje de acuerdo con:

- El propósito comunicativo.

- El orden lógico de las ideas.

- La jerarquía de las mismas.

- Las opciones sintácticas más lógicas.

- La claridad en los conceptos.

- El tono adecuado.

- La variedad en el léxico.

Aunque en la práctica resulta difícil separar morfología de sintaxis, partiremos de que la morfología se ocupa de la estructura de las palabras o partes de la oración y la sintaxis, de la relación entre esas partes de la oración en unidades como la frase, la oración o el párrafo. La morfología importa en tanto que nos reafirma la función y la frecuencia de las palabras en un texto, la base estructural del mismo, las diferentes acepciones de la palabra y la formación de palabras a partir de raíces, prefijos y sufijos.

El nivel sintáctico pide la observación minuciosa del comportamiento grupal de las palabras, porque al discurso hay que entenderlo como una suma organizada y orgánica de muchos signos simples y signos complejos. El signo simple es una palabra como **vaso**, que se convierte en complejo cuando se le suman otros signos (palabras), por ejemplo: **vaso con leche**. En este enunciado complejo, evidentemente sólo tenemos el nivel denotativo y no se expresa un juicio que pueda ser falso o verdadero; en cambio, si decimos: **Ayer recordé el vaso con leche fría que tomé mientras estaba esperándote en el café cercano a la librería, donde compraste el último libro de Umberto Eco**, el discurso se complica porque ahora tenemos cadenas de signos combinados o aserciones que pueden ser falsas o verdaderas. El hecho de recordar el vaso con leche se asocia con la espera y la acción simultánea referente a la compra del libro.

Otros **signos** que ayudan a darle forma al mensaje, por la relación que tienen con el significado son: *unívocos, equívocos, plurales* y *vagos*.

- **Unívocos:** Signos que deberían tener un solo significado, como los signos aritméticos. Un exceso de univocidad lo produce la sinonimia: cuando dos signos se refieren a un mismo significado. Ejemplos: pistola = revólver, filón = barco.

- **Equívocos:** Signos que pueden tener dos o más significados, todos ellos considerados como válidos. Un exceso de equivocidad lo puede producir la homonimia, en la que un mismo signo tiene dos significados distintos. Ejemplos: El niño del pantalón *corto* produjo el *corto*. Le explotó una *granada* mientras comía la *granada*.

- **Plurales:** Son plurales los signos donde a partir del primer significado se genera otro. En este caso hay que tomar en cuenta la connotación, la metáfora, los dobles sentidos. Ejemplo: Uñas largas = ladrón. *Juan es un uñas largas*, equivale a *Juan es un ladrón*.

- **Vagos:** Signos imprecisos que pueden tener significados plurivalentes porque mantienen una relación vaga y alusiva con una serie imprecisa de significados. Ejemplo: el círculo tiene variados significados dependiendo de la cultura, la historia o el autor. Para Jorge Luis Borges el círculo es un símbolo del universo y para el budismo zen es símbolo de armonía.

La concordancia y el orden lógico son dos aspectos esenciales en el nivel sintáctico. La concordancia obedece a las interrelaciones de las palabras en un enunciado o conjunto de enunciados —párrafo—. Éstas pueden ser de género, número, caso, tiempo, persona y modo. El orden lógico obedece a la construcción normal de los enunciados y al uso apropiado de sus diversas partes. Las partes de un escrito pueden alterarse en función del punto de vista, pero cuidando la lógica del sentido.

La estructura de un texto puede alterarse o transformarse siempre y cuando se respete la idea principal o se adecue a cada propósito comunicativo. El orden enfatizará en el sujeto, el objeto, la acción, la cualidad, el modo, el tiempo, el lugar u otros aspectos de importancia. Todo depende de lo que se quiera comunicar. Veamos el siguiente ejemplo:

*Estába*mos todos muy contentos adquiriendo diversos artículos en un almacén de reconocido prestigio.

Todos muy contentos, estábamos adquiriendo diversos artículos en un almacén de reconocido prestigio.

Muy contentos todos, estábamos adquiriendo diversos artículos en un almacén de reconocido prestigio.

Adquiriendo diversos artículos, en un almacén de reconocido prestigio, estábamos todos muy contentos.

En un almacén de reconocido prestigio, estábamos todos muy contentos adquiriendo diversos artículos.

Diversos artículos estábamos adquiriendo en un almacén de reconocido prestigio, todos muy contentos.

El orden lógico resulta un poco forzado en ciertos casos aunque, en el lenguaje periodístico contemporáneo, frecuentemente se utilizan alteraciones para destacar algún aspecto específico, sobre todo en los encabezados e inicios de algunas notas como la siguiente:

PONEN A BAILAR SUS RECUERDOS

Chicago hizo anoche que 10 mil regios bailaran sus recuerdos.

La banda se presentó en el Estadio de Béisbol Monterrey y logró combinar sus éxitos del ayer con los más recientes, a través de un diálogo musical que sus seguidores disfrutaron plenamente.

> El espectáculo, de unas dos horas de duración, inició a las 20:10 horas y demostró que el sonido Chicago sigue siendo la "inspiración" de miles de personas.
>
> Dieron muestras de su capacidad musical con más de 20 canciones que lograron hacer que el público se le entregara plenamente y los hiciera regresar cuatro veces cuando intentaban despedirse.
>
> En punto de las 20:10 horas las luces del estadio se apagaron y el grupo apareció en el escenario, en medio de los gritos del público.

Ciertamente el encabezado, que se repite en la primera línea de la noticia con cuatro elementos informativos más —Chicago, anoche, 10 mil y regios—, conserva el sentido figurado más propio de la literatura. De acuerdo con la lógica los recuerdos no bailan. Se puede observar cómo reaccionan las personas ante los recuerdos motivados por algo o bien, cómo vienen y van los recuerdos en la mente a través de respuestas verbales y no verbales. Precisamente, es a lo que se refiere la nota sobre la banda de música Chicago, que trajo a los regios recuerdos a través de las diferentes interpretaciones y esto, sin duda, sí puede captarse a través de las reacciones del auditorio. Lo que se intenta con este tipo de notas informativas es llegar al lector mediante un rudimentario empleo del lenguaje figurado y la metáfora.

Lo mismo sucede con este otro titular:

LOGRAN CALLAR A GARCÍA LORCA

En realidad el dramaturgo y poeta español enmudeció para siempre cuando perdió la vida. Lo que permanece vivo entre nosotros son sus obras y sus inolvidables personajes como *Bernarda Alba*. La nota de ese encabezado hace referencia a un trabajo teatral que Yugoslavia presentó, dentro del Festival Cervantino Nuevo León 91, donde se aprecia un proceso de traducción del lenguaje verbal creado por Lorca, a la expresión corporal. "Los yugoslavos de 'Bitef Teatro' lograron recrear *La casa de Bernarda Alba* cambiando la poesía de Lorca por una sorprendente expresión corporal."

En resumen, podemos decir que el nivel sintáctico se ocupa del comportamiento grupal, de las interrelaciones y oposiciones de las palabras que forman una estructura discursiva. Ducrot y Todorov en el *Diccionario enciclopédico de las ciencias del lenguaje* expresan que: "Los problemas de que se ocupa la sintaxis se refieren al orden de las palabras, **reacción** (concordancia o **régimen**) —es decir, la manera en que ciertas palabras imponen a otras variaciones de caso, número, género—."

Las posibilidades resultan más variadas en un **discurso complejo** y en el **lenguaje literario**, donde, sin duda, se abren por la cantidad de recursos estilísticos que se manejan, y por los diferentes niveles de lectura y aproximación al texto. En el discurso literario se mezclan el ludismo, el ritmo, el sentido, la polisemia y otros elementos que le dan una dimensión más amplia al lenguaje. En cambio, en la redacción estándar no se puede perder de vista al receptor para precisar la estructura del mensaje. Veamos la lógica en los siguientes ejemplos tomados de la realidad:

Batas para niñas importadas

En este ejemplo las importadas (calificativo) son las batas (sustantivo) y no las niñas. Por lo tanto, el orden lógico correcto es: Batas importadas para niñas.

Rento cuarto para señorita con cocina atrás

Seguramente, es el cuarto el que tiene la cocina atrás, no la señorita. Lo correcto sería: Rento, para señorita, cuarto con cocina atrás, o bien, rento cuarto con cocina atrás para señorita.

Rento señorita honorable independiente $800.00

Este ejemplo, como muchos otros que aparecen en los avisos de ocasión, informa que lo que se renta es la señorita honorable e independiente, no una habitación o departamento independiente, para señorita honorable.

Solicito vendedora de teléfono. Comunicarse al teléfono...

Cuando se lee: Solicito vendedora de teléfono, definitivamente pensamos en un aparato telefónico, no en una persona para que realice ventas por teléfono. De seguro, se quiso decir: Solicito personal femenino para hacer ventas por teléfono.

Crema para manos de tortuga

En este ejemplo, la crema es la de tortuga por supuesto, no las manos.

SE SOLICITA

Comprador y encargado de tienda de ropa masculina para local de Plaza Fiesta San Agustín

REQUISITOS:

Ambos sexos.
Estudios mínimos preparatoria.
Experiencia mínima dos años.
Experiencia en compra de ropa de moda para caballero.
Se ofrece:... etcétera, etcétera, etcétera.

Lo que sucede en este texto es muy interesante y también es un problema de lógica del sentido, pero con rasgos muy particulares. Se lee en los requisitos que el candidato debe tener ambos sexos, o sea, que debe ser forzosamente hermafrodita, si no, no puede aspirar al empleo. Lo anterior no deja de ser impresionante. Quizá se quiso decir: Solicito personal de ambos sexos para atender...

VENDO MOLINO

Para moler carne marca Biro 3 HP cabezal 32 con trasmisión...

Aquí se entiende que el molino sólo muele carne marca Biro 3 HP cabezal 32 con trasmisión. Probablemente se trata de una carne muy rara, a menos que se refiera a un molino marca Biro 3 HP cabezal 32 con trasmisión, para moler carne.

Vámonos comunicando

Este texto, propaganda de un partido político nacional, raya en lo coloquial. Implica la acción simultánea de los dos verbos. Lo más correcto sería: vamos a comunicarnos, comuniquémonos o dialoguemos.

El nivel semántico se refiere al significado de las palabras. Todo concepto tiene una o varias esferas donde se desplaza. El significado contextual lo determinan los términos que anteceden y preceden a la palabra, y el denotativo, el diccionario. Por esto, esta metodología recomienda trabajar con palabras clave. De este modo resultará más fácil derivar el sentido y las relaciones de las mismas en el texto. El esquema de **los siete significados de Leech** ilustra muy bien este aspecto:

Significado **conceptual**: denotativo.* *Padre*: el que tiene uno o varios hijos.
Significado **connotativo****: lo que se comunica en virtud de aquello a lo que se refiere el lenguaje. Juan es *la cabeza* de la familia.
Significado **estilístico**: lo que se comunica sobre las circunstancias sociales del uso del lenguaje. Todo el sueldo se lo da a su *jefe.* Su *papá* vendrá a la fiesta hoy.
Significado **afectivo**: lo que se comunica sobre los sentimientos y actitudes del que habla o escribe. ¡La edad no tiene años, *papacito*!
Significado **reflejo**: lo que se comunica gracias a la asociación con otro sentido de la misma expresión. El *padre* corrió hacia el lugar del accidente (¿padre o sacerdote?).
* Denotación: significación objetiva que posee una palabra para cualquier hablante de una lengua. ** Connotación: conjunto de valores secundarios que rodean a una palabra en el sistema de cada hablante. Propiedad que poseen los signos de agregar un segundo (o tercero, etcétera) significado al denotativo que es inmediatamente referencial.

Significado **conlocativo**: lo que se comunica gracias a la asociación con las palabras que suelen aparecer en el entorno de otra palabra.

El pobre *padre* lloraba por la enfermedad de su hijo.
El *padre* pobre decidió buscar otro trabajo.

Significado **temático**: lo que se comunica por la forma en que el mensaje está organizado de acuerdo con el orden y el énfasis.

El *padre* castigó a Gerardo.
Gerardo fue castigado *por su padre*.
Castigó a Gerardo *el padre*.

Detrás de cada discurso, semánticamente, existe un universo donde cada palabra tiene una función y uno o múltiples sentidos, sobre todo en un ámbito donde la información se transforma en comunicación y entra al mundo de la polisemia.

Existe un vínculo muy estrecho entre el plano sintáctico y el semántico que se refleja a través de la estructuración de las ideas. La posición de los núcleos sintácticos —enunciados— en una estructura discursiva, se estudia de acuerdo con el orden, la jerarquía y las relaciones que estos núcleos tienen entre sí y con las oraciones principales semánticas. La oración principal semántica es aquella cuyo significado es importante, pero no expresa necesariamente una relación directa con la idea principal, aunque en algunos casos sí sucede.

La oración principal semántica, en ocasiones, se localiza en el inicio del escrito pero también en la parte media o en el final. Si se altera el orden de los enunciados, sin duda, cambia el orden de la oración principal semántica.

La idea principal y las ideas secundarias son importantes porque nos sirven para estructurar el párrafo y como consecuencia, el escrito. Por lo general recomendamos a nuestros estudiantes utilizar la estructura IDC: —introducción, desarrollo y conclusión— en la redacción de sus primeros escritos. Más adelante podrán experimentar las demás posibilidades de escritura a través de lo que se expone en esta unidad. Los siguientes esquemas ejemplifican la estructura del párrafo, la organización del texto por ideas y la estructura IDC.

ESTRUCTURA DEL PÁRRAFO

```
              El párrafo se puede estructurar:

        ┌──────────────────────┴──────────────────────┐
   POR LA FORMA                              POR EL CONTENIDO

   ┌────────┴────────┐                   ┌───────────────┴───────────────┐
Mayúscula al     Punto y aparte       Oración          +      Oraciones
 principio                            principal               modificadoras

                                          │                        │
                                       UNIDAD        Y        COHERENCIA

                          ┌───────────────┼───────────────────────┐
                      Orden          causa ──▪ efecto            nexos
                      temporal
                                      efecto ──▪ causa

                                      y otros tipos
                                      de materiales de
                                      desarrollo
```

Ejemplo de párrafo estructurado por la forma:

A tres años del quinto centenario del arribo de Cristóbal Colón a las playas de América, España organiza para el 92 una conmemoración espectacular en lo ceremonioso pero cuidadosa y diplomática en su manejo.

Ejemplo de un texto estructurado por la forma y por el contenido:

Párrafo 1 | Una feroz pantera que formaba parte de los atractivos durante una exhibición de modas en el hotel María Isabel Sheraton escapó de su jaula y atacó a una modelo, causándole heridas en la pierna izquierda.

Párrafo 2 | Mónica Cecilia García resultó con dos heridas en el muslo, una de tres centímetros de diámetro y la otra de uno. Fue atendida en el hospital de la Cruz Roja de Polanco, donde sólo estuvo dos horas y luego se retiró a su domicilio.

Párrafo 3 | Los acontecimientos tuvieron lugar anteayer en el salón "De casa" en el que se supo, había no menos de 100 personas que estuvieron en peligro de ser atacadas por la fiera.

Párrafo 4 | En el hotel María Isabel, nadie informó de lo ocurrido y sólo los empleados aceptaron los hechos y dijeron que todo se debió a un descuido del domador del felino pero que "todo había sido controlado".

El escrito anterior está estructurado por la *forma*, en cuatro párrafos. Por el *contenido*, consta de una oración principal: **"Una feroz pantera que formaba parte de los atractivos durante una exhibición de modas en el hotel María Isabel Sheraton escapó de su jaula y atacó a una modelo, causándole heridas en la pierna izquierda."** Las oraciones modificadoras secundarias de los otros párrafos apoyan la idea principal. La *unidad* se logra porque todos los párrafos se relacionan. La *coherencia*, lógica en este caso, es de causa a efecto.

Causa = descuido

Efecto = mujer herida

Los siguientes tipos de material de desarrollo facilitan la estructuración de párrafos en un escrito.

TIPOS DE MATERIALES DE DESARROLLO

Analogía:	Paralelo entre dos cosas que tienen alguna semejanza; lo desconocido explicado a partir de algo familiar.
Comparación:	Similitudes entre dos o más ideas o cosas.
Contraste:	Diferencia entre dos o más ideas o cosas.
Definición:	Establecimiento de un significado preciso, importancia o explicación de un objetivo clave, de una palabra, de una frase o de términos; fija los límites dentro de los cuales se puede usar un tema o un término.
Detalles y particulares:	Enumeración de hechos o puntos específicos (interrogantes).
Clasificación:	Arreglo u organización de acuerdo con especies, categorías, características, etcétera.
Análisis:	Ruptura de un tema amplio en partes; relación entre las partes y el todo, separación del todo en partes; determinación de la composición de una entidad o un sistema completo.
Causa-Efecto:	Enunciado de las fuerzas que producen una situación; enunciado de los resultados producidos por una fuerza.

Gran parte de las fallas que se presentan en la estructuración de ideas ocurren por errores de razonamiento. Es por esto que insistimos en la lógica de la observación antes de llegar a la práctica escrita.

Si tenemos cuidado con las **definiciones**, los **silogismos**, las **incoherencias** y las **falacias**, sin duda lograremos una redacción más clara y objetiva.

Definición: Explicación, delimitación y descripción de un objeto, concepto o situación para no confundirlo con otros semejantes.

Características de la definición

- Se debe analizar la naturaleza de lo que se define.

- Debe ser breve.

- Debe ser clara.

- Lo definido no debe ser parte de la definición que lo originó. Si existe una premisa falsa, no se puede llegar a un juicio válido. Las **incoherencias** se presentan en tres formas:

    1. **La contradicción.** Ernesto es buen político y no es un buen político.

    2. **La incompatibilidad de predicados.** Juan es mexicano y auténtico italiano. Lo correcto es: Juan es de nacionalidad mexicana pero en sus ideas es un auténtico italiano.

    3. **Falta de continuidad.**

> "Subdirección de Asuntos Jurídicos
>
> Dictamen
>
> En relación al oficio señalado con el No. 3 turnado a la suscrita de fecha 3 de abril de 1987 y con número de oficio 437-2-5423, que sugiere la redacción del mismo en forma adecuada visto que se está refiriendo a un Fideicomiso, el cual no se agrega y no contiene los objetivos del mismo para someterlo a la consideración de la suscrita, que igualmente se percató de errores en cuanto a forma y fondo.

En virtud de la confusión y de la ausencia de la suscrita, autora del incomprensible documento, primero trataremos de adivinar qué quiso decir.

1. Que la suscrita no pudo dictaminar sobre el oficio No. 3.

2. Que las razones son:

    - el documento está mal redactado.

    - no le enviaron el texto del fideicomiso al que se refiere el documento.

    - que sin embargo ella, la suscrita, se percató de errores en cuanto a forma y fondo.

Aunque no comprendemos cómo alguien con la confusión mental de nuestra autora puede percatarse de errores en cuanto a forma y fondo, trataremos de analizar la redacción del ejemplo.

Lea el principio del párrafo. Por innecesaria se puede suprimir la expresión *señalado con*.

Más adelante aparece: *la suscrita de fecha 3 de abril de 1987*, idea que sin duda relaciona la fecha con la suscrita. ¿Nació ese día? La lógica elemental permite deducir que la fecha se refiere al documento, aunque el texto diga lo contrario.

Observe con atención: *que sugiere la redacción del mismo en forma adecuada*.

Subdirección de Asuntos Jurídicos

Dictamen

En cuanto al documento No. 3, de fecha 3 de abril de 1987, número de Oficio 437-2-5423, turnado a la suscrita para su análisis, se sugiere que sea redactado nuevamente y se anexe el texto completo del fideicomiso a que se hace referencia, ya que es imposible dictaminar sobre documentos incompletos.

Subdirección de Asuntos Jurídicos

Dictamen

Es imposible dictaminar sobre el documento No. 3, de fecha 3 de abril de 1987, número de oficio 437-2-5423, turnado a la suscrita, ya que su redacción es confusa y no se anexó el texto del fideicomiso a que se hace referencia.

. . .

La primera duda surge del pronombre *que*, el cual no sabemos a qué se refiere: ¿el oficio sugiere? ese *que* carece de antecedente. Después aparece el pronombre *mismo*. Ese *mismo* ¿a qué o a quién se refiere? Como se puede observar, la suscrita, autora y censora de documentos, no tiene sentido común. El texto dice a continuación:

visto que se está refiriendo a un Fideicomiso, el cual no se agrega y no contiene los objetivos del mismo.

De nueva cuenta aparece otro *mismo* cuyo antecedente también se desconoce. A continuación afirma: *para someterlo a la consideración de la suscrita*.

Otra vez, de nueva cuenta, otro pronombre: lo (someter-lo). Definitivamente el lector más aguzado no sabe a qué se refiere *lo, mismo y que*.

Recuerde que un pronombre sustituye a un nombre. El pronombre debe estar lo más próximo al nombre. Debe saberse exactamente a qué o a quién está sustituyendo.

Finalmente, de manera rotunda y contundente, la autora; *se percató de errores en cuanto a forma y fondo*. El juego del espejo se hace evidente, parece que ella estuviera leyendo su propio oficio.

La **falacia** es una forma de argumento no válida que impacta tanto en el lenguaje oral como en el escrito. Las falacias de equívoco o anfibología consisten en usar vocablos o expresiones que se pueden emplear en dos o más sentidos:

Ejemplo: **El agente puso infracciones a varios automóviles en estado de embriaguez**.

¿El estado de embriaguez se refiere al agente o a los automóviles? Definitivamente al agente; sin embargo, como está redactado se entiende que a los automóviles.

Nota: Se sugiere buscar más información sobre falacias.

ORGANIZACIÓN DEL TEXTO POR IDEAS

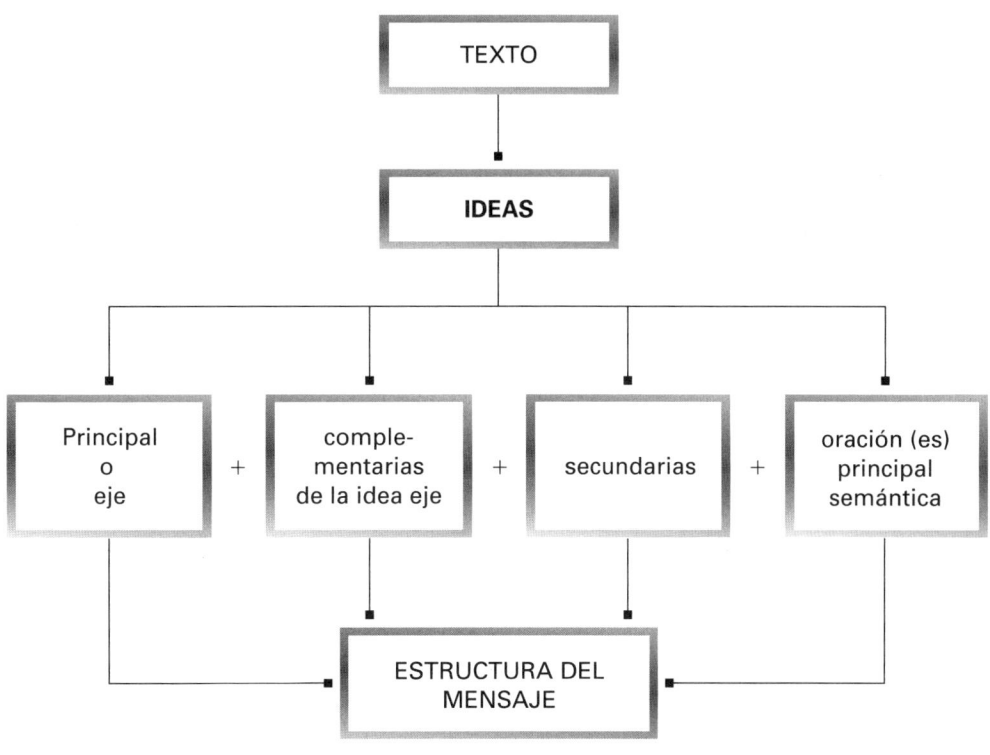

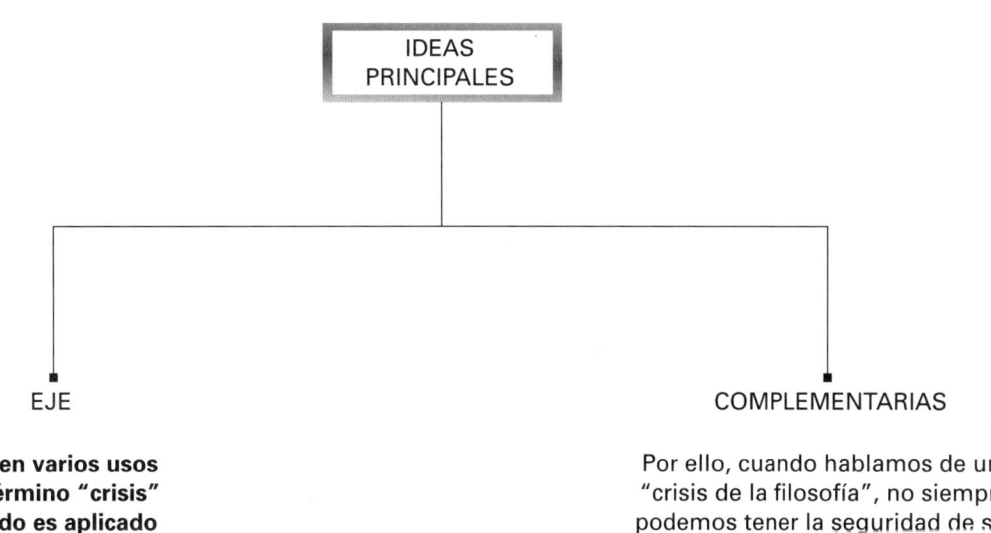

ESTRUCTURA IDC

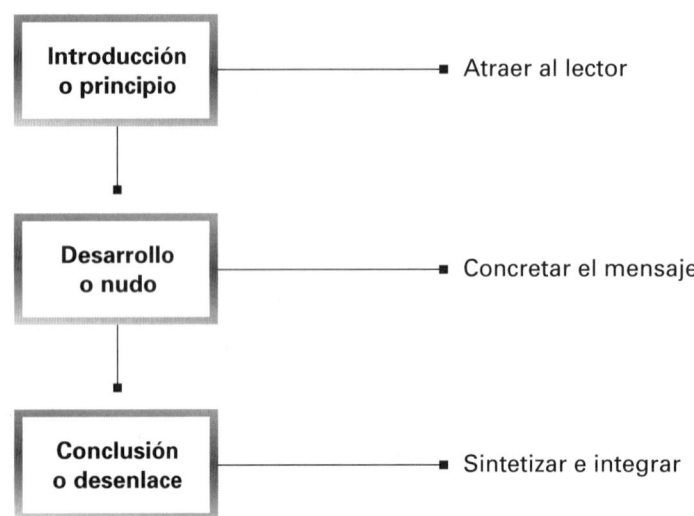

Desde el punto de vista semántico, los términos médicos, científicos, de computación, economía o cualquier otra disciplina se mueven dentro de un campo restringido a su radio de acción, donde el signo lingüístico debe ser preciso y unívoco. En cambio en el lenguaje literario, en el coloquial y en cierto modo en el periodístico, las posibilidades se multiplican y son cada vez más diversas.

El nivel léxico se puede analizar desde dos aspectos: el lexicográfico y el lexicológico. El primero atiende a fechas, variantes y acepciones y el segundo a los componentes formales de la palabra, lexema y a los formantes que se unen a éste. Los dos aspectos nos interesan porque deseamos aumentar el léxico y la formación de palabras a través de sufijos y prefijos. Si comprendemos bien estos aspectos y desarrollamos el hábito de la lectura, con seguridad podremos realizar una práctica escritural más clara, consciente y efectiva en cuanto al manejo del lenguaje. Veamos los siguientes ejemplos:

Laboriosidad es un derivado de **labor** y **español** es un derivado de **España**. Su derivación **labor-laborioso** (adjetivo) —**laboriosidad** (sustantivo). **España-español** (adjetivo). **Signo** (sustantivo) —**significar** (verbo) —**significativo** (adjetivo). La derivación ofrece abundantes muestras: sufijación doble en: **labor-ios-idad**. Prefijación como en: **ensartar** y ambas a la vez en **impermeable**. En **apasionadamente** tenemos: **a**-prefijo, **pasio**-raíz, **nada**-sufijación adjetival, **mente**-sufijación adverbial. **Amoral**: **a**-prefijo, **mor**-raíz, **al**-sufijo.

En el análisis léxico también es importante tener en cuenta el origen. En el caso del español la base del léxico es el latín. Todo elemento léxico que tenga un origen anterior es un elemento léxico de sustrato, en cambio todos los que se introducen al español posteriormente son considerados como préstamos. Éstos pueden ser muy variados en cuanto a origen y épocas, por ejemplo: **préstamos** del vasco "chistera", hasta galicismos y anglicismos más modernos como *boutique* y *pub*.

Gráficamente se puede resumir la importancia de los tres **niveles del lenguaje** de la siguiente manera:

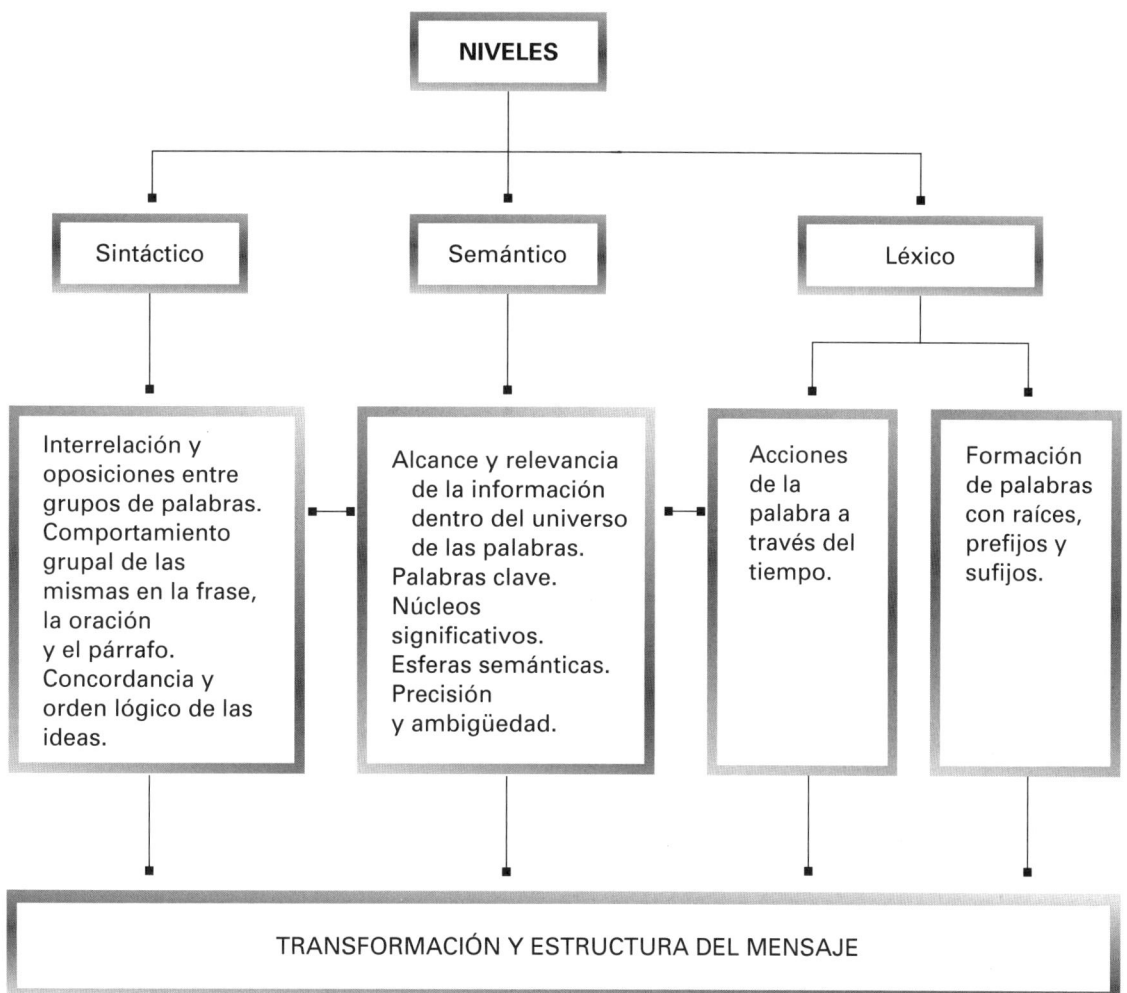

Lectura 3

MIRADA CRÍTICA DE LA ICONÓSFERA CONTEMPORÁNEA

Tras este recorrido pormenorizado a lo largo de las tecnografías icónicas inventadas por el ser humano desde la aparición de la fotografía, se imponen algunas reflexiones globales acerca de la significación sociocultural de la imagen en la civilización contemporánea.

La sociedad moderna está integrada en un ecosistema comunicacional que constituye un sistema cerrado de interacciones no aleatorias entre los medios, y entre ellos y sus audiencias, a la búsqueda de un equilibrio comunicacional entre las ofertas de los diferentes medios y las demandas de sus audiencias. En este sentido, el ecosistema comunicacional constituye un modelo de interacciones dinámicas, y relativamente inestables, estructurado idealmente por flujos informativos que se disputan el mercado comunicacional, según el principio de los usos y gratificaciones proporcionados por los mensajes. Así por ejemplo, el auge y expansión actual de la imagen privada de la televisión, a expensas de la imagen pública del cinematógrafo se explica, tratándose de dos formas similares de espectáculo audiovisual, por la superior gratificación aportada por la primera en virtud de la ley del mínimo esfuerzo físico y económico. Este ecosistema comunicacional puede ser contemplado, utilizando un léxico contemporáneo, como una *mediasfera* omnipresente, que se ha constituido, junto a la bioesfera arcaica del hombre, como su complementaria corteza cultural en las sociedades industrializadas. En este artificial caparazón *massmediático* que envuelve al actual hombre urbano, la iconósfera (término acuñado por el filmólogo francés Gilbert Cohen-Séat) constituye una de las capas, probablemente la principal y la más densa, de la mediasfera contemporánea.

Así como los carburantes de origen fósil fueron la savia de la sociedad industrial victoriana, la información se ha convertido en el principal carburante intelectual de la sociedad postindustrial, verdadera energía de valor sémico utilizada en un hardware comunicacional que tiene las grandes virtudes de requerir un bajísimo consumo energético, no ser contaminante y superar por ello los defectos de las viejas tecnologías duras, las de la era de las chimeneas y del motor de explosión. Ya en 1949, en la prehistoria de la sociedad de la información, David Riesman escribió que "la era de la abundancia y la declinación demográfica incipiente necesita el trabajo de hombres cuya herramienta es el simbolismo". En aquella época, la sociología no hablaba todavía de las "industrias del imaginario", de ese capital semiótico sobre el que operan los trabajadores de las industrias del conocimiento, cuya tarea es la de producir y manipular símbolos, al punto de que resulta legítimo encuadrarlos en el sector económico de la "producción simbólica", del ámbito económico terciario o de servicios.

Un principio biológico bien conocido establece que todo organismo vivo necesita encontrar en su medio sus fuentes energéticas e informacionales. Pero en la actual sociedad postindustrial, que es el entorno artificial creado por el *homo informáticus*, la información adopta cada vez más la forma de flujos de energía, de energía eléctrica o electromagnética, que desembocan sensorialmente en producciones gráficas (símbolos) visualizadas en una pantalla fosforescente, esa pantalla polifuncional que ha expandido las limitadas funciones del viejo televisor doméstico, pasivo y monodireccional.

Pero si en la sociedad postindustrial la información se ha convertido en la principal materia prima, es menester recordar que la información es simulacro o abstracción de objetos, fenómenos o procesos del mundo real. En ciertas ocasiones, como en las transferencias bancarias, la sustitución del objeto real (los billetes de banco) por su signo no entraña daño alguno, ni para el objeto ni para el usuario. Pero en otros niveles de la comunicación simbólica, como los que se dan en la iconósfera, no siempre puede afirmarse lo mismo, pues los iconos artificiales (símbolos) que reemplazan a los objetos son a veces perversiones ontológicas comparables a la flor de plástico y sin aroma que ha reemplazado a la flor natural en el decorado urbano actual. Jerry Mander, en sus polémicas *Cuatro buenas razones para eliminar la televisión*, ha dedicado una extensa parte de su libro, titulada "la mediación de la experiencia", a demostrar que la imagen en la pantalla del televisor, como simulacro simbólico y duplicación imperfecta del referente (bidimensional, intangible, inolora, etcétera), usurpa el estatuto ontológico de la realidad representada y constituye una verdadera deprivación sensorial. Las implicaciones sensoriales y pedagógicas de esta suplantación pueden ser importantes para la psicología infantil en su fase formativa y para la sensibilidad del adulto.

Román Gubern

Ejercicios

1. Después de leer detenidamente el texto anterior, subraya y escribe el significado de los siguientes conceptos. Apóyate en el contexto y en un diccionario especializado:

Tecnografías icónicas

_____

_____

Ecosistema comunicacional

_____

_____

Léxico contemporáneo

_____

_____

Bioesfera arcaica

_____

_____

Origen fósil

_____

_____

Valor sémico

_____

_____

Tecnologías duras

_____

_____

Declinación demográfica

_____

_____

Capital semiótico

_____

_____

Ámbito económico terciario

_____

_____

Homo informáticus

_____

_____

Pantalla polifuncional

_____

_____

Abstracción de objetos

_____

_____

Comunicación simbólica

_____

_____

Perversiones ontológicas

_____

_____

Simulacro simbólico

_____

_____

Duplicación imperfecta

_____

_____

Deprivación sensorial

_____

_____

2. Elabora un escrito sobre la influencia que ejercen los medios masivos de comunicación (televisión, radio, cine, prensa) en la vida del hombre contemporáneo. El texto deberá tener las siguientes características:

   a) Título.

   b) Estructura IDC.

   c) Coherencia y concordancia.

d) Puntuación y ortografía correctas.

e) Observaciones, inferencias y juicios de valor.

_____

_____

_____

_____

_____

_____

_____

_____

3. Localiza en la lectura algunas palabras que tengan prefijos o sufijos. Genera en los espacios otras palabras con los prefijos y sufijos que encontraste.

PREFIJO	PALABRA	SUFIJO	PALABRA

4. Utiliza en contexto las palabras que formaste. Subráyalas.

_____

_____

_____

_____

5. Observa los siguientes ejemplos de transformación y resuelve el ejercicio.

"La vida es demasiado corta para hacerla pequeña", expresó Disraeli. (10 palabras)

Por adición:

"El conocido escritor Benjamín Disraeli influyó notablemente en los conceptos sociales del siglo pasado. En cierta ocasión expresó una idea en la que deberíamos meditar. Dijo que el correr de la existencia se presenta de muy escasa duración para dejarla transcurrir dentro de la pequeñez." (45 palabras)

"Espero que tenga a bien perdonarme si me permito dirigirme a usted para llamarle la atención acerca de ..." (18 palabras)

Por sustracción:

Perdone que le advierta sobre este asunto. (7 palabras)

Transforma el siguiente texto por adición y por sustracción. Utiliza diferentes tipos de enunciados (observación, inferencia y juicios de valor).

> "Frente a la injusticia, los pueblos luchan por derechos civiles, sociales y humanos. El pragmatismo reinante no puede asfixiar a la humildad. El verdadero hombre rechaza la depredación y ama su tierra. Por eso los mapas cantan, además de señalar."
>
> **Horacio Guajardo**

6. Revisa los prefijos y sufijos del ejercicio número 1 y elabora con ellos un crucigrama.

_____

_____

_____

_____

_____

_____

_____

_____

_____

_____

7. Transforma el refrán que te proporcione el maestro:

a) Por _adición_.

_____

_____

_____

_____

b) Determina la base estructural de tu transformación a partir de las palabras llenas.

SUSTANTIVOS	ADJETIVOS	VERBOS	ADVERBIOS

c) Analiza la idea sobre la cual gira el texto transformado.

_____

_____

_____

d) A partir del texto transformado genera otro. Cambia el eje temático y el orden de las ideas.

_____

_____

_____

8. Transforma por *sustracción* el texto que te proporcione el maestro. Número de palabras del texto original _____.

_____

_____

_____

_____

Número de palabras del texto transformado _____.

9. Retoma el texto que transformaste por sustracción y modifícalo de manera que exprese la idea contraria. Enfatiza en el tono (véase p. 44).

_____

_____

_____

_____

10. De acuerdo con el esquema del análisis del receptor (véase p. 45), revisa el objetivo del mensaje en los textos que te proporcione el maestro y cambia el punto de vista en cada uno de ellos.

(Se sugiere emplear textos de diferentes tipos: cartas, notas periodísticas, informes, fragmentos de artículos y otros.)

Texto A:

_____

_____

Objetivo del mensaje: _____

Punto de vista:

_____

_____

Texto B:

_____

_____

Objetivo del mensaje: _____

Punto de vista:

_____

_____

Texto C:

_____

_____

Objetivo del mensaje: _____

Punto de vista:

_____

_____

11. Analiza el orden lógico de las ideas en el párrafo de la lectura que te señale el maestro.

_____

_____

_____

_____

_____

_____

_____

_____

12. Cambia el orden lógico del enunciado que te señale el maestro. (Se sugiere tomar enunciados de la lectura.)

_____

_____

_____

_____

_____

13. Analiza el nivel sintáctico en el párrafo que te señale el maestro:

a) orden lógico

b) concordancia

_____

_____

_____

_____

_____

_____

_____

_____

14. Anexa un texto periodístico o de divulgación que presente errores sintácticos. Corrígelo y explica las correcciones de acuerdo con el contenido que se expone en el capítulo dos.

_____

_____

_____

_____

_____

_____

_____

_____

_____

15. Busca cinco titulares y cinco anuncios de periódico donde se presenten alteraciones lógicas. Escríbelos en los espacios y redáctalos en forma correcta.

Titulares

a) _____

_____

Forma correcta _____

b) _____

Forma correcta _____

c) _____

Forma correcta _____

d) _____

Forma correcta _____

e) _____

Forma correcta _____

Anuncios

a) _____

Forma correcta _____

b) _____

Forma correcta _____

c) _____

Forma correcta _____

d) _____

Forma correcta _____

e) _____

Forma correcta _____

16. Aplica el esquema de los siete significados de Leech a la palabra que te proporcione el maestro (véase p. 51).

Palabra _____

a) _____

b) _____

c) _____

d) _____

e) _____

f) _____

g) _____

17. Redacta un texto con las siete palabras que te proporcione el maestro. Aplica un significado de Leech a cada uno de ellos. Evita la repetición de significados.

_____

_____

_____

_____

18. Analiza los tres niveles del lenguaje, sintáctico, semántico y léxico, en los párrafos de la lectura que te señale el maestro (véase p. 59):

_____

_____

_____

_____

19. En el texto que te indique el maestro señala las ideas principales, complementarias y secundarias. Identifica si hay observaciones, inferencias o juicios de valor. Justifica tu respuesta.

_____

_____

_____

_____

_____

Nota: Recuerda que para algunos ejercicios puedes bajar información de los medios electrónicos. Procura que esta información sea reciente y respete los protocolos para su uso.

Etimologías

Esquema 3

PREFIJO	ORIGEN	SIGNIFICADO	EJEMPLOS
magni-	latino	grande	magnate, magnificencia
homo-	griego	semejante, igual, común	homogéneo
neo-	griego	nuevo	neologismo, neófito
nomen-	latino	nombre	nomenclatura, nómina
ana-	griego	de abajo, hacia arriba, hacia atrás, relación, conforme a, semejante a	anacoreta, análogo, ánodo
filo-	griego	amante	filantropía, filósofo
fos-, foto-	griego	luz	fotogenia, fósforo
eso-	griego	dentro	esodermo, esotérico
jus, juris-	latino	derecho	jurisprudencia, justo
kilo-, quilo-	griego	mil	kilogramo, quilópodo

SUFIJO	ORIGEN	SIGNIFICADO	EJEMPLOS
-grafía	griego	escritura, descripción	ortografía, radiografía
-ia, -tia	latino	cualidades abstractas	avaricia, angustia
-dico	latino	decir	fatídico, verídico
-metría	griego	medida, medición, -metro designa el aparato o instrumento con que se hace la medición	fotometría, barómetro, antropometría extensómetro

Ejercicios

Investiga los prefijos y sufijos de las siguiente palabras en el esquema etimológico 3 y escribe el número en el paréntesis correspondiente.

1.	anagrama	( )	grande
2.	fotografía	( )	nombre
3.	homónimo	( )	mil
4.	quilópodo	( )	amante
5.	neolítico	( )	decir
6.	etnografía	( )	hacia atrás
7.	magnitud	( )	luz
8.	sacarímetro	( )	derecho
9.	jurisdicción	( )	semejante, igual
10.	protervia	( )	cualidad abstracta
11.	filatelia	( )	dentro
12.	nominal	( )	nuevo
13.	síndico	( )	medición
14.	esotropismo	( )	descripción

Nota: El maestro proporcionará otros ejercicios para practicar las etimologías.

USO DE CONJUNCIONES Y NEXOS

> Partículas que sirven para enlazar palabras u oraciones
> con el mismo o diferente valor gramatical.

Palabra	Conjunción	Palabra
Ir Emilio	y e	venir Ismael

Conjunciones más comunes

"y"

- **Enlaza dos elementos equivalentes en la oración:**
  José *y* Pedro comentaron el tema (dos sustantivos).
  Me saludó cordial *y* efusivamente (dos adverbios).

- **Enlaza dos oraciones afirmativas o una afirmativa y otra negativa:**
  Conocí a tu maestro *y* me ha parecido inteligente (dos oraciones afirmativas).
  Llovió toda la tarde *y* no pudimos ir de compras (una oración afirmativa y otra negativa).

- **Cuando la palabra siguiente empieza con "i" o "hi" se emplea "e" en lugar de "y":**
  Padres *e* hijos.
  Juan *e* Isabel.

"ni"

- **Enlaza palabras o frases con sentido negativo. Si el verbo va antes de esta conjunción, deberá antecederle un adverbio de negación (no, nada, nunca):**
  No hice la tarea *ni* fui al colegio.
  Nada necesito *ni* te pido nada.
  Nunca lo hizo *ni* intentó hacerlo.
  Ni uno *ni* otro.

"que"

- **Conjunción de mayor uso en español:**
  Deseo *que* estés bien.
  Pedro es mejor estudiante *que* tú.
  ¿Quieres *que* vayamos al cine?

- **Frases conjuntivas con que:**

La palabra "que", unida a adverbios y preposiciones, forma muy diversas frases con valor conjuntivo:

así *que*	luego *que*	por más *que*
a fin de *que*	mientras *que*	a pesar de *que*
con tal de *que*	en tanto *que*	siempre *que*

Luego *que* termines, te espero.
Te lo doy *con tal de que* estudies.
Siéntate *mientras que* regresan.
Por más que trató, no pudo hacerlo.

"o", "u", "ya", "ora", "ahora", "bien"

- **Expresan diferencia, alternativa o separación entre objetos, ideas o personas:**
  Tarde *o* temprano vendrá.
  Me quedaré *bien* con la una, *bien* con la otra.
  Mujer *u* hombre (la *u* se usa en lugar de *o* cuando la palabra siguiente empieza con *o* u *ho*).

Frases conjuntivas y vocablos que indican causa o razón

supuesto que	pues
ya que	porque
puesto que	como
pues que	como que

Te voy a dar permiso, *puesto que* lo pediste.
Supuesto que no hubiera opción, díselo.
Tal vez convenga, *pues* es igual.
Lo hizo, *ya que* se lo pedí.

Frases conjuntivas y vocablos que expresan la idea de requisito o condición

con tal que	si
con tal de que	así
así que	dado que
siempre que	

Si lo has decidido, te respeto.
Te daré el libro *con tal de que* vengas.
Dado que no llegaste, nos fuimos.
Lo aceptaré, *siempre que* estén de acuerdo.

Conjunciones que expresan oposición o contrariedad

mas   aunque
pero   sino

Mario es culto *pero* no inteligente.
Quiero que vengas, *mas* no ahora.
No fue Luis *sino* Antonio.
Hizo lo que le pedí, *aunque* no le agradó.

Conjunciones y frases conjuntivas que se usan para continuar la oración o el párrafo

pues   por tanto
así que   por lo tanto
por consiguiente   así pues

No te lo voy a decir, *así que* tú decides.
¿Va a venir? –*Pues* no sé.
Así pues, puede definirse.
Por lo tanto, tendrás que volver.

"como", "así como"

- **Se utilizan para enlazar términos de una comparación:**
  Ayúdalo *como* él lo hizo contigo.
  Sé bueno con ella, *así como* ella lo ha sido contigo.

Frases conjuntivas que indican un fin propuesto

para que   a fin de que

Ojalá que lo veas *para que* te decidas.
Conviene que ahorres, *a fin de que* puedas establecerte.

Conjunciones y frases conjuntivas que se usan para unir un hecho con su consecuencia

por consiguiente   luego
conque   pues

No habrá vacaciones, *por consiguiente* no iré a México.
"Pienso, *luego* soy"
¿*Conque* eso te dijo?

"con tal de", "con tal que", "con tal de que"

- **Con tal de, sólo se antepone a un verbo en infinitivo:**
  Con tal de obtener lo que quiere, es capaz de todo.

- **Con tal que, siempre va antes de un verbo en subjuntivo:**
  Te prestaré mis libros *con tal que* los leas.

- **Con tal de que, equivale a con tal que.**

Nexos comunes

sin embargo	por lo tanto	ciertamente
pues	por consiguiente	a decir verdad
en efecto	puesto que	seguramente
asimismo	por lo demás	aunque
por ejemplo	ahora bien	por otra parte
luego	en definitiva	además de
por su parte	por otro lado	pero

> Se les llama nexos a los elementos de relación entre oraciones.
> Si no se utilizan, el estilo resulta incoherente. Cuando se emplean
> en exceso o en forma repetida, se convierten en muletillas.

Ejercicios

1. En los espacios en blanco coloca los nexos que le den coherencia al escrito:

"El filósofo quiere poseer la palabra, convertirse en su dueño. El poeta es un esclavo; se consagra y se consume en ella. _____ lo que le cuesta trabajo a María Zambrano es tener que reconocer la injusta condena de Platón a los poetas, de la que ni siquiera Homero se salva. Y termina su exposición con una paradoja al asentar que, _____, la poesía es inmoral, tan inmoral como lo pueda ser la carne misma. _____, declara la terrenalidad de la poesía y el don que proviene más allá de la justicia: su eterna generosidad."

2. Busca un texto de un periódico o de una revista reciente y analiza el empleo de los nexos:

Nexos más comunes en el texto:

_____   _____   _____

_____   _____   _____

_____   _____   _____

_____   _____   _____

ADVERBIOS

> Los adverbios son palabras que modifican a los verbos, a
> los adjetivos o a otros adverbios.
> En muy pocos casos modifican a un sustantivo.

El adverbio debe ir lo más cerca posible de la palabra que modifica, por ejemplo: *Se viste impecablemente. Tenemos más posibilidades.*

Un adjetivo se transforma en adverbio agregándole el sufijo *mente* (claro, claramente); sin embargo, esto tiene como desventaja la monotonía y la cacofonía producidas por el abuso. Cuando los adverbios de este tipo son consecutivos se aplica la terminación "mente" sólo al último: *Me lo dijo simple y llanamente. Vivíamos cómoda y holgadamente.*

Otra forma de evitar este defecto es utilizar como adverbios, siempre que sea posible, otras palabras: *Responde rápidamente = responde con rapidez.*

Adverbios en "mente" y equivalentes

Comúnmente	=	Por lo común, en forma habitual
Minuciosamente	=	Con minucia, o de manera minuciosa
Cabalmente	=	En forma cabal, con perfección
Orgullosamente	=	Con orgullo, de modo orgulloso
Altamente	=	Con altura, en forma elevada
Generalmente	=	Por lo general, en forma general

Ejercicios

1. Subraya los adverbios en el siguiente texto y sustitúyelos por equivalentes sin que se altere el significado del mismo.

Las recientes marchas y paros magisteriales desarrollados <u>fundamentalmente</u> en la Ciudad de México han vuelto a poner en evidencia las dificultades crecientes del sistema político para enfrentar <u>positivamente</u> los graves deterioros provocados por la crisis. Una vez más asistimos al espectáculo de una movilización multitudinaria que <u>difícilmente</u> podría tener banderas más justas, y que, sin embargo, se topa con el profundo <u>anquilosamiento</u> de las estructuras sindicales e institucionales, que vuelven <u>extremadamente</u> complicado y hasta políticamente explosivo lo que es pretensión y nunca una realidad. Ningún gobierno concreto ha logrado <u>realmente</u> resolver las contradicciones de la división social —<u>básicamente</u> la división entre las clases, pero no <u>exclusivamente</u>— que le permiten ser tanto de derecho como de hecho, la expresión de la voluntad de todos.

ADVERBIOS	EQUIVALENTES

2. Analiza el texto que te proporcione el maestro y explica la función de los adverbios.

Lectura 4

EL INDIO ENEMIGO

¿Cuál es el México imaginario a lo largo del siglo XIX? Es un país que se quiere rico y moderno. La riqueza se entiende como el resultado natural del trabajo individual y se expresa en la propiedad privada. Las diferencias de riqueza se justifican por el mayor o menor empeño que cada quien pone en producirla; es asunto personal en el que no deben influir diferencias previas como las que establecía el haber nacido en una u otra casta durante la dominación española. Ahora todos los mexicanos eran iguales y cada uno responsable de su propio destino. El patrimonio cultural del país, que incluye los recursos naturales, era un todo común que cada quien debía poder aprovechar a su manera, en libre competencia, sin privilegios para ningún grupo.

La modernidad del México imaginario era un producto de importación. Los adelantos tecnológicos debían jugar un papel importante. "Los caminos de hierro resolverán todas las cuestiones políticas, sociales y económicas que no han podido resolver la abnegación y la sangre de dos generaciones", pensaba Zamacona. Las costumbres de los países avanzados debían imitarse: sus costumbres políticas, sus modas, sus espectáculos. Se legisla continuamente para construir la modernidad del México imaginario según el modelo francés o el norteamericano, ambos en pugna por ser el dominante y ambos resentidos por las guerras e invasiones que les restaban prestigio algún tiempo.

El México profundo resultaba ser la negación radical del México imaginario. Las pugnas por la tierra que uno quería, la mercancía libre y propiedad individual en tanto que el otro, la reclamaba comunal e inalienable, son las pruebas más evidentes de una divergencia irreconciliable. Pero no sólo era el problema de la tierra: era todo lo indio que se veía como enemigo del México imaginario.

Desde la Independencia hasta la Revolución:

De acuerdo con la ideología de la época, el gobierno se ocupó de los indios, casi exclusivamente, primero, para acabar con sus antiguas instituciones, después para reprimirlos en sus revueltas (Moisés González Navarro).

El indio libre del norte, el indio que defendía sus tierras en el resto del país, el indio azuzado para tomar parte en los pleitos ajenos, los indios comuneros peleando entre sí por los límites de sus tierras colindantes tramposamente ambiguos desde la Colonia; el indio así (y lo eran casi todos), constituía una amenaza intolerable para la paz y la tranquilidad que exigía el México imaginario. Se empleó la fuerza para someterlo. Se empleó la leva: "el cuartel civiliza al indio".

Así concebía el problema Manuel Bolaños Cacho, nada menos que en el *Boletín de la Sociedad Indianista Mexicana*:

...la solución, entonces, es la adaptación del indio por la fuerza. Entre su modo de ser actual, cercano a la bestialidad dentro de la libertad, y una esperanza de mejoramiento dentro de una relativa tiranía, optamos por lo último... Contra los finqueros se han levantado alguna vez débilmente los indios. Contra la ordenanza no han intentado siquiera hacerlo y han visto impasibles su llamado "sorteo" obra del Jefe Político, como ven también impasibles las familias marchar, para volver quién sabe cuándo, o para no volver, al jefe del hogar, al hermano, al mismo hijo. Y cuando el recluta vuelve, es otro hombre *superior*, a pesar de todos los vicios adquiridos, a cualquier coterráneo; de lo que resulta que, en realidad, la verdad, la *leva* ha sido un medio indirecto, aunque pobre por su alcance numérico, para mejorar la condición intelectual y moral del indio...

"Civilizar", palabra clave. En México, civilizar ha significado siempre desindianizar, imponer occidente. Si el indio estaba aquí y era la mayoría, la solución de un país moderno era civilizarlo. En parte, esto quería decir apaciguarlo, domesticarlo, acabar con *su* violencia. "No debemos estar tranquilos hasta que veamos a cada indio con su garrocha en la mano, tras su yunta de bueyes, roturando los campos", advertía don Porfirio. El mejor camino, por más seguro, hubiera sido blanquear a la población con el aporte civilizado de la inmigración europea. Era la fórmula para resolver un problema que se entendía como problema racial: durante el siglo XIX hasta los liberales avanzados como Mora aceptaban la "inferioridad racial" del indio. Pero la inmigración fracasó. Quedaba entonces la escuela redentora, nueva panacea para desindianizar a México. Y hacia la educación encaminaron sus esfuerzos muchos talentos de la época.

Había un primer problema: la diversidad lingüística. Ignacio Ramírez llegó a proponer que se emplearan las lenguas indígenas en la educación de los indios, pero la opinión mayoritaria que finalmente triunfó, rechazaba de plano esa posibilidad. Francisco Pimentel, en una polémica con Altamirano sobre los caminos que debía seguir la literatura mexicana, quiso escribir un epitafio de los idiomas mesoamericanos: "El castellano es, de hecho el idioma que domina en la República Mexicana, es nuestro idioma oficial, nuestro idioma literario. Las lenguas indígenas de México se consideran como muertas." Nada qué hacer con el habla de los indios salvo sepultarla, como a todo lo suyo.

Pero el problema básico no era la diversidad de idiomas sino un hecho de mayor peso en la realidad: el México imaginario, rico y moderno habitaba únicamente en algunos rincones de las mayores ciudades. La acción educativa, que sí se emprendió y que alcanzó logros notables, no cruzó la barrera colonial del perímetro urbano. Llegó por excepción al medio rural y apenas si se internó en las comunidades indias. Y eso, a veces contra la oposición abierta e incluso violenta de los propios indios; los kikapús, que habían recibido autorización del presidente Juárez para establecerse en Coahuila, queman en 1909 la escuela el mismo día en que debería inaugurarse.

Otros casos de rechazo ocurren en diversas partes del país. En la ciudad de México subsistió durante algún tiempo el colegio de San Gregorio que había sido fundado por los jesuitas y tenía por misión original formar curas indios. A raíz de la Independencia, en 1824, se produjo en torno al colegio un debate revelador: si los indios era ciudadanos iguales a los demás, no había razón para que tuvieran un colegio exclusivo, ya que eso significaba continuar con las prácticas discriminadoras y paternalistas de los españoles, que tanto habían contribuido a la degradación de la raza india. El doctor Mora propuso, al discutir el tema, que el término "indio" no fuera utilizado para denominar a un sector de la sociedad y que, por ley "los indios no deben seguir existiendo". Finalmente se aprobó que el colegio de San Gregorio continuara abierto, aunque poco a poco se introdujeron modificaciones en su reglamento y terminó por transformarse en escuela de agricultura para los no indios en 1853. Así concluyó la única experiencia de educación especial para los indios, en la que pusieron el mayor empeño algunos egresados del mismo colegio, como Juan Rodríguez Puebla.

Por el lado conservador las cosas andaban peor. Lucas Alamán pensaba que la instrucción de los indios era peligrosa, tomando en cuenta que si sabían leer podrían caer en sus manos obras subversivas y alentar así su inconformidad y su rebeldía.

Si la escuela tampoco funcionó y el indio no se civilizaba, había por lo menos que ocultarlo para que fuese menos visible y no pusiese con su presencia abrumadora una interrogación rotunda y cotidiana sobre los progresos de la modernización en México. En la ciudad se prohíben las pulquerías o se autorizan sólo en la periferia, en los barrios indios. En Tepic y Jalisco se hace obligatorio el uso del pantalón a la europea en vez del calzón de manta. Lo indio se refugia en las comunidades, los barrancones de las haciendas y los arrabales urbanos. Ahí permanece bajo el nuevo acoso.

El campo indio se empobrece. Crece la población y se reducen o se pierdan las tierras. El empleo que ofrecen las haciendas es duro y se paga miserablemente. La situación llega a ser tan grave, que en 1896 se ordena el reparto gratuito de tierras a labradores pobres. El liberalismo del México imaginario reconoce a regañadientes le existencia opuesta del México profundo.

La identidad criolla cede su lugar a la ideología del México mestizo, pero sus contenidos de fondo no cambian. Hay un alejamiento formal con España, hasta un antihispanismo en los primeros años, y la antigua metrópoli, madre patria de los criollos, nunca recobrará su condición de modelo a seguir para los mexicanos. Poco a poco se va sustituyendo la herencia jurídica que dejó la Colonia, aunque sólo sea para imitar otras legislaciones. Octavio Paz es tajante: "Los mestizos destruimos mucho de lo que crearon los criollos y hoy estamos rodeados de ruinas y raíces cortadas. ¿Cómo reconciliarnos con nuestro pasado?" El México mestizo, imaginario, si bien se distancia de España, nunca rompe con Occidente, ni intenta hacerlo. La aspiración, el futuro, siguen en otra parte. La imitación es la ruta. Ignacio M. Altamirano lo dice con optimismo nacionalista:

En México, todavía no nos hemos atrevido *todos* a dar el *grito de Dolores* en *todas* las materias. Todavía recibimos de la ex metrópoli preceptos comerciales, industriales, agrícolas y literarios, con el mismo "temor y reverencia" con que recibían nuestros abuelos las antiguas reales cédulas en que los déspotas nombraban virreyes, prescribían fiestas o daban la noticia interesante del embarazo de la reina (citado por José Luis Martínez).

Amado Nervo, años después, resumiría con aprobación los empeños del México imaginario:

...y considere, por fin, que todo lo bueno que tenemos en la nación es artificial y antagónico del medio y realizado, por ende, a despecho del criterio popular. Con palpable disgusto de la masa del país tenemos constitución liberal; con manifiesta repugnancia del pueblo y de las clases acomodadas establecimos la independencia de la Iglesia y del Estado, y laicizamos la enseñanza oficial, y con ostensible oposición de los mexicanos poseemos ferrocarriles y telégrafos y... hasta la república (*ibid.*)

Guillermo Bonfil Batalla

3. Escribe un sinónimo para cada una de las siguientes palabras:

abnegación   _____

panacea   _____

leva   _____

coterráneo   _____

apaciguarlo   _____

inalienable   _____

colindantes   _____

azuzado   _____

casta   _____

pugna   _____

redentora   _____

4. **a)** Investiga y obtén información sobre la nueva ley indígena.

b) Describe en un mínimo de tres páginas con estructura IDC, la situación legal actual de las comunidades indígenas, según lo acordado en la nueva ley indígena gestada y establecida durante la presidencia de Vicente Fox.

Cada párrafo deberá tener las siguientes características:

- oración principal y oraciones secundarias,
- coherencia entre las oraciones,
- ortografía y puntuación correctas.

5. Establece una comparación entre las circunstancias descritas por Bonfil Batalla en su ensayo, y la nueva situación legal de las comunidades indígenas. Reflexiona sobre las diferencias legales entre las dos circunstancias, y las similitudes en cuanto al racismo que perdura todavía hoy en día en las actitudes de algunos ciudadanos mexicanos.

Etimologías

Esquema 4

PREFIJO	ORIGEN	SIGNIFICADO	EJEMPLOS
dia-	griego	a través de, separación, entre	diáfano, diámetro
paqui-	griego	grueso	paquidermo, paquímero
taxi-	griego	orden	taxidermia, taxonomía
sin(m)-	griego	con, unión, armonía coordinación, acompañamiento, simultaneidad	simbiosis, simpatía, sincrónico
taqui-	griego	ligero, rápido	taquigrafía, taquímetro
super-	latino	sobre	superflua, superlativo
hagio-	griego	santo, sagrado	hagiografía, hagiógrafo
tatara-	griego(tetra)*	cuarto	tatarabuelo, tetrágono
alo-	griego	otro	alergia, alópata
supra-	latino	sobre, arriba	supraocular, suprarrenal

SUFIJO	ORIGEN	SIGNIFICADO	EJEMPLOS
-genesia, -génesis, -genia	griego	origen, formación (la forma -geno indica agente productor)	eugenesia, filogénesis, patógeno
-algia	griego	dolor	nostalgia, cefalalgia
-faciente	latino	hacer	estupefaciente
-estesia	griego	sensibilidad	anestesia, hiperestesia
-ancia	latino	algo habitual, estado permanente	constancia, abundancia

*de **tétartos**: Cuarto, tatarabuelo (avus=abuelo) tercer abuelo, correspondiente a cuarto grado de consanguinidad.

Ejercicios

Consulta el esquema etimológico 4 y completa cada enunciado con la palabra correcta.

1. No sólo puede decirse _____ sino también claro, transparente, cristalino.

2. _____ es un elefante pero también un hipopótamo, tapir, cerdo.

3. El _____ se encarga de disecar, preservar y momificar animales.

4. A la reunión, asociación o unión de organismos se le denomina _____.

5. Como el texto estaba escrito en _____ sólo la estenógrafa o la secretaria podían traducirlo.

6. Le dije que el tratamiento del tema era _____ por no calificarlo de excesivo, prolijo, vacuo.

7. Los cambios de estaciones en el año proporcionan cierto tipo de _____, sensibilidad, reacción o erupción.

8. El germen _____ ha preocupado a los investigadores que se interesan por lo infeccioso, contagioso o nocivo.

9. A veces los alumnos sienten _____ por distintos motivos. A algunos los aflige la melancolía, la tristeza o el recuerdo.

10. El adormecimiento, la inconciencia y la sedación son formas de _____.

Nota: El maestro sugerirá otras actividades para practicar las etimologías.

SINÓNIMOS

Vocablos que tienen igual o muy parecida significación.

Ejercicios

1. Relaciona la siguiente lista de palabras con su o sus sinónimos correspondientes:

PALABRA		SINÓNIMOS
Ejemplo: ANTITÉTICO		OPUESTO
alojamiento		raza
anular		resistente
caries		libreta
cariz		suprimir
carnet		picadura
dictamen		mareo
dinastía		estío
duro		desorden
grotesco		ridículo
vértigo		hospedaje
sentencia		aspecto
trastorno		informe
verano		juicio

2. Localiza un texto y subraya en él diez palabras. Busca sus sinónimos.

_____

_____

_____

_____

_____

PALABRA	SINÓNIMO

3. El maestro te dictará una serie de palabras para que encuentres su sinónimo.

ANTÓNIMOS

Vocablos que expresan ideas opuestas.

Ejercicios

1. Relaciona la siguiente lista de palabras con su antónimo:

PALABRA		ANTÓNIMO
Ejemplo: AVECINARSE		ALEJARSE
apropiado		condenarse
alabarse		incapaz
candente		provisional
capaz		confirmar
compadecerse		frío
definitivo		inadecuado
deleite		florido
envidiable		conocido
facilitar		elegante
galantería		dificultar
harapiento		molestia
ignorado		aborrecible
lacónico		desaire
objetar		alegrarse

2. Del ejercicio anterior toma cinco palabras con sus respectivos antónimos y escribe cinco oraciones en las que utilices ambos.

Ejemplo:

Este escrito es *provisional*; espero el *definitivo* dentro de un mes.

a) _____

_____

b) _____

_____

c) _____

_____

d) _____

_____

e) _____

_____

PALABRAS CON DOBLE ACENTUACIÓN

Términos que en español admiten grafía con o sin acento escrito.

Ejemplos:

amoniaco		amoníaco
austriaco		austríaco
alveolo		alvéolo
cantiga		cántiga
cardiaco		cardíaco
demoniaco		demoníaco
dinamo		dínamo

etiope		etíope
egida		égida
futbol		fútbol
gladiolo		gladíolo
ibero		íbero
olimpiada		olimpíada
omoplato		omóplato
osmosis		ósmosis
periodo		período
poliglota		políglota
policiaco		policíaco
reuma		reúma
torticolis		tortícolis

Ejercicios

1. De la lista anterior localiza en el diccionario el significado de las palabras de doble acentuación que desconozcas.

3

El proceso de la comunicación

Con mucha frecuencia le atribuimos a la comunicación el éxito o el fracaso de nuestra actuación en los diferentes papeles que asumimos en la vida diaria. El trabajo, los negocios, la sociedad, la política, los amigos, la familia y el estudio son algunos de los aspectos que, sin duda, nos obligan a emitir y recibir mensajes orales y escritos.

A pesar de que en los últimos años se ha escrito demasiado sobre los avances de la comunicación, no debemos olvidar que el lenguaje es el instrumento que nos permite comunicarnos con los demás al enviar y recibir mensajes. Podemos decir que existen dos tipos de comunicación: la verbal y la no verbal. Dentro de la primera situamos a la comunicación oral y a la escrita y en la segunda, todo lo referente al lenguaje corporal, gestual y al de algunas manifestaciones del arte como la pintura, la escultura, la danza y la arquitectura.

Si observamos lo que sucede en una conversación real o le pedimos a dos estudiantes que inicien una charla informal dentro del salón de clase, estaremos ante un acto ilocutivo o acto de habla que permite el intercambio entre emisor y receptor. Lo mismo sucede si analizamos el siguiente diálogo:

— Buenos días, Javier, ¿a dónde vas tan temprano?
— Buenos días, señor González, voy a recoger a mis padres que llegan hoy de su viaje por Europa.

En esta simple conversación tenemos un emisor, un mensaje y un receptor. Los actos de habla ocurren incluso en enunciados como: *¿vendrás?, te* *prometo*, porque la enunciación constituye de por sí un acto. Cuando escuchamos un noticiario por la radio o cuando lo vemos por el televisor también nos enfrentamos a un acto de habla.

En todo **proceso comunicativo** intervienen los siguientes **componentes**: *emisor-mensaje-receptor*, aun cuando el emisor y el receptor es una misma persona, como sucede en el monólogo.

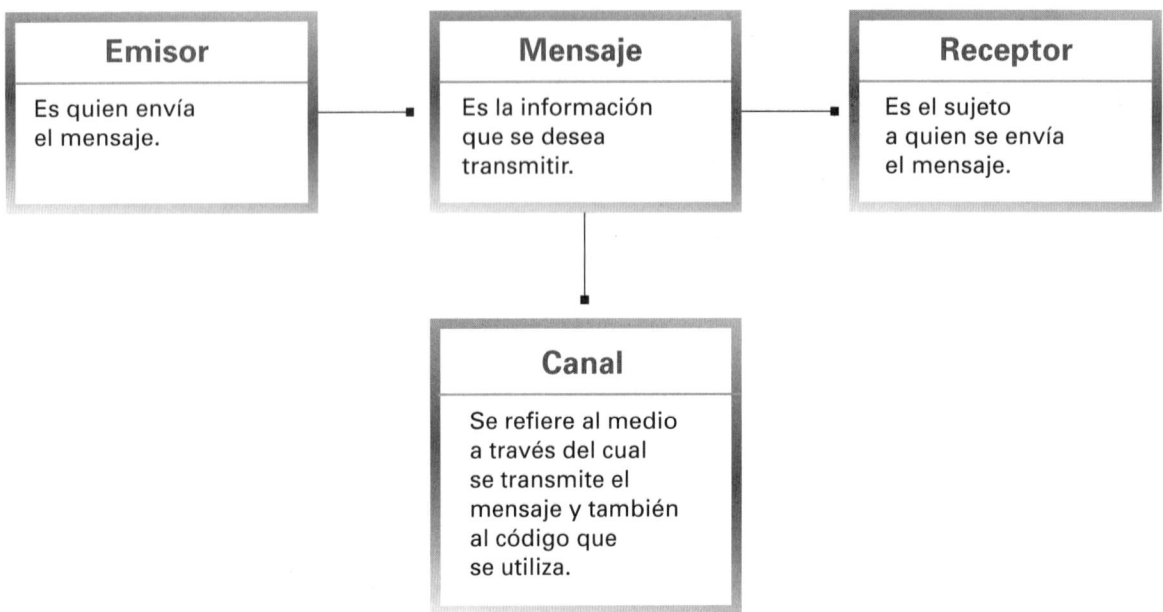

En este proceso hay factores psicológicos y físicos: sentimientos, actitudes, temperatura, comodidad y número de personas, entre otros, que influyen en el mismo. Los aspectos que hemos mencionado hasta este momento son importantes, sin embargo, para que realmente se logre una comunicación efectiva es necesario que el emisor y el receptor empleen el mismo código y tengan el mismo nivel de comprensión y conocimiento de lo que se habla. Sólo de esta manera podrá darse la retroalimentación.

El siguiente esquema nos muestra el modelo isomórfico. En él se destaca el flujo de información de la fuente al destino y la retroalimentación. Este modelo se considera como el que tiene el menor grado de interferencia. Sus elementos son:

Fuente: Da al significado forma de mensaje.

Transmisor: Tiene la función de encodificar.

Canal: Medio a través del cual se transmite el mensaje.

Receptor: Descifra o decodifica.

Destino: Interpreta el significado del mensaje.

Ruido: Interferencias que pueden darse en el medio o en el desplazamiento del mensaje.

MODELO ISOMÓRFICO

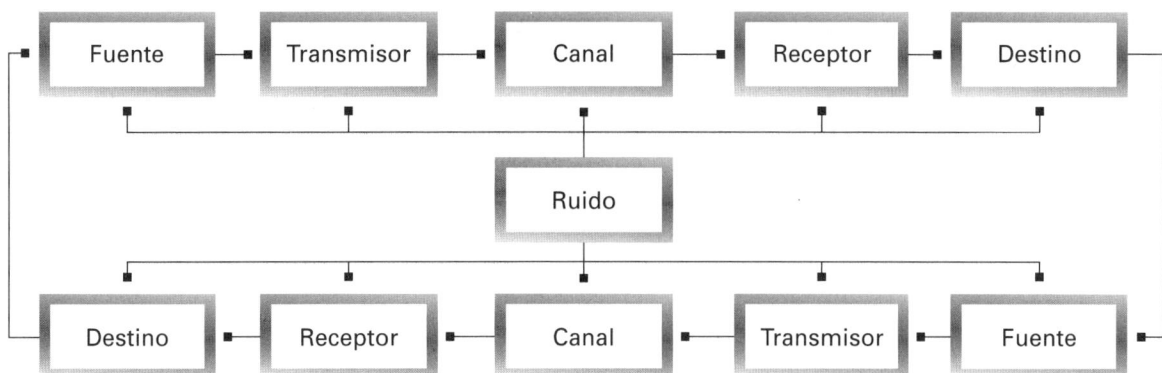

Antes de centrarnos en la comunicación escrita veremos las diferencias que existen entre los dos tipos de comunicación verbal, con el fin de conocer las características de cada una de ellas. En la primera columna se establecen los **criterios** para la comparación, mientras que en la segunda y la tercera ubicamos la **comunicación oral** y la **escrita**.

CRITERIOS	COMUNICACIÓN ORAL	COMUNICACIÓN ESCRITA
Repetición de palabras	se permite	se evita
Alcance	se extiende en explicaciones	se concreta
Sintaxis	se altera	se cuida
Tipo de lenguaje	es personal	es impersonal
Forma discursiva	dinámica	se hace dinámica
De origen	espontáneo (acto de habla)	razonado (orden lógico mental)
Nivel de rectificación	se puede hacer en el momento	se dificulta una vez que se envía el mensaje
Giros idiomáticos	se emplean siempre que se desee	se emplean sólo en el lenguaje literario
Uso del lenguaje corporal	sí	no

Después de analizar detenidamente el esquema anterior, advertimos que la comunicación escrita requiere de una elaboración interna previa al proceso escritural. No obstante, como el pensamiento es mucho más rápido que la palabra, recomendamos que se sujete el orden de las palabras al orden de las ideas en el escrito.

Además, es necesario señalar que en todo proceso comunicativo se presentan tres estadios fundamentales: la **Percepción**, la **Internalización** y la **Emisión del mensaje**. El primero tiene que ver con los sentidos y sus funciones, el segundo con la aprehensión y comprensión de lo percibido y el tercero con los tipos de comunicación: oral, escrita o corporal como puede apreciarse en el siguiente esquema:

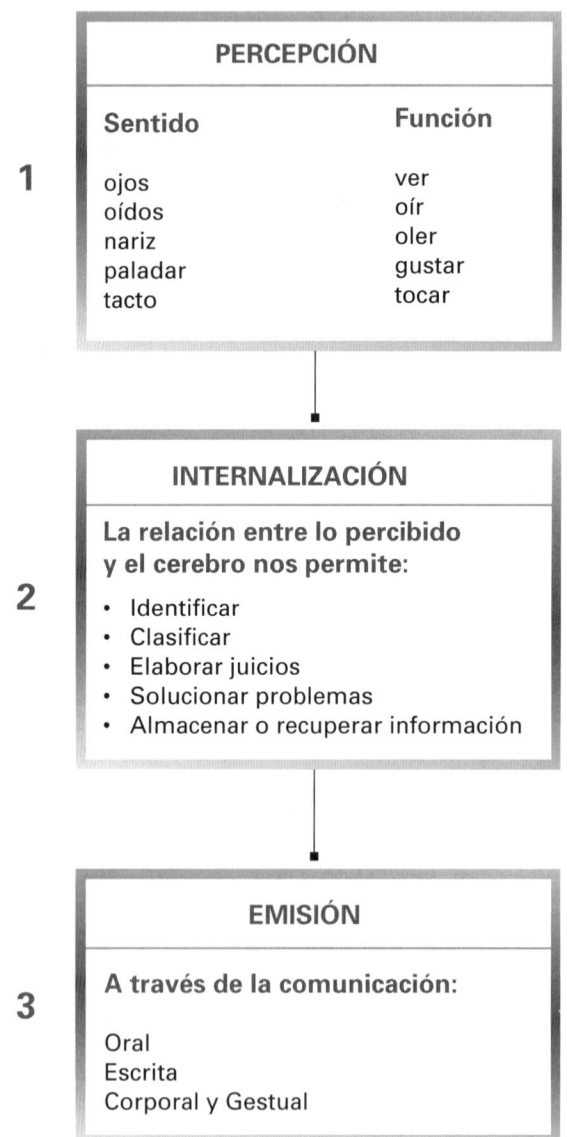

1

PERCEPCIÓN

Sentido	Función
ojos	ver
oídos	oír
nariz	oler
paladar	gustar
tacto	tocar

2

INTERNALIZACIÓN

La relación entre lo percibido
y el cerebro nos permite:

- Identificar
- Clasificar
- Elaborar juicios
- Solucionar problemas
- Almacenar o recuperar información

3

EMISIÓN

A través de la comunicación:

Oral
Escrita
Corporal y Gestual

No cabe duda que los innumerables avances científicos y tecnológicos, la rapidez con que viaja la información, los inusitados y constantes cambios en la historia y la geografía mundiales, son algunos de los aspectos que han propiciado una amplia y variada bibliografía sobre el tema de la comunicación y su impacto en las diferentes esferas de la vida moderna. Sin embargo, en este inicio del milenio donde la robótica y los sistemas digitales son cada vez más fascinantes, no podemos negar la importancia que sigue teniendo la comunicación escrita.

En nuestro trabajo diario como estudiantes o profesionistas se nos pedirá que expresemos nuestras ideas por medio de la escritura. Por esta razón solicitamos a los alumnos que asuman diferentes roles de conducta ante distintos problemas que se deriven de un contexto real y que traten de resolverlos a través del empleo adecuado de los diferentes tipos de comunicación escrita empresarial: carta, circular, aviso y memorándum.

El objetivo de las dinámicas que se proponen en este capítulo se enfoca tanto al trabajo en equipo como a la comunicación funcional. Ésta hay que entenderla como una comunicación adecuada a cada situación y a cada problema comunicativo específicos.

Actualmente existen muchos manuales de redacción comercial donde se incluyen estos temas. Sin embargo, es fácil constatar que gran parte de éstos ejemplifican con modelos que poco se apegan a la realidad y no sugieren la asunción de papeles ni la solución de problemas.

Habrá tal vez quienes piensen que cuando ocupen un puesto como jefes o directores en una empresa podrán delegar todo el trabajo de redacción empresarial a otras personas. Esto es muy válido pero, de acuerdo con los estándares de calidad que exigen las instituciones de hoy, es imposible que concibamos la idea de un ejecutivo de alto nivel con una comunicación escrita escasa y deficiente.

Al estudiar este capítulo el maestro pedirá a los alumnos que formen grupos de cinco o seis estudiantes y presentará a cada uno de ellos un problema de redacción con varias incógnitas por resolver. Los estudiantes deberán leer con atención el problema, discutirlo, precisar las interrogantes y solucionarlo mediante la forma de comunicación empresarial que consideren adecuada. Se recomienda que las dinámicas se cierren en la misma sesión con el fin de retroalimentar a los diferentes equipos.

Los problemas deben partir siempre de situaciones reales. Por ejemplo, con una nota periodística actual sobre la epidemia del cólera en México se solicita al equipo que asuma los siguientes papeles: gerente de una cadena de restaurantes, jefe de compras, supervisor de higiene de la misma, un médico especialista en enfermedades gastrointestinales, un profesionista que acostumbra comer tres o cuatro veces por semana en restaurantes y un laboratorista clínico-biólogo. El grupo deberá discutir el problema y enviar un comunicado al secretario de Salubridad y Asistencia del país, con el fin de solicitar información y recomendaciones sobre este asunto.

En ese mismo tema se pueden cambiar los papeles, por ejemplo: un especialista en epidemiología o en salud pública, un experto en ingeniería sanitaria, el presidente de los expendedores de productos marinos, dos padres de familia y un periodista. Sin lugar a dudas los cambios generarán otros puntos de vista en el escrito.

Los grupos deberán realizar las siguientes actividades en la dinámica:

• Leer el texto.

• Asumir los roles que se les indiquen.

• Discutir con observaciones, inferencias y juicios de valor apegados a cada rol.

• Fijar metas de acuerdo con los propósitos de la discusión (en este caso generar un escrito).

• Despejar las incógnitas.

- Seleccionar la forma de comunicación escrita empresarial adecuada a esta situación específica y justificarla.

- Redactarla utilizando todo lo que se ha estudiado en los capítulos anteriores.

- Presentarla al maestro y al resto de los equipos para la discusión y la retroalimentación.

- Corregir los errores que se marquen.

El siguiente esquema nos interesa porque muestra el flujo de información oral y escrita para lograr una mejor captación y comprensión del mensaje. Sin duda nos ayudará en las dinámicas que se realicen.

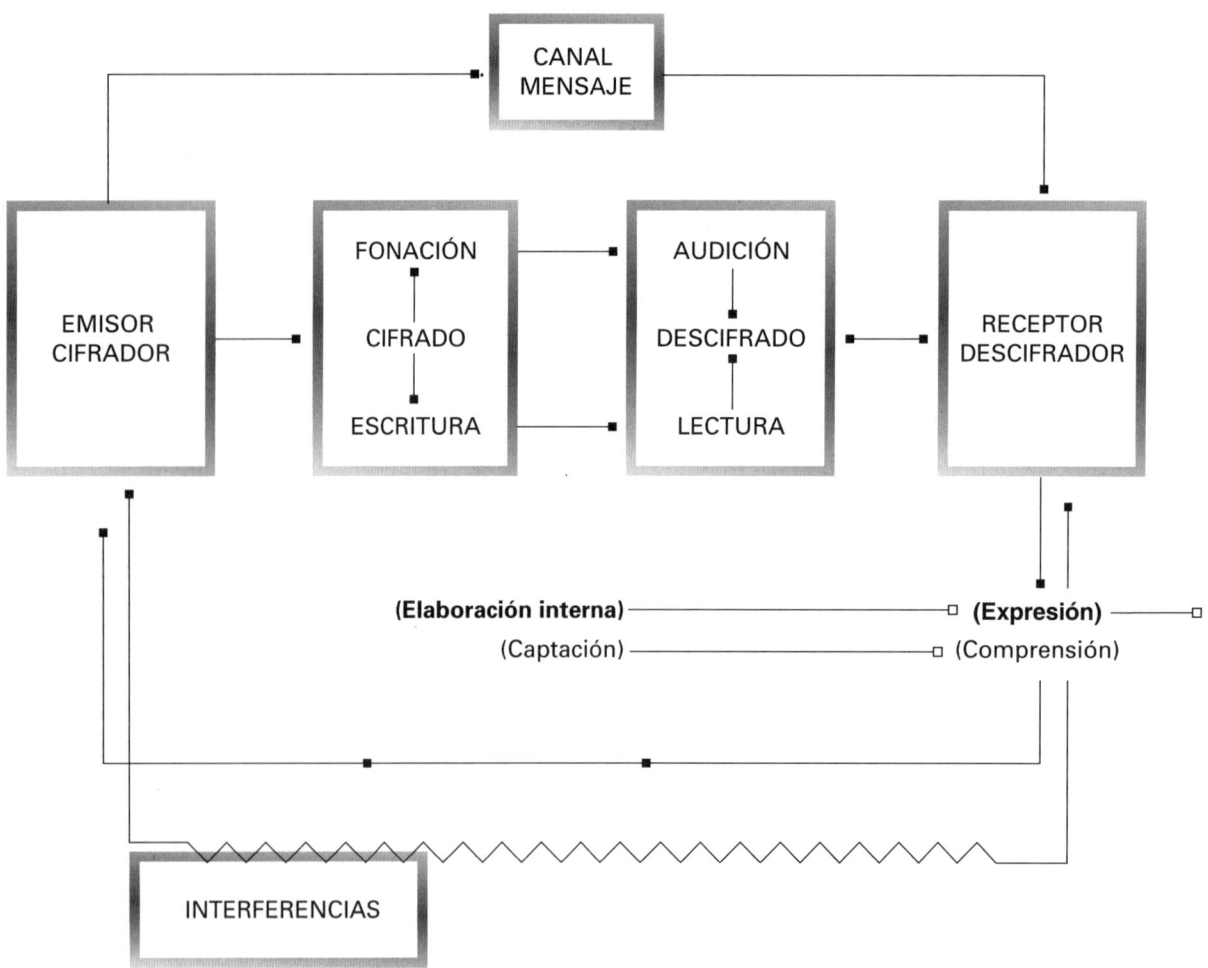

MODELO INFORMATIVO COMUNICACIONAL

Antes de cerrar este capítulo analizaremos las características de las formas usuales en la comunicación escrita empresarial: carta, circular, aviso y memorándum. Incluimos también las características del acta, la convocatoria y el formato del currículum vitae por considerarlos importantes.

FORMAS USUALES EN LA COMUNICACIÓN ESCRITA EMPRESARIAL

Elementos usuales en la comunicación	
CARTA	**CIRCULAR**
• membrete • lugar y fecha • destinatario y dirección • texto (estructura IDC) • frase de cortesía • firma, nombre y cargo • iniciales de identificación	• su identificación (circular) • membrete • número • destinatario • texto (estructura IDC) • frase de cortesía • firma, nombre y cargo • institución o empresa • lugar y fecha • circulación interna y externa
AVISO	**MEMORÁNDUM**
• su identificación (aviso) • membrete • destinatario colectivo • texto • frase de cortesía • firma, nombre y cargo • institución o empresa • lugar y fecha • circulación interna y externa	• su identificación (memorándum) • membrete • lugar y fecha (varía su colocación) • quién lo envía • a quién se le envía • texto breve con fines específicos: recordar, informar, solicitar, etcétera • frases de cortesía • firma • circulación interna

Frases obsoletas en la correspondencia comercial

Existe una serie de frases de cortesía que se emplean al inicio o al final de este tipo de escritos según se requiera.

Muchas de estas frases se han quedado suspendidas en un tiempo que ya no les corresponde, pues a la luz de nuestros días, la mayoría resultan anacrónicas, serviles y fuera de lugar. Veamos ejemplos y algunas recomendaciones para su uso actualizado.

Frases de entrada	**Uso actualizado**
Muy señor mío y amigo:	Respetable Sr., Lic. Ing., etcétera.
Por medio de la presente...	Le informo...

Le ruego muy encarecidamente...   Le ruego...

Tenemos el agrado de dirigirnos a usted...   Nos dirigimos a usted...

El objeto de la presente es informar...   Le informo...

Me permito recomendar a sus
finas atenciones...   Le recomiendo o recomendamos...

Damos forma a la presente para...   Le comunico o informo...

Nos permitimos rogarle se sirva
tener a bien...   Le solicitamos...

Frases de despedida   **Uso actualizado**

Sin más por el momento...   Atentamente.

Sin otro asunto...   Quedo de usted.

Reitero a usted las seguridades de mi
atenta y distinguida consideración.   Respetuosamente.

Sin otro particular, agradezco la atención.   Atentamente.

Agradeciendo de antemano sus finas
atenciones...   Agradezco sus atenciones.

Se despide de usted su atento amigo
y seguro servidor.   Quedo de usted.
          Atentamente.

Aprovecho la ocasión para repetirme
su seguro y obsecuente servidor.   Le envío un cordial saludo.

Me reitero de usted su atento y seguro
servidor.   Atentamente.

El **acta** es una forma de comunicación escrita que se utiliza en las empresas, instituciones y organismos públicos y privados para dejar constancia de lo tratado y acordado en juntas y reuniones. Existen dos procedimientos para hacerlas: el que se registra en un libro destinado para ello y el más moderno con hojas o folios sueltos.

Las actas se redactan por un secretario nominado por la junta. El formato contiene los siguientes datos:

- Su identificación —acta— y el número correspondiente.
- Ciudad, local, hora y fecha.
- Lista de asistentes y ausentes (en algunos casos se especifica quién la presidió).
- Orden del día.
- Acuerdos tomados.
- Cierre y firma(s).

Este tipo de redacción debe ajustarse a las exigencias y reglas de la empresa o institución. Sólo cuando es necesario se siguen los protocolos jurídicos, como en los casos de sociedades mercantiles, sociedades cooperativas, accionistas de una empresa y otras similares.

Consideramos importante citar la definición que María Moliner da de los conceptos de acta y minuta porque en la actualidad se utilizan indistintamente. "*Acta*. Relación oficial escrita de lo tratado o acordado en una junta o reunión, o de algo que ocurre." "*Minuta*. Nota que se hace de una cosa para tenerla presente. Bosquejo o borrador que se hace de un escrito antes de escribirlo definitivamente. Por extensión, copia de los oficios, cartas, etc., que se hace a máquina a la vez que el original, para que quede como antecedente en la oficina que los despacha. Lista o catálogo; por ejemplo, de los empleados de una oficina. Lista de los manjares que se sirven en una comida."

La **convocatoria** es otra forma de redacción que se emplea con bastante frecuencia para diferentes concursos, tanto en áreas creativas como en distintos proyectos públicos y privados.

Las características de la convocatoria son:

- Quién convoca (emisor). Especificaciones de las bases.

- A quiénes se convoca (receptores).

- Características de los receptores (edad, cultura, grados académicos y otras).

- Para qué se convoca (propósito).

- Fecha límite del concurso.

- Lugar de recepción.

- Premiación y lugar de la misma.

- Jurado.

- Fecha de expedición de la convocatoria y nombre de personas o instituciones que la avalan.

Recomendaciones generales para la redacción de este tipo de escritos

- Analiza a tu receptor.

- Utiliza lenguaje directo, claro y sencillo.

- Evita repeticiones de palabras e ideas.

- Usa formas sintácticas sencillas.

- Evita circunloquios o rodeos con el lenguaje.

- Utiliza los tonos adecuados para cada asunto. Sé asertivo.

- Evita la acumulación de varios asuntos en un mismo texto. Cuando todos tienen la misma importancia, pregúntate si vale la pena elaborar un solo escrito o tres.

- Emplea formas de cortesía simples, tanto para el inicio como para la despedida.

ESTRUCTURA DEL CURRÍCULUM VITAE

1. **Datos personales**

   Nombre:
   Lugar y fecha de nacimiento:
   Sexo:
   Estado civil:
   Nacionalidad:
   Dirección y teléfono:

2. **Preparación académica**

   Detalle de escuelas, lugar, fecha y grados que has cursado:
   (Incluye primaria, secundaria, preparatoria y profesional.)

3. **Estudios de postgrado (posgrado)***

   Institución:
   Especialidad:
   Nivel:

4. **Estudios especiales sin grado**

   Cursillos:
   Diplomados:
   Certificados:
   Congresos:
   (Es importante anotar tema, lugar y fecha.)

5. **Experiencia profesional**

   Empleos (en orden cronológico):
   Cargos:
   Distinciones:
   Participación en proyectos, simposios y congresos:
   Idiomas que manejas:

6. **Instituciones de labor social y/o clubes a los que perteneces o has pertenecido**

   Instituciones y/o clubes:
   Tiempo:
   Desempeño:

7. **Áreas de interés personal**

   Metas de perfeccionamiento:

8. **Aficiones personales**

9. **Referencias personales**

---

* Se admiten las dos formas.

Algunas abreviaturas importantes

Como no existen reglas establecidas para todas las abreviaturas, en ocasiones su usan varias de éstas para una misma palabra. Las abreviaturas siempre llevan punto. Las hay de diversos tipos: generales o usuales, especiales, comerciales, de cortesía y tratamiento, aritméticas, de signos aritméticos, gramaticales, geográficas, convencionales de carácter nacional o internacional o acrónimos. Veamos algunas:

a.	área
A.C.	año de Cristo
a.C./ a. J.C.	antes de Cristo
admón.	administración
c/	calle
c/c. o cta. cte.	cuenta corriente
cts.	centavos
cf. o cfr.	confróntese
Cía. o cía.	compañía
dcha.	derecha
D.	Don
Da.	Doña
E.	este
g	gramo(s)
izq. o izqda.	izquierda
N.	Norte
O.	Oeste
P.A.	por autorización
p.p.	por poder
P.O.	por orden
R.I.P.	*requiescat in pace*
Sdad.	sociedad
SE.	sureste o sudeste
S.P.	servicio público
Vo.Bo.	visto bueno

Acrónimos

Son las abreviaturas que se refieren a nombres de organismos o instituciones nacionales o internacionales. Se representan por las letras iniciales o siglas de varias palabras o por sílabas no necesariamente iniciales. Un acrónimo funciona como un sustantivo. Ejemplos:

PEMEX	UNAM
OEA	ITESO
USA	YMCA
CIA	ITESM
FIFA	UANL
FMI	OTAN
UNESCO	CONACYT
CONACULTA	SHCP

Lectura 5
LAS CAUSAS DE LA DIVERSIDAD BIOLÓGICA EN MÉXICO

La riqueza biológica de nuestro país responde, en parte, a un fenómeno biogeográfico ya conocido por naturalistas como Darwin, Humboldt o Wallace, aunque aún no bien explicado por los biólogos contemporáneos: *el número de especies por unidad de superficie se incrementa hacia las áreas de baja latitud y disminuye hacia las altas latitudes.* Así, una hectárea de territorio de clima tropical presenta por lo común un número mucho mayor de especies que una hectárea en clima templado o frío; fenómeno que, salvo algunas excepciones, se repite tanto en la distribución latitudinal de los principales grupos y organismos como en los diferentes continentes. Sin embargo, este patrón biogeográfico no explica que en México existan más especies de mamíferos que en Brasil y más especies de plantas que en Perú, países ubicados en plena región ecuatorial. ¿Cómo explicar entonces esta desusada riqueza de la flora y fauna mexicanas?

La respuesta guarda relación con dos hechos de gran importancia: el que México se halle en la intersección de dos reinos o dominios biogeográficos; y que posea una compleja topografía, producto de una intricada historia geológica.

Los biogeógrafos han dividido el mundo en ocho grandes reinos, cada uno de los cuales comparte una historia y ciertas afinidades geográficas. El continente americano ha sido dividido en dos principales reinos o dominios biogeográficos, el *Neártico* y el *Neotropical*, que se encuentran y se sobreponen justamente en territorio mexicano, dotándolo de un doble conjunto de especies; uno constituido por especies de origen o afinidad boreal que por lo común ocupan y dominan las porciones montañosas, con climas templados y fríos, y otro conformado por especies de afinidad tropical que habitan las partes bajas o medias, con climas cálidos secos o húmedos. De tal manera que la riqueza de especies de nuestro territorio responde a la multiplicación de organismos provenientes del norte (especies neárticas), y del sur (especies neotropicales) que alguna vez invadieron y colonizaron los hábitats de lo que hoy conocemos como México.

La riqueza biológica de un área determinada es resultado directo de la variedad de sus ambientes, encargada de proporcionar una diversidad de hábitats. Un país con una amplia variedad de ellos tenderá a tener más especies de plantas y animales que un país con un número reducido. Así se explica que Colombia, con un territorio ocho veces menor, tenga casi el mismo número de especies de vertebrados terrestres que Brasil; o que California, con un territorio menor, tenga más especies de plantas que Texas. Mientras que los territorios de Brasil y Texas son dominados por paisajes de selva tropical o de pradera y desierto, respectivamente, Colombia y California presentan complejas variedades de hábitats. En ambos casos la heterogeneidad topográfica provoca la diversidad.

En México, la notable presencia de cadenas montañosas a lo largo y ancho de su territorio, y la existencia de 30 cumbres de más de 3 000 metros de altitud sobre el nivel del mar provocan una variación inusitada de hábitats. Pueden hallarse regiones desérticas con menos de 50 mm de lluvia al año y porciones donde la precipitación anual es de más de cinco metros; selvas tropicales húmedas, zacatonales alpinos; bosque de coníferas y sabanas. De la misma manera, se distinguen hasta 45 tipos diferentes de vegetación, que en conjunto conforman cinco grandes zonas ecológicas terrestres. Un ejemplo ilustrativo de la impresionante diversidad ambiental del paisaje mexicano se observa al recorrer la ruta que siguió Hernán Cortés en 1519, desde las costas de Veracruz, en el golfo de México, hasta la antigua capital del Imperio Azteca; 400 kilómetros, aproximadamente, a través de un territorio que incluye manglares, vegetación de dunas, selvas bajas caducifolias, bosques de encino, pinares, bosques mesófilos de montaña, pastizales, matorrales espinosos y matorrales con cactos.

Para explicar la riqueza biológica de México, también deben examinarse los procesos históricos de los hábitats. Los ambientes no permanecen inmutables ya que la historia natural es una accidentada sucesión de cambios en las masas terrestres, el clima y, por supuesto, la vegetación. De esta forma, las plantas y los animales se han visto obligados a migrar o a transformarse, proceso que supone la multiplicación de especies. Así, por ejemplo, en Norteamérica, los periodos con climas más cálidos predominantes a principios del cenozoico (hace unos sesenta millones de años) permitieron el avance de las floras y faunas tropicales del sur hacia las altas latitudes. Los registros de polen muestran al sureste de los Estados Unidos cubierto por una vegetación de tipo tropical. De la misma forma, los periodos fríos y secos de las glaciaciones pleistocénicas provocaron el retraimiento de las especies tropicales y la consecuente expansión de la flora y fauna de origen boreal, tanto del norte hacia el sur como de las montañas a las tierras bajas. En el caso de México, el continuo vaivén (latitudinal y altitudinal) de las especies neárticas y neotropicales, aunado a los frecuentes cambios de la corteza terrestre (levantamientos, plegamientos, aparición de volcanes y cuencas, erosión y otros) provocaron la aparición de especies nativas o endémicas.

Víctor Manuel Toledo

Ejercicios

1. Las siguientes palabras pertenecen a la lectura anterior. Escribe su significado según:
   a) El contexto.
   b) El diccionario.

PALABRA	SIGNIFICADO CONTEXTUAL	SIGNIFICADO DE DICCIONARIO
patrón		
riqueza		
reinos		
desierto		
cadenas		
levantamiento		
retraimiento		

2. Con cada una de las palabras del ejercicio anterior elabora dos oraciones con significados diferentes:
   a) El que tiene en el texto.
   b) Otro.

Patrón

_____

_____

_____

Riqueza

_____

_____

_____

Reinos

_____

_____

_____

Desierto

_____

_____

_____

Cadenas

_____

_____

_____

Levantamiento

_____

_____

_____

Retraimiento

_____

_____

_____

3. Consulta de nuevo la lectura:

a) Completa las palabras en las cuales aparezcan los siguientes prefijos y sufijos. Escribe el significado de cada uno de ellos.

PREFIJOS/SUFIJOS	SIGNIFICADO
hetero _____	_____
_____ ica	_____
inter _____	_____
_____ grafía	_____
en _____	_____
_____ ble	_____
_____ ción	_____
re _____	_____
eco _____	_____
topo _____	_____
in _____	_____

b) Con los prefijos y sufijos del ejercicio anterior forma nuevas palabras y escribe el significado de éstas. Redacta un texto coherente donde utilices la mayor parte de ellas.

PALABRA	SIGNIFICADO
_____	_____
_____	_____
_____	_____
_____	_____
_____	_____
_____	_____
_____	_____
_____	_____
_____	_____
_____	_____

Texto

_____

_____

_____

_____

_____

_____

_____

4. Dinámica de grupo. Asume los roles que te indique el maestro y resuelve el siguiente problema:

a) Analiza una nota periodística actual.

b) Discútela con tu equipo.

c) Elabora observaciones, juicios de valor o inferencias.

d) Redacta un escrito formal adecuado al caso.

e) Justifica tu elección.

USO DEL GERUNDIO

El gerundio puede terminar en **-ando, -iendo, -yendo**. La terminación **-ando** es propia de los verbos de la primera conjugación; la terminación **-iendo**, corresponde a los de la segunda y tercera conjugación. Además, los verbos de estas dos últimas conjugaciones, que en su infinitivo tienen dos vocales juntas, hacen el gerundio en **-yendo**: _distribuir, distribuyendo; creer, creyendo._

Sobre el gerundio González Ruiz escribe:

> ...el gerundio se emplea muchas veces mal. Tan honda es la convicción de este hecho, que ha llegado a producir otro: el que muchos realicen denodados esfuerzos para eludir el gerundio al escribir, como quien se encontrase ante un paraje peligroso y prefiriera dar un rodeo con tal de no transitar por él. Pero el rodeo no es nunca buen procedimiento de escribir. Se puede navegar perfectamente entre escollos conociendo cuáles son y dónde están.

Es necesario, por lo tanto, evitar el abuso del gerundio así como su uso incorrecto. En castellano el gerundio puede apegarse a las siguientes reglas:

• Referido a un verbo personal en calidad de complemento (con función adverbial), la acción del gerundio debe ser simultánea o anterior a la del verbo principal, pero nunca posterior.

Llegó a su casa cantando (simultánea).
Acercándose, me habló en voz baja (anterior).

Sin embargo, el gerundio se puede emplear para expresar actos posteriores al verbo principal, cuando las dos acciones son tan inmediatas que se funden en la presentación con apariencia de simultaneidad.

Salió de la casa dando un portazo (las dos acciones obedecen a un solo impulso del sujeto, por eso se pueden sentir como simultáneas).

• Después del verbo **estar** el gerundio expresa acción continuada, repetida o durativa. Por lo tanto, no debe emplearse para actos instantáneos o de corta duración. Se presentan dos ejemplos para ilustrar el uso más adecuado:

Estaba tirando piedras (repetida).

Estaba cantando canciones populares (durativa).

• El gerundio no debe usarse como adjetivo, por su índole adverbial; se exceptúan de esta regla: **hirviendo y ardiendo**.

Para evitar confusiones, el gerundio debe ir lo más cerca posible del sujeto al cual se refiere. No es lo mismo: *Vi a Juan paseando*, que *Paseando vi a Juan*.

Diversos significados del gerundio

• **Modal:**
Llegó *cantando* o *silbando*.

• **Temporal:**
Vi a Juan *paseando*.
Estando en la casa, llegó la orden de partir.

• **Causal:**
Conociendo su manera de ser, no puedo creerlo.

• **Condicional:**
Procediendo con precaución, lo lograrás.
Habiéndolo ordenado el mando, hay que obedecer.

• **Concesivo** (poco usual):
Siendo tan fácil el problema, pocos lo han resuelto al primer intento.
Lloviendo a cántaros, iría a tu casa.

• **Explicativo:**
El capitán, *viendo* que el barco se hundía, mandó preparar las lanchas de salvamento.
Se puso a contemplar la fotografía, *dejando* a un lado sus preocupaciones.

FORMA INCORRECTA	FORMA CORRECTA
Llegó *sentándose*	Llegó y se sentó
Le envío una caja *conteniendo*	Le envío una caja que contiene
Vi un árbol *floreciendo*	Vi un árbol floreciente
Estando a su disposición, lo saludo atentamente	Estoy a su disposición. Lo saludo atentamente
Llegó el presidente, *iniciándose* el acto de inmediato	Llegó el presidente y se inició el acto de inmediato
Estaba *disparando* un tiro	Disparaba un tiro
Llegó *inclinándose*	Llegó y se inclinó
El asesino huyó, *siendo* detenido horas después	El asesino huyó y fue detenido horas después
Se dictó una ley *disponiendo*	Se dictó una ley que dispone
Unamuno nació en Bilbao, *muriendo* en Salamanca	Unamuno nació en Bilbao y murió en Salamanca
Oficio *remitiendo* el expediente	Oficio que remite el expediente
Discutieron *comiendo*	Discutieron mientras comían
Cayó de cabeza, *muriendo* al otro día	Cayó de cabeza y murió al otro día
Joven *hablando* francés solicita empleo	Joven que habla francés solicita empleo
No bebí de esa agua *conteniendo* impurezas	No bebí de esa agua, que contiene impurezas

5. Lee detenidamente la siguiente carta.
   a) Subraya los gerundios.
   b) Analiza su función.
   c) Sustitúyelos sin que el escrito pierda su sentido.

INDUSTRIAS MARTÍNEZ, S.A.
Bravo No. 83 Ote.
Monterrey, N.L.

Enero 8, 2003.

Asunto: Enviándole nueva lista de precios.

INDUSTRIAS QUÍMICAS, S.A.
Azteca No. 1520,
México, D.F.

Adjunto encontrarán la nueva lista de precios que nos solicitaron por correo el día 3 del mes en curso.

Esperamos su pedido en la inteligencia de que le será surtido a la brevedad posible, como ha sido nuestra costumbre.

Confiando que en el futuro nos permitirán seguir atendiéndolos.

Agradeciendo su atención quedamos de ustedes.
Atentamente,

Gerente General
Gonzalo Martínez Ruiz

GMR/rmt

6. Redacta tres escritos formales —aviso, circular y memorándum— donde utilices el gerundio correctamente.

Escrito _____

_____

_____

_____

_____

_____

_____

_____

Escrito _____

_____

_____

_____

_____

_____

_____

_____

_____

Escrito _____

_____

_____

_____

_____

_____

_____

_____

_____

_____

_____

7. Escribe a máquina tu currículum vitae. Anexa una carta, también escrita a máquina, en la cual solicites empleo durante tus horas libres. La carta deberá estar dirigida a alguna empresa local.

8. En una dinámica de grupo, los alumnos (trabajo colaborativo):

a) Asumirán distintos papeles empresariales de acuerdo con el o los problemas que proporcione el maestro.

b) Discutirán, harán observaciones, elaborarán juicios y llegarán a soluciones.

c) Consignarán lo anterior en un acta.

9. Redacta una convocatoria dirigida a todos los alumnos de tu carrera para que concursen en la presentación de un proyecto sobre algún tema de interés común.

10. Ejercicio progresivo. Revisa el acta que elaboraste en la actividad anterior. De acuerdo con sus diferentes puntos, redacta: un memorándum, un aviso, una carta y una circular. (Toma en cuenta las características de cada tipo de escrito.)

Memorándum

Aviso

Carta

Circular

Etimologías

Esquema 5

PREFIJO	ORIGEN	SIGNIFICADO	EJEMPLOS
aer-, aeris-	latino	aire	aeropuerto, aerífero
miria-	griego	diez mil	miriápodo, miriámetro
pes-, pedi-	latino	pie	pedestal, pedicurista
ad(a)-	latino	a, hacia, junto a	abajo, adentro, adherir
xero-	griego	seco	xeroderma, xerográfica
acro-	griego	elevado, extremo	acróbata, acrópolis
peri-	griego	alrededor de, a causa de	perífrasis, periódico
helio-	griego	sol	heliocéntrico, heliotropismo
anti-	griego	contra, oposición, enfrente de, en lugar de	antídoto, antítesis, antónimo, antonomasia
yuxta-	latino	junto a	yuxtaposición

SUFIJO	ORIGEN	SIGNIFICADO	EJEMPLOS
-fagia, -fago	griego	en la primera forma, hecho o hábito de comer; en la segunda, devorador	antropofagia, antropófago
-ferir, -fero	latino	llevar, conducir	conferir, soporífero
-ista	latino	profesión u oficio; extensivamente, escuela, opinión, secta	alquimista, tomista, capitalista
-ura	latino	efecto de una acción	cultural, escritura
-fico	latino	hacer	prolífico, frigorífico

11. Estudia el esquema de etimologías 5 y escribe dos palabras diferentes con cada uno de los siguientes prefijos o sufijos.

Prefijos

a) aer- aeris- _____   _____

b) miria- _____   _____

c) pes- pedi- _____   _____

d) ad-, a- _____   _____

e) xero- _____   _____

f) acro- _____   _____

g) peri- _____   _____

h) helio- _____   _____

i) anti- _____   _____

j) yuxta- _____   _____

Sufijos

a) -fagia, -fago _____   _____

b) -ferir, -fero _____   _____

c) -ista _____   _____

d) -ura _____   _____

e) –fico _____   _____

Lectura 6

CIUDADANOS E INMIGRANTES (fragmento)

Emigrar del campo a la ciudad

En las primeras décadas del siglo XX se produjo en casi todos los países latinoamericanos, con distinta intensidad, una explosión demográfica y social cuyos efectos no tardaron en advertirse. Más se tardó en identificar el fenómeno y más todavía en distinguir lo estrictamente demográfico de lo social. Hubo notoriamente, un crecimiento de la población con decidida tendencia a sostenerse y acrecentarse. Pero inmediatamente comenzó a producirse un intenso éxodo rural que trasladaba hacia las ciudades los mayores volúmenes de población, de modo que la explosión sociodemográfica se trasmutó en una explosión urbana. Con ese rostro se presentó el problema en las décadas que siguieron a la crisis de 1930.

En casi todas partes aparecieron los mismos hechos. Explosión demográfica y éxodo rural se combinaron para configurar un fenómeno complejo e incisivo, en el que se mezclaba diabólicamente lo cuantitativo y lo cualitativo, cuyo escenario serían las ciudades elegidas para la concentración de esos inmigrantes desesperados y esperanzados a un tiempo.

Prolíficos en sus lugares de origen, los inmigrantes lo siguieron siendo en las ciudades en las que se fijaron y donde constituyeron un conjunto agregado, perdido en la complejidad de la sociedad tradicional. Una vez instalados, siguieron aumentando en número. Familias numerosas se arracimaban en los antiguos barrios pobres o en las zonas marginales de las ciudades, acaso agrupadas por afinidades de origen la de un mismo pueblo o una misma región. Y a medida que el grupo crecía, su presencia se hacía más visible y alertaba acerca del fenómeno demográfico que se estaba produciendo. Si alguno de los inmigrantes salía de su gueto y aparecía en otro barrio, llamaba la atención de la sociedad tradicional y merecía un calificativo especial: era el "peladito" de la Ciudad de México o el "cabecita negra" de Buenos Aires. Se veía que la ciudad se inundaba, y el número de los recién llegados, de los ajenos a la ciudad, siguió creciendo a una velocidad mayor que la que desarrollaron para alcanzar los primeros grados de la integración.

No todos los inmigrantes venían del campo. Muchos se arrancaban de pequeñas o medianas ciudades que acentuaban su decadencia: de Ayacucho o Cajamarca en el Perú, de los pueblos de la sabana en Colombia, de San Carlos de Salta o Moisesville en Argentina.

A veces no se acababan del todo. Quienes no emigraban solían encontrar ciertas débiles formas de vida que sostenían, en parte al menos, al armazón del poblado. Una economía mínima lo alimentaba. Pero los nuevos tiempos ofrecieron otras opciones a muchos de ellos, si el azar de una carretera los ponía en la ruta del desarrollo. Y sobre todo, si alguien descubría que el somnoliento paraje escondía algún encanto capaz de atraer el flujo del turismo. Signo de los tiempos, la vocación turística crecía en las grandes ciudades y desbordaba sobre los pequeños rincones en los que se conservaba alguna huella de ese pasado que se perdía irremisiblemente en las grandes ciudades. Y la prodigiosa organización de esa nueva industria del turismo orientaba la curiosidad, inventaba el indescriptible encanto de un lugar, y de pronto insuflaba nueva vida a la vieja ciudad que parecía moribunda. Un cuidado folleto con unas sugestivas fotografías redescubría un lugar: su silenciosa plaza, su vieja iglesia, sus añosas casonas, alguna de las cuales alojaba un desvanecido recuerdo de la historia patria. Las caravanas de turistas, extranjeros y nacionales, empezaron a alimentar la vida artificial de algunas ciudades, entre las cuales estaban las que con justicia podían ser designadas como "ciudades-museo", como Taxco o Guanajuato en México, como Antigua Guatemala, como Villa de Leyva en Colombia o la misma ciudad de Cuzco en Perú.

Y a la inversa de las "ciudades-dormitorio", éstas, deshabitadas por las noches, lucían una bulliciosa actividad durante el día, entre el ir y venir de los autobuses de turismo, los automóviles, los grupos que se desplazaban sacando fotografías o comprando souvenirs. Este disimulo del estancamiento no sólo alcanzó a ciudades a las que la emigración había vaciado sino a muchas que quizá, arrastraban su inmovilidad desde mucho tiempo.

Pero lo que más poderosamente atrajo la atención de los que querían abandonar las zonas rurales o las ciudades estancadas fue la metrópoli, la gran ciudad cuya aureola crecía en el impreciso comentario de quien sabía algo de ella, y aun más a través de los medios masivos de comunicación: los periódicos y revistas, la radio y, sobre todo, el cine y la televisión, que mostraban a lo vivo un paisaje urbano que suscitaba admiración y sorpresa. La gran ciudad alojaba una intensa actividad terciaria, con mucha luz, con muchos servicios de diversa índole, con muchos negocios grandes y chicos, con mucha gente de buena posición que podía necesitar criados o los variados servicios propios de la vida urbana. La atracción era aún mayor si la ciudad había comenzado a dar el salto hacia la industrialización. Era un buen signo. Quienes comenzaban a proyectar la instalación de fábricas buscaban una infraestructura favorable, buena provisión de agua y energía, buen transporte y comunicaciones; esperaban hallar un aparato eficaz para la comercialización y quizá aspiraban a participar en los privilegios acordados a ciertas zonas para localizaciones de industrias y a aprovechar la proximidad de los grandes centros financieros, administrativos y políticos. Esa gran ciudad era la preferida. Allí podría el inmigrante encontrar "trabajo urbano": en los servicios, en el comercio o en la industria, y quizá con altos salarios si se alcanzaba el nivel de preparación suficiente como para ser un trabajador calificado.

Pero el gran centro urbano ofrecía más. El trabajo urbano se hacía en compañía de otros trabajadores con quienes compartir, primero la tarea, y luego el comentario, las reacciones, quizá la lucha contra la patronal a través de sindicatos que ofrecían la posibilidad de una intensa participación en la vida social. El trabajador vivía en un ambiente urbano, compacto, tentador. De día las calles estaban llenas de gente y sólo verlas era un espectáculo; de noche se iluminaban, y también encendían sus luces los negocios, los cines, los teatros, los cafés. Hacia dónde ir. Y los domingos se ofrecían diversiones populares que reunían mucha gente y en las que hasta se podían dejar de lado las represiones cotidianas. Quizá lo más duro era tener un techo; pero a la larga se lo conseguía, bueno o malo. Y desde la vivienda, primaria, pero urbana al fin, parecía que se tenía el derecho de reclamar todos los beneficios de la vida urbana, aquellos de que gozaba el que ya estaba establecido e integrado. Hasta el consumo empezaba a parecer posible: una radio, un refrigerador, quizá a la larga un televisor. Todo eso parecía ofrecer la gran ciudad al inmigrante, que se acercaba a ella con esa encadenada esperanza del cuento de la lechera.

José Luis Romero

Ejercicios

1. En la lectura anterior encuentra siete palabras con prefijos y siete con sufijos. Escríbelos y proporciona su significado en los espacios siguientes:

PREFIJO	SIGNIFICADO	SUFIJO	SIGNIFICADO
_____	_____	_____	_____
_____	_____	_____	_____
_____	_____	_____	_____
_____	_____	_____	_____
_____	_____	_____	_____
_____	_____	_____	_____
_____	_____	_____	_____

2. Identifica la idea principal y las ideas secundarias en el párrafo que te señale el maestro:

_____

_____

_____

_____

_____

3. Redacta una síntesis de la lectura:

_____

_____

_____

_____

_____

_____

4. Toma una idea principal de la lectura y elabora un texto con estructura IDC donde hagas observaciones, inferencias y juicios de valor:

_____

_____

_____

_____

_____

_____

_____

_____

_____

_____

_____

5. Analiza tu escrito y deriva dos temas que deberás transformar en los dos documentos de tipo empresarial que te señale el maestro:

Escrito

_____

_____

_____

_____

_____

_____

Escrito

_____

_____

_____

_____

_____

_____

VOZ ACTIVA Y VOZ PASIVA

> Algunos gramáticos llaman voz, al accidente verbal que denota si la acción del verbo es ejecutada o recibida por el sujeto.

Existen dos formas verbales para expresar una misma idea:

- **VOZ ACTIVA** (indica que el sujeto es el que realiza la acción expresada por el verbo). Ejemplo: *Todo el auditorio aplaudió tu discurso.*

- **VOZ PASIVA** (expresa que es el sujeto quien recibe la acción). Ejemplo: *Tu discurso fue aplaudido por todo el auditorio.*

La voz pasiva se forma con el participio pasado o pasivo del verbo y un tiempo del verbo ser (fue, era, sea, será) empleado como auxiliar.

El uso y abuso de la voz pasiva se debe a la mala traducción del inglés y francés, donde sí se utiliza con frecuencia.

Esquema de la oración activa

Sujeto	+	**voz activa verbal**	+	**objeto**
El campesino		trabaja		la tierra.

Esquema de la oración pasiva

Objeto	+	**voz pasiva verbal**	+	**sujeto**
La tierra		es trabajada		por el campesino.

Nota: En cuanto a los casos, en la **voz activa** el sujeto es nominativo y en la **voz pasiva**, el objeto es nominativo, o sea, que pasa a ser sujeto pasivo, y el sujeto funciona como complemento.

Voz activa	Voz pasiva
Ejemplos:	
El director ha firmado la orden.	La orden ha sido firmada por el director.
Lord Byron amaba la Grecia clásica.	La Grecia clásica era amada por Lord Byron.
El jardinero cortó las rosas.	Las rosas fueron cortadas por el jardinero.
Las llamas destruyeron las bodegas.	Las bodegas fueron destruidas por las llamas.

Nota: Cuando el sujeto de la frase es nombre de cosa, se recomienda usar la pasiva refleja con el pronombre **se**. Ejemplo: Ha sido comprada la madera necesaria. **Se** compró la madera necesaria.

6. Cambia a la voz activa los siguientes ejemplos:

Navarro Benítez fue invitado por el Instituto Tecnológico y de Estudios Superiores de Monterrey a participar en el Noveno Simposium Internacional de Comunicación, celebrado en la Sala Mayor de Rectoría.

Las llamadas abejas "asesinas" serán identificadas por los apicultores texanos gracias a un rasgo que las delata; no sólo tienen cuerpo y alas más pequeños que las abejas europeas, también difieren en otro factor crítico: *aletean más rápido.*

El Laredo National Bank será adquirido por un grupo de inversionistas de Estados Unidos y México, informó ayer Gary Jacobs, director general de la institución texana.

7. Analiza la voz activa y pasiva en una noticia periodística o en otro tipo de texto.

Etimologías

Esquema 6

PREFIJO	ORIGEN	SIGNIFICADO	EJEMPLOS
bio-	griego	vida	biología, biometría
uni-	latino	uno	unigénito, univalente
hidro-	griego	agua	hidrología, hidroterapia
centum-	latino	cien	centauro, centuria
mono-	griego	uno, única	monarca, monolito
pro-	griego	en lugar de, a favor de, antes, delante de, excesivo	prólogo, pronóstico
pro-	latino	en lugar de, a favor de, antes, delante de, excesivo	proceder, proemio, pronombre, problema
cali-	griego	bello	calidoscopio, caligrafía
vice	latino	dos veces, hacer las veces de	vicerrector, viceversa
poli-	griego	muchos	políglota, polisemia
plebs-	latino	del pueblo	plebeyo, plebiscito

SUFIJO	ORIGEN	SIGNIFICADO	EJEMPLOS
-ita	griego	sustancia mineral que se adhiere a, originario de	estalactita, jesuita, israelita, saudita
-plejía	griego	herida, golpe, paro	apoplejía, hemiplejía
-ulo, -ula	latino	forma diminutiva	cápsula, músculo
-latría	griego	culto, adoración	idolatría, egolatría
-paro	latino	parir, reproducir	multíparo, vivíparo

8. Estudia el esquema etimológico 6 y completa los siguientes enunciados.

La palabra *unísono* se aplica con respecto a un sonido.

El prefijo de esta palabra es_____ y significa _____.

Al cultivo de un solo vegetal se le denomina _____. El prefijo de esta palabra es _____ y significa _____.

_____ se refiere a la reproducción a través del huevo. El sufijo de esa palabra es _____ y significa_____.

A los cuerpos que presentan más de una forma se les llama _____. El prefijo _____ de esta palabra significa *muchos*.

El prefijo hidro significa _____ por lo que un hidroplano es _____.

Es posible que en algunas culturas aún se practique la ofidiolatría. El significado de esta palabra es _____.

En la palabra paraplejía el sufijo significa... ¿herida, golpe o paro? _____.

En los juicios legales, en ocasiones, se requiere la ayuda del experto en escritura; es decir, un _____. El prefijo de esta palabra significa _____.

La Secretaría de Salud dio a conocer las medidas _____ con el fin de evitar el cólera.

El origen etimológico de la palabra que anotaste es _____.

En la palabra bióxido el prefijo *bi* significa *dos*.

En cambio el prefijo de biografía es _____ y significa _____.

4 Acercamiento a un proceso descriptivo

Se puede definir a la descripción como una técnica escritural que nos permite expresar con detalle lo que observamos: un objeto, una persona, un animal, un suceso, una acción o un complejo procedimiento dentro de las innumerables cosas que existen en el universo que nos rodea.

Describir es saber captar el mayor número de elementos en lo que se observa. Algunos autores dicen que es como pintar con palabras lo que tenemos frente a nosotros. Si ejercitamos nuestra percepción y las funciones de nuestros sentidos, este recurso será de una gran utilidad en la elaboración de manuales e instructivos y sin lugar a dudas, una herramienta de primer orden para la creación literaria. A quienes manifiesten estas inquietudes, les ayudará a descubrir formas, colores, dimensiones, rasgos y contrastes entre muchos otros aspectos importantes que le dan vida y dinamismo al relato.

Para iniciar el estudio de este tema es esencial conocer la posición del yo. Sabemos que en todo proceso descriptivo intervienen: un sujeto que describe y un objeto que se describe. Si analizamos el yo, éste se presenta de diferentes maneras de acuerdo con la postura que asuma el sujeto respecto al objeto que describe. Por lo anterior, podemos hablar de tres tipos de **descripción**: la **objetiva**, en la que el yo está distante del objeto, sólo capta lo que ve como si fuese una cámara fotográfica. La **subjetiva**, en la que el yo se aproxima al objeto, lo interpreta lo hace propio, lo matiza desde uno o varios puntos de vista. Generalmente ve más allá de lo percibido porque se suman a los estímulos los pre-conocimientos y experiencias que el sujeto posee. Por último tenemos la descripción **animada**. En ésta el yo se asimila al objeto y le da vida convirtiéndolo en un ser animado, gráficamente tenemos:

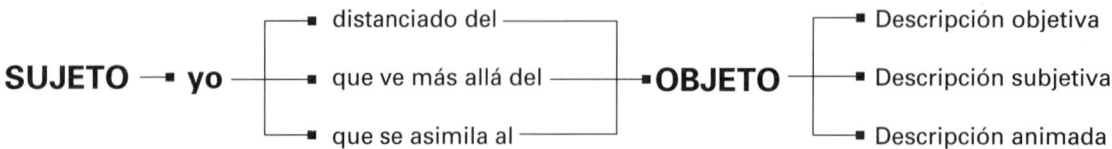

Si analizamos los siguientes textos, comprobaremos la presencia de la descripción objetiva en el primero, de la subjetiva en el segundo y de la animada en el tercero.

"...La mesa es ancha y fuerte; tiene un pupitre; sobre el pupitre hay un tintero cuadrado de cristal y tres plumas. Reposan en la mesa una gran botella de tinta, un enorme fajo de inmensas cuartillas jaldes, un diccionario general de la lengua, otro latino, otro de términos de arte, otro de agricultura, otro geográfico. Hay también un vocabulario de filosofía y otro de economía política. La mesa es de nogal. Los pies delanteros son ligeras columnillas negras con capiteles clásicos... Sobre esta mesa yacen libros grandes y libros pequeños, un cuadernito de dibujos de Gavarni, cartapacios repletos de papeles, números de la *Revue blanche* y de la *Revue philosophique*, fascículos de un censo electoral, mapas locales y mapas generales..."

Azorín

"...Lo que estaba sucediendo por dentro de mí, era un pequeño cataclismo silencioso, y, por lo visto, completamente inofensivo. Así que, en cosa de un momento, se desclavaron y se desacoplaron, desgajándose en piezas: sillas, mesas, aparadores, cuadros y todo el deslumbrante menaje con que el Capitano había amueblado mi pobre alma. Así también volaron y se desvanecieron en el aire los techos; las paredes cayeron y se despedazaron como hojaldres, y cuando ya a punto de desvanecerse me agarré a una ventana, e hice un esfuerzo por mirar hacia adentro intentando averiguar qué me estaba pasando, ¡Oh, Dios!, sólo conseguí poder verme a mí mismo, íngrimo y solo, parado en medio de un terreno baldío donde ni siquiera crecía el monte, y eso era todo cuanto me quedaba por dentro. Así pues, había sido engañado..."

Salvador Garmendia

"...Los cuadrados de mármol, blancos y negros, volaron a los pisos, vistiendo la tierra. Las piedras, con saltos certeros, fueron a cerrar los boquetes de las murallas. Hojas de nogal claveteadas se encajaron en sus marcos, mientras los tornillos de las charnelas volvían a hundirse en sus hoyos, con rápida rotación. En los canteros muertos, levantadas por el esfuerzo de las flores, las tejas juntaron sus fragmentos, alzando un sonoro torbellino de barro, para caer en lluvia sobre la armadura del techo. La casa creció, traída nuevamente a sus proporciones habituales, pudorosa y vestida. La Ceres fue menos gris. Hubo más peces en la fuente. Y el murmullo del agua llamó begonias olvidadas..."

Alejo Carpentier

En otros textos literarios encontraremos abundantes ejemplos en los que se combinan y transforman los tipos de descripción, tanto por los desplazamientos del yo como por el manejo del verbo.

Tradicionalmente se ha estudiado esta técnica por los dos componentes que ya mencionamos: el **sujeto** y el **objeto**. De aquí se derivan diferentes enfoques **en el proceso descriptivo** como se aprecia en el siguiente esquema:

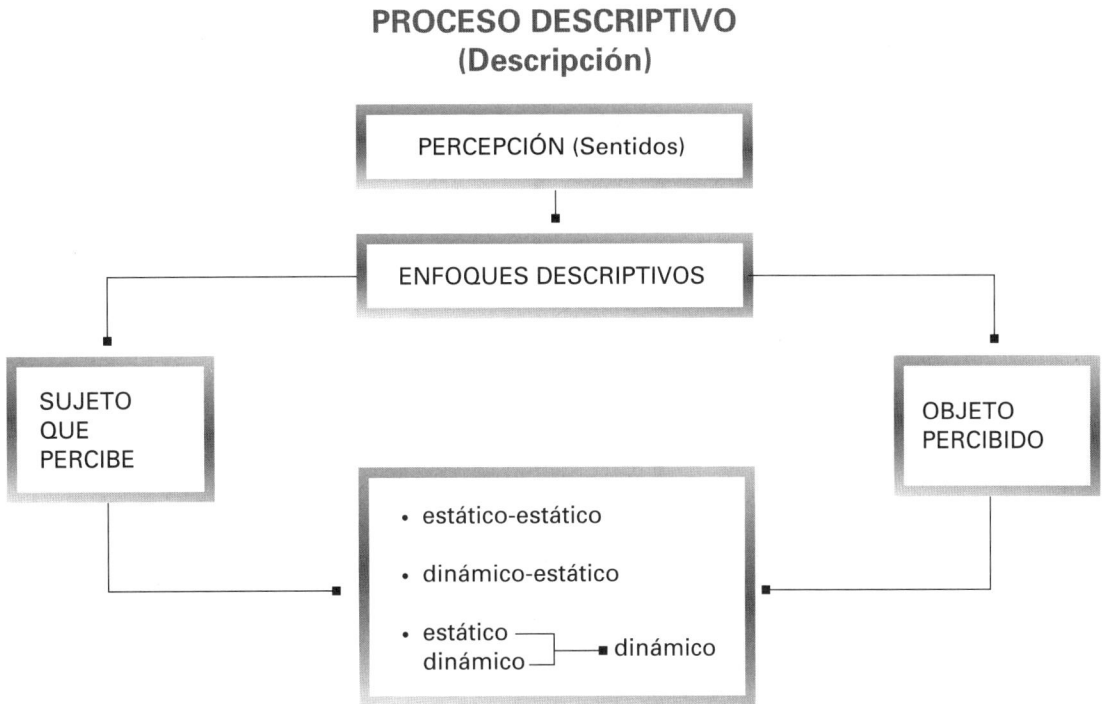

PROCESO DESCRIPTIVO
(Descripción)

A las **descripciones** que presentan estas últimas características se les conoce como: **pictóricas**, **topográficas** y **cinematográficas**, como se muestra enseguida:

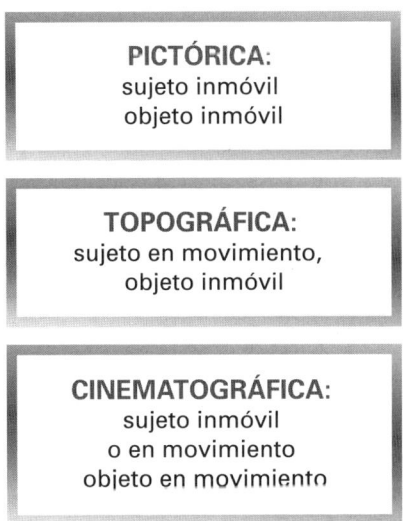

En el primer caso se puede pensar en alguien que describe un paisaje, un edificio, un objeto o una calle desde un lugar específico. En el segundo, en quienes escriben crónicas o relatos de viajes. En el tercero, se incluye la posibilidad de que ambos elementos, sujeto y objeto, estén en movimiento: el cronista, periodista o escritor que desde varios ángulos describe un desfile, un carnaval u otro acontecimiento semejante.

De acuerdo con el objeto descrito, la descripción también se clasifica en: **topografía**, **cronografía**, **prosopografía**, **etopeya** y **retrato** (de este último tipo se desprende la caricatura) como se ilustra a continuación:

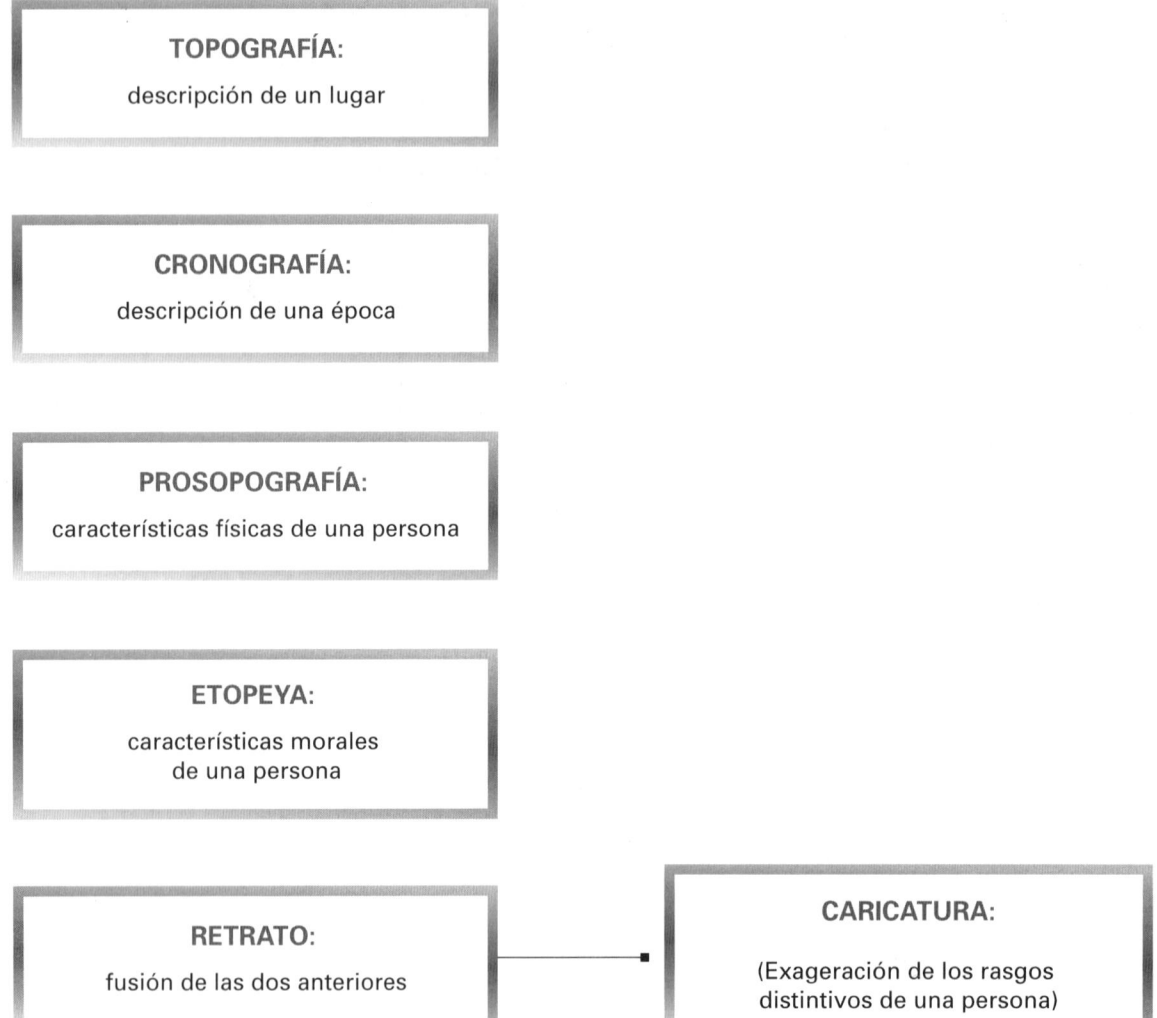

Otros enfoques de esta técnica que complementan los anteriores son los siguientes:

DESCRIPCIÓN PERSPECTIVA: Acercamientos y alejamientos que nos remiten a la técnica cinematográfica. Ejemplo:

> La Carretera está muerta. Nadie ni nada la resucitará. Larga, infinitamente larga (...)
>
> A los lados hay arbustos espinosos. Muchas veces la vista se enferma de tanta amplitud. Pero las planicies están peladas. Pajonales, a distancia. Tal vez aves rapaces coronen cactos. Y los cactos están allá, más lejos, embutidos en el acero blanco.
>
> También hay bohíos, casi todos bajos y hechos con barro. Algunos están pintados de blanco y no se ven bajo el sol. Sólo se destaca el techo grueso, seco, ansioso de quemarse día a día. Las canas dieron esas techumbres por las que nunca rueda agua.
>
> La carretera muerta, totalmente muerta, está ahí, desenterrada, gris. La mujer se veía, primero como un punto negro, después como una piedra que hubieran dejado sobre la momia larga.
>
> **Juan Bosch**

DESCRIPCIÓN INCLUSIVA: También se le puede llamar "en cadena" porque un elemento nos lleva a otro y así sucesivamente. Este tipo de descripción se utiliza con frecuencia en el periodismo, la crónica, el cine y la narrativa. Ejemplo:

> Él no contestó, entraron en el bar. Él pidió un whisky con agua; ella pidió un whisky con agua. Él la miró; ella tenía un gorro de terciopelo negro apretándole la pequeña cabeza; sus ojos se abrían, oscuros, en una zona azul; ella se fijó en la corbata de él, roja, con las pintas blancas sucias, con el nudo mal hecho. Por el ventanal se veía el frente de una tintorería; al lado de la puerta de la tintorería jugaba un niño; la acera mostraba una gran boca por la que, inconcebible nacimiento, surgía el grueso tronco de un castaño; la calle era muy ancha.
>
> **Eduardo Mallea**

Como agua para chocolate, de Laura Esquivel, es otra posibilidad para ejemplificar esta técnica.

DESCRIPCIÓN SELECTIVA: Se seleccionan uno o varios aspectos, se jerarquizan y enfocan en función de un punto de vista. En algunas formas del periodismo contemporáneo existen variados ejemplos donde lo esencial se descuida por lo periférico debido a los criterios selectivos. En ocasiones el lector busca más información sobre un acontecimiento y el autor de la reseña describe el comportamiento de la gente, el vestuario de algunos asistentes y se olvida del contenido principal.
En literatura también se utiliza este tipo de descripción para ampliar o restringir el punto de vista o bien para enfatizar un aspecto o distraer al lector.

DESCRIPCIÓN POR DIFERENCIACIÓN, CONTRASTE O COMPARACIÓN: Se describen las características por diferencias, contrastes o comparaciones. Esta técnica se utiliza no sólo en literatura, sino también en procesos científicos simples o complejos, para hacer más sencilla su explicación.

DESCRIPCIÓN SIMULTÁNEA: Se describen varias cosas o sucesos a la vez. Ejemplo:

> "Alicia corrió hacia la puerta mientras que Leonor permanecía tejiendo en el mismo sillón y la abuela atizaba el fuego en la cocina."

En algunas descripciones de manuales e instructivos también se utiliza esta técnica cuando se describen movimientos o funciones simultáneas o cuando se nos indica que debemos oprimir-seleccionar dos teclas o dos botones a la vez.

Valdría la pena incluir la **descripción por ampliación** o **restricción** como una variante de la *perspectiva*. Una panorámica de una ciudad u otro lugar o la descripción que se limita a un solo espacio. En literatura hay autores que prefieren los espacios amplios y otros los restringidos. También están los que utilizan ambos tipos.

La DESCRIPCIÓN ANALÍTICA se utiliza en los procesos complejos para hacerlos más claros y entendibles. Su característica principal es que describe cada elemento sin descuidar el valor que tiene en el conjunto.

Si se ejercita la observación como se sugirió desde el primer capítulo, será mucho más sencillo distinguir y practicar los diversos tipos de descripción que se han citado hasta este momento. Sin embargo, hay que recordar que el manejo adecuado del verbo es también un factor importante. A través de él se logran el estatismo y dinamismo descriptivos. La explicación esquemática que se expone a continuación nos permitirá repasar algunas de las funciones básicas de esta categoría gramatical.

EXPLICACIÓN ESQUEMÁTICA DEL VERBO

Verbo: Palabra que se encuentra en todos los idiomas.

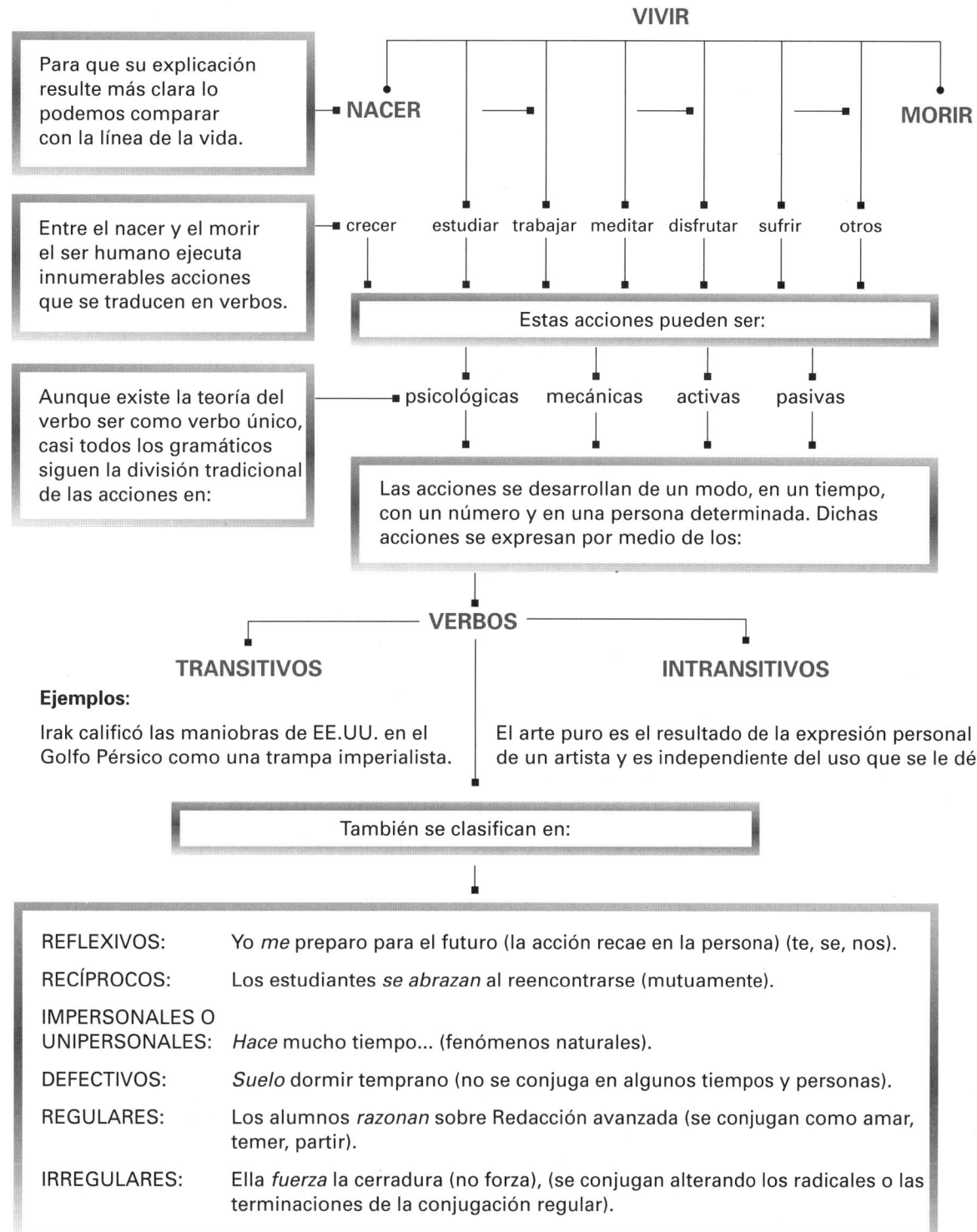

VIVIR

Para que su explicación resulte más clara lo podemos comparar con la línea de la vida.

NACER — — — — MORIR

Entre el nacer y el morir el ser humano ejecuta innumerables acciones que se traducen en verbos.

crecer   estudiar   trabajar   meditar   disfrutar   sufrir   otros

Estas acciones pueden ser:

Aunque existe la teoría del verbo ser como verbo único, casi todos los gramáticos siguen la división tradicional de las acciones en:

psicológicas   mecánicas   activas   pasivas

Las acciones se desarrollan de un modo, en un tiempo, con un número y en una persona determinada. Dichas acciones se expresan por medio de los:

VERBOS

TRANSITIVOS   INTRANSITIVOS

Ejemplos:

Irak calificó las maniobras de EE.UU. en el Golfo Pérsico como una trampa imperialista.

El arte puro es el resultado de la expresión personal de un artista y es independiente del uso que se le dé.

También se clasifican en:

REFLEXIVOS: Yo *me* preparo para el futuro (la acción recae en la persona) (te, se, nos).

RECÍPROCOS: Los estudiantes *se abrazan* al reencontrarse (mutuamente).

IMPERSONALES O
UNIPERSONALES: *Hace* mucho tiempo... (fenómenos naturales).

DEFECTIVOS: *Suelo* dormir temprano (no se conjuga en algunos tiempos y personas).

REGULARES: Los alumnos *razonan* sobre Redacción avanzada (se conjugan como amar, temer, partir).

IRREGULARES: Ella *fuerza* la cerradura (no forza), (se conjugan alterando los radicales o las terminaciones de la conjugación regular).

Criterios sobre el verbo:

Formal: parte variable, conjugable, flexible (modo-tiempo-número-persona).

Semántico: esencia, existencia, estado, acción.

Sintáctico: sintáctico o funcional: clase de palabras que significan el atributo de la proposición, indicando la persona, número del sujeto, el tiempo, modo y el atributo.

Respecto al verbo, Martín Vivaldi explica: "Los verbos —dicen Amado Alonso y Henríquez Ureña— son unas formas especiales del lenguaje con las que pensamos la realidad como un comportamiento del 'sujeto'. Pero dicha realidad puede ser una 'acción': el avión *vuela*, el caballo *corre*; puede ser 'inacción': aquí *yace* un desdichado; un 'accidente': ya *caen* las hojas; una 'cualidad': le *blanquea* el cabello, etc".

Si leemos los siguientes ejemplos y analizamos la función del verbo en cada uno de ellos observaremos la **descripción estática** y la **descripción dinámica**. En el primero, predominan los verbos de estado y en el segundo, los de acción o movimiento.

"La cafetera *está* sobre la mesa. Es una mesa redonda de cuatro patas, cubierta por un hule a cuadros rojos y grises sobre un fondo de color neutro, un blanco amarillento que quizás en otro tiempo *fue* marfileño o blanco. En el centro una pieza de cerámica *hace* las veces de bandeja; el dibujo *está* completamente oculto, o por lo menos *es* irreconocible, a causa de la cafetera que *tiene* encima."

Alain Robbe-Grillet
(Instantáneas)

"Las aves *volvieron* al huevo en torbellino de plumas. Los peces *cuajaron* la hueva, dejando una nevada de escamas en el fondo del estanque. Las palmas *doblaron* las pencas, desapareciendo en la tierra como abanicos cerrados. Los tallos *sorbían* sus hojas y el suelo *tiraba* de todo lo que le *perteneciera*. El trueno *retumbaba* en los corredores."

Alejo Carpentier
(Viaje a la semilla)

Los conceptos de voz pasiva y voz activa que se explicaron al final del capítulo anterior también influyen en el estatismo y el dinamismo de la descripción.

Para la redacción de manuales e instructivos se recomienda que los alumnos trabajen con procesos descriptivos simples y complejos según se requiera. Por esta razón, en las dinámicas de grupo se ejercitarán ambos sin desatender al sentido que la lógica tiene en cada uno de ellos.

Los **procesos descriptivos** se dividen en **simples** y **complejos**. Los primeros se organizan en pasos o fases y los segundos se distinguen porque en cada fase pueden existir diferentes subfases. Rotular un sobre, abrir una ventana, tocar a una puerta aparentemente son procesos sencillos, diferentes a los que describen cómo funciona un motor de gasolina, una computadora, un sistema digital u otro ejemplo similar. Leamos lo que escribe Julio Cortázar en sus *Instrucciones para subir una escalera.*

Nadie habrá dejado de observar que con frecuencia el suelo se pliega de manera tal que una parte sube en ángulo recto con el plano del suelo, y luego la parte siguiente se coloca paralela a este plano, para dar paso a una nueva perpendicular, conducta que se repite en espiral o en línea quebrada hasta alturas sumamente variables. Agachándose y poniendo la mano izquierda en una de las partes verticales, y la derecha en la horizontal correspondiente, se está en posesión momentánea de un peldaño o escalón. Cada uno de estos peldaños, formados como se ve por dos elementos, se sitúa un tanto más arriba y más adelante que el anterior, principio que da sentido a la escalera, ya que cualquier otra combinación produciría formas quizá más bellas o pintorescas, pero incapaces de trasladar de una planta baja a un primer piso.

Las escaleras se suben de frente, pues hacia atrás o de costado resultan particularmente incómodas. La actitud natural consiste en mantenerse de pie, los brazos colgando sin esfuerzo, la cabeza erguida aunque no tanto que los ojos dejen de ver los peldaños inmediatamente superiores al que se pisa, y respirando lenta y regularmente. Para subir una escalera se comienza por levantar esa parte del cuerpo situada a la derecha abajo, envuelta casi siempre en cuero o gamuza, y que salvo excepciones cabe exactamente en el escalón. Puesta en el primer peldaño dicha parte, que para abreviar llamaremos pie, se recoge la parte equivalente de la izquierda (también llamada pie, pero que no ha de confundirse con el pie antes citado), y llevándola a la altura del pie, se la hace seguir hasta colocarla en el segundo peldaño, con lo cual en éste descansará el pie, y en el primero descansará el pie. (Los primeros peldaños son siempre los más difíciles, hasta adquirir la coordinación necesaria. La coincidencia de nombres entre el pie y el pie hace difícil la explicación. Cuídese especialmente de no levantar al mismo tiempo el pie y el pie.)

Llegado en esta forma el segundo peldaño, basta repetir alternadamente los movimientos hasta encontrarse con el final de la escalera. Se sale de ella fácilmente, con un ligero golpe de talón que la fija en su sitio, del que no se moverá hasta el momento del descenso.

Ejemplo de un proceso simple:

a) Coloque la tapa firmemente en el vaso de su licuadora antes de encenderla.

b) Ponga la mano ligeramente sobre la tapa cuando prenda el motor.

Ejemplo de un proceso complejo:

a) Para 1,000 mililitros (6 a 8 tazas cafeteras) llene el recipiente de cristal refractario de agua fría, aproximadamente dos centímetros debajo de la franja de metal y vierta el agua en el tanque.

b) Coloque un filtro de papel No. 102.

c) Llene el filtro de papel con la cantidad requerida de café, de acuerdo con el número de tazas que desee. Utilice café de grano finamente molido. Nunca utilice café con azúcar o en polvo (instantáneo).

d) Coloque la jarra con el filtro cónico sobre su aparato.

e) Gire el vertedor de salida del agua haciéndolo coincidir con el centro del filtro cónico.

f) Oprima la tecla. La lámpara en el interruptor se encenderá.

Otro ejemplo:

Instrucciones:

a) Conecte la clavija a la red eléctrica.

b) Sujete el aparato.

c) Introdúzcalo en el recipiente donde lo vaya a utilizar (puede usar su propio vaso o cualquier otro recipiente de cocina inclusive refractarios).

d) Oprima el interruptor y mezcle con movimientos ligeros hacia arriba y hacia abajo. Se recomienda usar el aparato de manera discontinua. Con ello se obtendrá una mejor calidad final de la función que se realice (batir, mezclar, licuar), con un menor esfuerzo del motor. El pulsador sólo funciona cuando usted lo oprime, al dejar de hacerlo se apagará inmediatamente.

e) Su robot fue diseñado para un uso intermitente, no es conveniente tener el aparato funcionando durante un tiempo mayor de 5 minutos.

f) El SR-2000 Taurus cuenta con dos velocidades que se controlan con el interruptor localizado en la parte superior del aparato.

No cabe duda que cada **proceso descriptivo**, literario o no, tiene su propia lógica, requiere de la observación y de un manejo adecuado del verbo, sin embargo, para finalizar este capítulo es importante que recordemos los pasos que se sugieren en el siguiente esquema:

DESCRIPCIÓN

OBSERVACIÓN DEL MAYOR
NÚMERO DE DETALLES

SELECCIÓN Y ACOMODO
DE LOS MÁS IMPORTANTES

ENFOQUE DE ACUERDO
CON EL PUNTO DE VISTA

FASES Y SUBFASES

PROCESO DESCRIPTIVO
(simple o complejo)

MANUALES E
INSTRUCTIVOS

Lectura 7
PARA QUÉ SIRVEN LOS RITOS: IDENTIDAD Y DISCRIMINACIÓN

Algunos autores mexicanos, entre ellos Carlos Monsiváis y Roger Bartra, han demostrado, a propósito de otros discursos —la literatura, el cine—, que ciertas representaciones de lo nacional se entienden más como construcción de un espectáculo que como correspondencia **realista** con las relaciones sociales. "Los mitos nacionales no son un *reflejo* de las condiciones en que vive la masa del pueblo", sino el producto de operaciones de selección y "trasposición" de hechos y rasgos elegidos según los proyectos de legitimación política.

Para radicalizar esta desustancialización del concepto de patrimonio nacional hay que cuestionar esa hipótesis central del tradicionalismo según la cual la identidad cultural se apoya en un patrimonio, constituido a través de dos movimientos: la ocupación de un territorio y la formación de colecciones.

Tener una *identidad* sería, ante todo, tener un país, una ciudad o un barrio, una *entidad* donde todo lo compartido por los que habitan ese lugar se vuelve idéntico o **intercambiable**. En esos territorios la identidad se pone en escena, se celebra en las fiestas y se dramatiza también en los rituales cotidianos.

Quienes no comparten constantemente ese territorio, ni lo habitan, ni tienen por tanto los mismos objetos y símbolos, los mismos rituales y costumbres, son los otros, los diferentes. Los que tienen otro escenario y una obra distinta para representar.

Cuando se ocupa un territorio, el primer acto es apropiarse de sus tierras, frutos, minerales y por supuesto, de los cuerpos de su gente, o al menos del producto de su fuerza de trabajo. A la inversa, la primera lucha de los nativos por recuperar su identidad pasa por rescatar esos bienes y colocarlos bajo su soberanía: es lo que ocurrió en las batallas de las independencias nacionales en el siglo XIX y en las luchas posteriores contra intervenciones extranjeras.

Una vez recuperado el patrimonio, o al menos una parte **fundamental**, la relación con el territorio vuelve a ser como antes: una relación natural. Puesto que se nació en esas tierras, en medio de ese paisaje, la identidad es algo indudable. Pero como a la vez se tiene la memoria de lo perdido y reconquistado, se celebran y guardan los signos que lo evocan. La identidad tiene su santuario en los monumentos y museos; está en todas partes, pero se **condensa** en colecciones que reúnen lo esencial.

Los monumentos presentan la colección de héroes, escenas y objetos fundadores. Se colocan en una plaza, un territorio público que no es de nadie en particular pero es de "todos", de un conjunto social claramente **delimitado**, los que habitan el barrio, la ciudad o la nación. El territorio de la plaza o el museo se vuelve ceremonial por el hecho de contener los símbolos de la identidad, objetos y recuerdos de los mejores héroes y batallas, algo que ya no existe pero es guardado porque alude al origen y la esencia. Allí se conserva el modelo de la identidad, la versión *auténtica*.

Por eso las colecciones patrimoniales son necesarias, las conmemoraciones renuevan la solidaridad afectiva, los monumentos y los museos se justifican como lugares donde se reproduce el sentido que encontramos al vivir juntos. Hay que reconocer a los tradicionalistas haber servido para preservar el patrimonio, **democratizar** el acceso y el uso de los bienes culturales, en medio de la indiferencia de otros sectores o la agresión de "modernizadores" propios y extraños. Pero hoy resulta inverosímil e ineficiente la ideología en nombre de la cual se hacen casi siempre estas acciones: un humanismo que quiere reconciliar en las escuelas y los museos, en las campañas de difusión cultural, las tradiciones de clases y etnias **escindidas** fuera de esas instituciones.

La versión liberal del tradicionalismo, pese a integrar más democráticamente que el autoritarismo conservador a los sectores sociales, no evita que el patrimonio sirva como lugar de complicidad. Disimula que los monumentos y museos son, con frecuencia, testimonios de la dominación más que de una apropiación justa y solidaria del espacio territorial y del tiempo histórico. Las marcas y los ritos que lo celebran hacen recordar aquella frase de Benjamín que dice que todo documento de cultura es siempre, de algún modo, un documento de **barbarie**.

Aun en los casos en que las conmemoraciones no consagran la apropiación de los bienes de otros pueblos, ocultan la heterogeneidad y las divisiones de los hombres representados. Es raro que un ritual aluda en forma abierta a los conflictos entre etnias, clases y grupos. La historia de todas las sociedades muestra los ritos como dispositivos para **neutralizar** la heterogeneidad, reproducir autoritariamente el orden y las diferencias sociales. El rito se distingue de otras prácticas porque no se discute, no se puede cambiar ni cumplir a medias. Se cumple, y entonces uno ratifica su pertenencia a un orden, o se transgrede y uno queda excluido, fuera de la comunidad y de la comunión.

Las teorías más difundidas sobre el ritual, desde Van Gennep a Gluckman, lo entienden como un modo de articular lo sagrado y lo profano, por lo cual lo estudian casi siempre en la vida religiosa. Pero, ¿qué es lo sagrado a lo cual remiten los ritos políticos y culturales? Un cierto orden social que no puede ser modificado, y por eso es visto como natural o sobrehumano. Lo sagrado tiene entonces dos componentes: *es lo que desborda la comprensión y la explicación del hombre, y lo que excede su posibilidad de cambiarlo*. Los museos analizados ritualizan el patrimonio organizando los hechos por referencia a un orden trascendente. En el Museo Tamayo, los objetos del pasado son resignificados en relación con la estética idealista de las bellas artes; en el de Antropología, los hechos culturales de cada grupo étnico se someten al discurso nacionalista. En ambos casos, el material exhibido es reordenado en función de un sistema conceptual ajeno.

Uno de los pocos autores que plantea en forma **laica** la investigación sobre rituales, preguntando por su función simplemente social, Pierre Bordieu, observa que tan importante como el fin de integrar a quienes los comparten es el de separar a los que se rechaza. Los ritos clásicos —pasar de la infancia a la edad adulta, ser invitado por primera vez a una ceremonia política, ingresar en un museo o una escuela y entender lo que allí se expone— son, más que ritos de iniciación, "ritos de legitimación" y "de institución": instituyen una diferencia durable entre quienes participan y quienes quedan fuera.

Uno de los rasgos distintivos de la cultura tradicionalista es "naturalizar" la barrera entre incluidos y excluidos. Desconoce lo arbitrario de diferenciar ese territorio de aquél, determinar ese repertorio de saberes para enseñarlo en la escuela o esta colección de bienes para exhibir en un museo, y legitima solemnemente, mediante una ritualización indiscutible, la separación entre quienes acceden y quienes no lo logran. El ritual sanciona entonces, en el mundo simbólico, las distinciones establecidas por la desigualdad social. Todo acto de instituir simula, a través de la escenificación cultural, que una organización social **arbitraria** es así y no puede ser de otra manera. Todo acto de institución es "un delirio bien fundado", decía Durkheim, "un acto de magia social", concluye Bordieu.

Por eso, agrega este autor, la consigna que sostiene la magia preformativa del ritual es "conviértete en lo que eres". Tú que has recibido la cultura como un don y la llevas como algo natural, incorporado a tu ser, compórtate como lo que ya eres, un heredero. Disfruta sin esfuerzo de los museos, de la música clásica, del orden social. Lo único que no puedes hacer, afirma el tradicionalismo cuando lo obligan a ponerse autoritario, es desertar de tu destino. El peor adversario no es el que no va a los museos ni entiende el arte, sino el pintor que quiere transgredir la herencia y le pone a la virgen un rostro de actriz, el intelectual que cuestiona si los próceres celebrados en las fiestas patrias realmente lo fueron, el músico especializado en el barroco lo mezcla en sus composiciones con el jazz o el rock.

Néstor García Canclini

Ejercicios

1. Redacta un texto con estructura IDC en el que expliques el contenido de la lectura anterior.

2. Escribe los antónimos de los términos que aparecen en negritas en la lectura.

TÉRMINOS	ANTÓNIMOS

3. Utiliza cinco antónimos del ejercicio anterior y redacta un párrafo coherente que se relacione con la lectura.

4. Revisa de nuevo la lectura y selecciona cinco ideas que apoyen el contenido del texto.

a) Clasifícalas de acuerdo con el esquema de la página 57.

b) Justifica tu elección.

Idea

Clasificación

_____

_____

Justificación

_____

_____

Idea

_____

_____

Clasificación

_____

_____

Justificación

_____

_____

Idea

_____

_____

Clasificación

_____

_____

Justificación

_____

_____

_____

Idea

_____

_____

_____

Clasificación

_____

_____

_____

Justificación

_____

_____

_____

Idea

_____

_____

_____

Clasificación

_____

_____

_____

Justificación

_____

_____

_____

5. Reflexiona sobre las ideas del ejercicio anterior y describe algunas formas de rituales de legitimación social que conozcas. Utiliza los tipos de descripción objetiva, subjetiva y animada.

_____

_____

_____

_____

_____

_____

_____

_____

_____

_____

_____

_____

_____

_____

6. Localiza ejemplos de los diferentes tipos de descripción. Es importante que cites las fuentes y justifiques tu respuesta (véanse pp. 124-132).

Tipo de descripción

_____

_____

_____

_____

Justificación

_____

_____

_____

_____

_____

Tipo de descripción

_____

_____

_____

_____

Justificación

_____

_____

_____

_____

Tipo de descripción

_____

_____

_____

_____

Justificación

_____

_____

_____

_____

Tipo de descripción

_____

_____

_____

_____

Justificación

_____

_____

_____

_____

Tipo de descripción

_____

_____

_____

_____

Justificación

_____

_____

_____

_____

7. Analiza los tipos de descripción en los fragmentos que te proporcione el maestro.

_____

_____

_____

_____

_____

_____

_____

_____

_____

8. Busca en periódicos actuales una caricatura (cartón) de un personaje(s) importante. Relaciónalo con el hecho al que se alude y redacta un texto donde describas la exageración de los rasgos distintivos del mismo.

_____

_____

_____

_____

_____

_____

_____

_____

9. Describe un proceso simple de acuerdo con las indicaciones que te proporcione el maestro.

_____

_____

_____

_____

a) Transforma el proceso simple en complejo.

_____

_____

_____

_____

_____

_____

_____

b) Analiza el manejo del lenguaje y la función del verbo en ambos procesos.

10. Busca el instructivo o manual de una computadora, una cámara fotográfica, una videoca-setera, o cualquier otro aparato y analiza:

a) Los pasos lógicos y la claridad de la descripción.

b) El manejo de los verbos.

11. Elabora un manual de puesto con información que provenga de fuentes reales.

12. Documéntate sobre un proceso de manufactura real y redacta una descripción que lo explique.

a) En una dinámica de grupo redacta un instructivo para el proceso de manufactura que elaboraste en el ejercicio anterior (trabajo colaborativo).

Etimologías

Esquema 7

PREFIJO	ORIGEN	SIGNIFICADO	EJEMPLOS
in- (im-, ir-, ig-, i-)	latino	negación	inaudito, inexpugnable, ignominia, irregular, iletrado
oliga(o)-	griego	pocos, escasos	oligarquía, oligopolio
esclero-	griego	duro, árido	esclerótica, esclerodermia
ec-, (ecto-), ex-	griego	hacia fuera, salir, sacar	ectopía, exégesis, éxodo
pros-	griego	hacia, para, junto a	prosodia, prosopografía
en-	griego	en, dentro	encéfalo, entelequia
xeno-	griego	extranjero	xenofobia, xenófobo
per-	latino	por medio de, a través de, demasiado	percatarse, perenne, pervivencia
duo-, due-, du-	latino	dos	dual, duelo, duodeno
axi-	griego	valioso, justo	axiología, axioma
bene-	latino	bien	benevolencia, beneplácito

SUFIJO	ORIGEN	SIGNIFICADO	EJEMPLOS
-podo	griego	pie	cefalópodo, miriápodo
-gonía	griego	origen	cosmogonía, teogonía
-terio	griego	lugar	monasterio, cementerio
-érrimo	latino	muy, en sumo grado	paupérrimo, acérrimo
-arquía	griego	gobierno, poder, principio. Si se cambia por -arca, denota la persona que ejerce el gobierno o poder	jerarquía, jerarca

13. Consulta el esquema de etimologías 7 y resuelve el siguiente ejercicio.

    a) El prefijo *oliga (o)* significa *pocos, escasos* en las palabras oligarquía, oligopolio y __

    _____ .

    b) El sufijo *podo* significa *pie* en las palabras cefalópodo, pseudópodo y _____

    _____ .

    c) El prefijo *ec* significa *hacia fuera* en las palabras ectopía y _____

    _____ .

    d) El sufijo *terio* significa *lugar* en las palabras monasterio, cementerio y _____

    _____ .

    e) La palabra *axiomático* se deriva de _____ . En ambos casos significa

    _____ .

    f) El sufijo *arquía* significa *gobierno* o *poder* en las palabras, jerarquía, _____

    _____ y _____ .

    g) El prefijo *en* significa *dentro* en las palabras encéfalo, entelequia y _____

    _____ .

    h) El prefijo *esclero* significa *duro*, en las palabras esclerótica, esclerodermia y _____

    _____ .

    i) Los prefijos *in, im, ir, ig, i* significan *negación* en las palabras inaudito, imposible, irregular, ignominia, iletrado. Otras palabras con cada uno de estos prefijos son: _____

    _____

    _____

    j) El prefijo *bene* significa *bien*, en las palabras benevolencia, beneplácito y _____

    _____ .

QUEÍSMO

K-Hito escribe: "aparte del laísmo y del leísmo, sin redención posible, es el *que* la piedra angular donde se rompen los puntos de las plumas mejor templadas. Al *que* mal empleado, a su abuso, a sus sensibilidad excesiva y dolorosa, podemos llamarle *queísmo*".

Dentro de las causas que originan el mal uso de este relativo podemos mencionar la deficiente traducción de la construcción francesa *c'est...que* (es lo que se conoce como *que* galicado). Se usa indebidamente el *que* con el verbo ser en vez de: donde, cuando, como, por lo que, etcétera.

Ejemplos:

C'est avec mon ami *que* j'irai au cinéma.
Traducción defectuosa: Es con mi amigo *que* iré al cine.
Forma correcta: Es con mi amigo con quien iré al cine.

C'est dans ce livre *que* j'ai lu l'histoire.
Traducción defectuosa: Es en este libro *que* yo he leído la historia.
Forma correcta: Es en este libro *donde* he leído la historia.

C'est à midi *que* leur avion part.
Traducción defectuosa: Es a mediodía *que* su avión sale.
Forma correcta: Es a mediodía cuando su avión sale o mejor, a mediodía sale su avión.

- **Abuso en su empleo:**

   El hotel *que* está ubicado en la esquina *que* da al norte, es el *que* nos pareció *que* era el más adecuado para *que* realizáramos nuestra convención.

   Forma sin "*que*":
   El hotel ubicado en la esquina norte nos pareció el más indicado para realizar nuestra convención.

   Le ruego *que* me indique *qué* es lo que debo hacer para *que* nuestros clientes conozcan lo *que* nos proponemos y acepten las condiciones *que* les brindamos.

   Forma sin "*que*":
   Por favor, deme instrucciones sobre lo adecuado para dar a conocer nuestros propósitos a los clientes y lograr su aceptación de las condiciones ofrecidas.

   Los peritos *que* inspeccionaron la obra y *que* conocían el problema, expresaron *que* las conclusiones a *que* habían llegado no eran motivo suficiente para *que* se culpara al constructor.

   Forma sin "que":
   Los peritos conocedores del problema, previa inspección, consideraron en su informe injustificada la responsabilidad atribuida al constructor.

- **Oscuridad de sentido por abuso de su empleo:**

FORMAS OSCURAS	FORMAS ACLARADAS
En el banco, el gerente es R. Villarreal, el primo de S. González, que irá en la misión al exterior (¿Quién irá?).	En ese banco, el gerente es R. Villarreal, el primo de S. González. Éste (o aquél) irá en la misión al exterior.
El título de ese libro, *que* es difícil de entender... (¿es difícil el título o el libro?).	El dificultoso título de ese libro, o el título de ese difícil libro.

- **Omisión indebida:**

Les rogamos nos remitan el documento correspondiente.	Les rogamos *que* nos remitan el documento correspondiente.
El banco ha dispuesto sean cancelados los créditos.	El banco ha dispuesto *que* sean cancelados los créditos.

14. Analiza el queísmo en los textos que te proporcione el maestro.

15. Busca en periódicos locales ejemplos de queísmo.

DEQUEÍSMO

Consiste en el empleo innecesario de la preposición *de* antes de *que*.

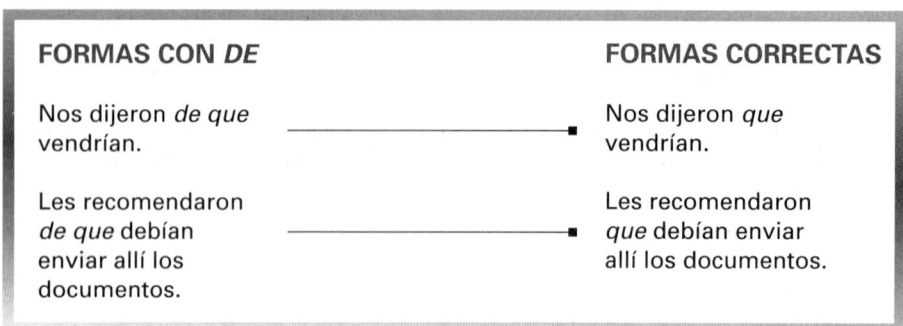

- No siempre es incorrecto el uso de la preposición *de* junto a *que*. Se comete el error inverso, por carencia, cuando corresponde usar esa preposición y se le suprime.

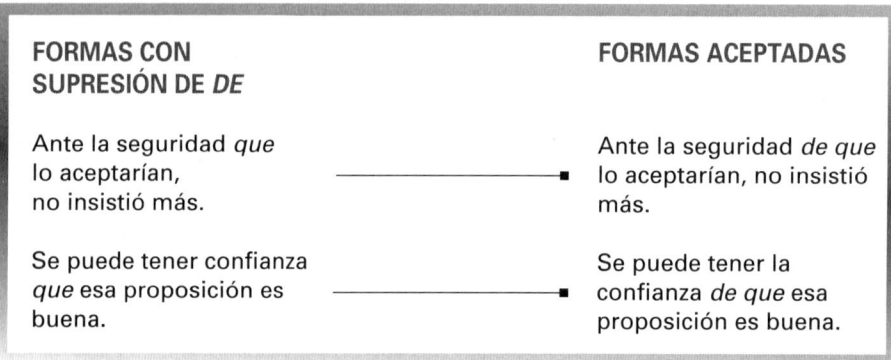

Con el objeto de evitar el dequeísmo o la omisión inadecuada de la preposición *de*, se sugiere la siguiente prueba: sustituir la estructura encabezada por *que*, por el pronombre demostrativo *eso*. Si la oración tiene sentido se puede omitir perfectamente la preposición; si no tiene sentido, habrá que rectificar la expresión. Ejemplos:

Habla de que lo hará = Habla de eso (construcción correcta)

Asegura de que vendrá = Asegura de eso (construcción incorrecta)

Como la última oración no tiene sentido, la forma rectificada es:

Asegura que vendrá.

Lectura 8
LA ANGUSTIA VITAL

Es un hecho que los médicos, durante el ejercicio de su práctica clínica, ignoran a la angustia a pesar de que se trata de uno de los fenómenos de la patología humana más frecuente y de mayor importancia. Si algún enfermo es ignorado, maltratado y con frecuencia rechazado y marginado, ése es el enfermo que sufre de ansiedad. La difícil situación en que lo coloca la actitud médica no solamente es constatada día a día, por quienes tenemos la responsabilidad de tratarlo, sino que está bien documentada en la literatura, tal como lo demuestran los recientes estudios epidemiológicos de la doctora Weissman de la Universidad de Columbia en Estados Unidos.[1]

Entre las muchas razones por las que se descuida a estos pacientes destaca, la pobre conceptualización que el gremio médico tiene de la angustia. Se carece de una visión global que permita comprenderla en toda su complejidad. Con frecuencia se le reduce a una serie de concepciones parciales, en las que la atención se concentra en aspectos concretos y poco relevantes, generando de esta manera distorsiones no exentas de consecuencias.

Buenos ejemplos de visiones reduccionistas son los siguientes: que la angustia se produce exclusivamente por eventos desfavorables; concepto que aparte de ser falso, porque en una gran cantidad de casos la angustia se presenta sin que medie ninguna causa externa, provoca dudas y rechazo hacia el enfermo. Ya que al no encontrarse razones que expliquen su presencia, automáticamente deja de justificarse una actitud de ayuda y solidaridad. Otra concepción de consecuencias similares es el que liga la existencia de la angustia a la fortaleza de espíritu. De acuerdo con ella, si se tiene voluntad y las creencias son firmes y sólidas, no tiene por qué existir este sentimiento, ya que únicamente se presenta en los individuos carentes de convicciones y débiles de carácter. Otra más es aquella que considera las manifestaciones de la angustia como un rasgo femenino, en que su presencia, no es sino un intento de manipulación y un deseo de controlar situaciones, mediante la argucia de mostrarse débil y desamparado. Los ejemplos podrían multiplicarse, pero lo que se intenta señalar es que sin un concepto claro y preciso del fenómeno, no es posible establecer diagnósticos, ni planear tratamientos.

Las deficiencias en la conceptualización de la angustia obedecen a varios motivos. Primero, se trata de una noción abstracta que linda con algunos terrenos de la filosofía y la psicología que el médico no está acostumbrado a manejar. Segundo, se trata también de un término con una larga historia estudiado por diferentes disciplinas y cuyo resultado final es una imagen compleja y confusa, abigarrada de ideas e interpretaciones múltiples y diferentes entre sí.

Por último, desde la perspectiva médica, los avances más significativos y trascendentes, son bastante recientes y todavía no cruzan las fronteras de la especialidad.

Para llegar a un concepto adecuado de la angustia conviene tener presentes algunas de las consideraciones que esbozaremos a continuación. La angustia es un fenómeno esencialmente biológico,[2] no obstante que muchas de sus manifestaciones se expresen en las esferas psicológica y existencial. Su expresión involucra al individuo en su totalidad, no a segmentos o partes de su cuerpo. Su forma de presentación, es por definición, polimorfa, es decir, es capaz de expresarse por medio de síntomas somáticos, manifestaciones mentales y cambios en la conducta. Posee una vertiente adaptativa, que está al servicio de la vida y la supervivencia del individuo; paralelamente, sin embargo, tiene una cualidad patológica, lo que la hace peligrosa y destructiva. Por último, desde el punto de vista clínico, es indispensable distinguir entre la angustia como sentimiento, como síntoma, como síndrome y como entidad patológica.

Una forma de ilustrar y comprender la esencia biológica de la angustia es mostrando las similitudes que guarda con fenómenos cuya naturaleza biológica está fuera de toda discusión, como son el dolor, la fiebre y la inflamación. En todos ellos, al igual que en la angustia, se ha localizado un sustrato orgánico responsable de su expresión. Sus estímulos activadores son completamente inespecíficos y del más variado origen, del medio externo o del medio interno, pero igual pueden activarse sin la necesidad de ser estimulados. Todos estos fenómenos son universales y se rigen por leyes generales, aunque muestran una gran variabilidad entre los individuos, e incluso en un individuo en diferentes épocas y condiciones. Así, cambian los umbrales de la presentación, la tolerancia y la forma de expresión, dependiendo de la constitución del individuo, su biografía, su medio ambiente, su edad y su sexo. Como son expresiones que están al servicio de las fuerzas vitales del individuo, su ausencia vuelve vulnerable su propia existencia. Sin embargo, guardan dentro de sí potencialidades destructivas cuando se desencadenan en forma caótica e incontrolable.

Si bien es cierto que la angustia es fundamentalmente biológica, su manifestación trasciende la biología y envuelve a todo el ser.[3] En este sentido, es diferente a la fiebre, al dolor y a la inflamación. Con ellos comparte sus raíces, pero desde el punto de vista ontológico y filogenético es un fenómeno bastante más complejo. El idioma español, con la sabia intuición propia de su linaje, señala con elocuencia estas diferencias: se dice, tengo fiebre, me duele el pecho o se me hinchó la mano, mas con respecto a la angustia, se dice estoy angustiado. La expresión hace referencia a todo el *Ser*.[4] El idioma asume de ese modo que la angustia es una experiencia totalizadora cuya presencia involucra la esencia misma de la persona. Por ello se ha descrito como una amenaza a la propia existencia. Es el aviso de que la muerte existe, una advertencia de la propia mortalidad y una señal de que todo tiene un fin.[5]

Al confrontarnos con la muerte, la angustia remueve toda nuestra existencia. Es la que nos marca límites y hace patente nuestra fragilidad. Gracias a ella somos capaces de cuestionar nuestro quehacer diario, de buscarle sentido a la vida, de plantearnos ciertas preguntas y de inconformarnos con las respuestas cotidianas. Esto es lo que la escuela existencialista de la posguerra llamó la angustia existencial.[6] Es una vivencia necesaria para el ser humano, la que se encuentra detrás de la creatividad, el crecimiento y la curiosidad. Sustenta los riesgos que implica la libertad y la autonomía. Es una experiencia paradójica porque al hacer patente la presencia de la muerte, se alía con las fuerzas más poderosas de la vida.

Pero paralela a la angustia existencial, fusionándose con ella, confundiéndose y entrecruzándose, se encuentra la angustia vital, patológica, neurótica o endógena, calificativos que reflejan los distintos modos de concebir un fenómeno psicopatológico bastante común en la clínica médica.[7] Ésta es una angustia estéril, que no lleva a ninguna parte. Es el sufrimiento por el sufrimiento que lejos de estimular el desarrollo, ocasiona desorganización.

En ella imperan las fuerzas regresivas. Paraliza la curiosidad y frena la creatividad. Confina al individuo a su propio espacio, le niega expectativas, le impide la autonomía, interfiere con su libertad y coarta su capacidad para decidir. Es la angustia de las fobias, las obsesiones, las culpas, los celos, la hipocondría, la desconfianza, la paranoia, la impotencia, el terror a la desintegración, el insomnio y los síntomas psicosomáticos.

El gran reto a que se enfrenta el clínico moderno es el poder distinguir entre ambos tipos de angustia ¿Cuándo es existencial y cuándo es patológica? Establecer la diferencia no es tarea fácil. Los límites entre ambas son confusos porque el lenguaje que emplean es el mismo. Además, el crecimiento y la creación son procesos que conllevan sufrimiento y la incertidumbre es parte de la vida.[8]

La responsabilidad del clínico para distinguir entre ambas situaciones no nada más es académica, sino que acarrea consecuencias prácticas de suma gravedad para los enfermos. Una decisión correcta puede marcar la diferencia entre la vida y la muerte. Las actitudes del médico, los familiares y el propio enfermo hacia el cuadro ansioso variarán de acuerdo con la distinción que se haga. Habrá veces en lo que más conveniente sea dejar que la angustia fluya para que el paciente asuma su propia responsabilidad ante la existencia. En otras, lo más conveniente es actuar con energía para detener de inmediato el episodio mórbido. Otros elementos que incrementan la responsabilidad del clínico son la eficacia y la potencia de los nuevos agentes terapéuticos, que como todos los medicamentos efectivos, encierran promesas y peligros.[9]

El tema de la angustia es un buen ejemplo de cómo la falta de una conceptualización inadecuada de un fenómeno puede tener consecuencias prácticas de importancia. Hago esta reflexión, porque lo más común es que los médicos tomemos decisiones basándonos en hechos concretos y objetivos. El ejercicio de la medicina así lo demanda. Incluso es impresionante la cantidad de datos y conocimientos que se requieren para poder ejercerla. Así es fundamental saber cifras exactas de laboratorio, nombres de enfermedades, de fármacos y de sustancias químicas. Hay un exceso en la demanda de conocimientos factuales y precisos. Esta tendencia opaca la necesidad de conceptuar y de manejar nociones abstractas, práctica mucho más frecuente en mi especialidad, la psiquiatría, en donde a veces es mucho más importante tener ideas claras y bien localizadas, que coleccionar datos y conocimientos. La abstracción y la teorización pueden muy bien tener consecuencias prácticas, tal y como lo he tratado de demostrar en esta presentación.

Referencias

[1]Weissman M. M., *The hidden patient: Unrecognized panic disorder*, J. Clin Psychiatry, 1990; 51: 11 (suppl) 5-8.

[2]Guttmacher L. B., Murphy D. L., *Insel T. R. Pharmacologic models of anxiety*, Compr. Psychiatry, 1983; 24: 312-326.

[3]Glodstein K., *The organism, a holistic approach to biology*, 1939; American Book Company, New York.

[4]López Ibor J. J., *La angustia vital*, 1950. Ed. Paz Montalvo, Madrid, España.

[5]Kierkegaard S., *The concept of Drar. English Translation of Begreber Angst. 1844*, University press, Princeton, 1946.

[6]Binswanger L., *The existencial analysis school of thought. 1958*. En Existence. A new Dimension in Psychiatry Ed. May R, Angel E. Ellenberger H. F., Basic Books, New York.

[7]*Ibidem.*

[8]Hillman J. Emotion. *A comprehensive phenomenology of theories and their meanings for therapy, 1960*, Roudtlege and Kegal Paul, London.

[9]Fryer A. J., Sandberg D., *Pharmacologic treatment of panic disorders*, 1988, Ed. Frances A. J., hales R. E. En Review of Psychiatry Vol. 7. American Psychiatry Press. Washington.

Carlos Campillo Serrano

Ejercicios

1. Trabaja con las siguientes palabras tomadas de la lectura anterior, de acuerdo con las indicaciones que se dan en el cuadro anexo. Las columnas 1, 2 y 3 se completarán según lo permita la palabra:

PALABRA	PREFIJO Y SIGNIFICADO	SUFIJO Y SIGNIFICADO	SIGNIFICADO ETIMOLÓGICO	SIGNIFICADO CONTEXTUAL	CLASIFICACIÓN GRAMATICAL
psicosomáticos	psico=alma	ico-a=relativo a	palabra compuesta psique=alma soma=cuerpo	relaciones entre el sentir y el padecer	adjetivo
patologías					
psicopatológico					
polimorfa					
síndrome					
ontológico					
filogenético					
endógena					
mórbido					

(Continúa)

PALABRA	PREFIJO Y SIGNIFICADO	SUFIJO Y SIGNIFICADO	SIGNIFICADO ETIMOLÓGICO	SIGNIFICADO CONTEXTUAL	CLASIFICACIÓN GRAMATICAL
hipocondría					
insomnio					
reduccionistas					
paradójica					
fármacos					
fobias					
paranoia					
factuales					
existencial					

2. Subraya los verbos conjugados en el siguiente texto. Clasifícalos en dinámicos y estáticos. Si es necesario, utiliza otra hoja para escribirlos:

> Caminando en diagonal, salió del camellón, atravesó la calle y siguió avanzando por la banqueta. Al llegar a la primera bocacalle una súbita corriente de aire despeinó más aún sus cabellos. Metió las manos hasta el fondo de su gabardina y apresuró un poco el paso. El aire cesó casi por completo apenas hubo alcanzado el primer edificio. Una de las ventanas de la planta baja estaba iluminada. Instintivamente se detuvo y miró hacia adentro. Un hombre y una mujer, muy viejos, se sonreían, afectuosa, calurosamente, desde cada uno de los extremos de la mesa, que era, como las sillas y el aparador, grande, fuerte, resistente. Ella tenía un chal de punto gris sobre los hombros; él una camisa sin cuello y un grueso chaleco de lana. Los restos de la cena estaban todavía sobre la mesa. De pronto la mujer se levantó, recogió los platos y salió de la habitación. La muchacha no quiso ver más. Suspiró inexplicablemente y siguió caminando. Al atravesar una nueva bocacalle el viento volvió a despeinarla. Tras la ventana el viejo se levantó, avanzó lentamente y abandonó el comedor. La luz dejó de reflejarse en la calle.
>
> **Juan García Ponce**

VERBOS DINÁMICOS	**VERBOS ESTÁTICOS**

3. Explica qué tipo de verbos predominan en el escrito anterior.

4. Analiza el manejo de los verbos en los fragmentos de la lectura 8 que te señale el maestro.

5. Describe una experiencia personal que se relacione con el contenido de la lectura anterior.

6. Redacta un escrito con estructura IDC en el que describas tres problemas que afectan a la sociedad contemporánea. Puedes buscar información complementaria en medios electrónicos.

a) Emplea observaciones, inferencias y juicios de valor.

b) Cuida el manejo del lenguaje.

c) Utiliza los tipos de descripción que se explicaron en este capítulo.

d) Cuida el manejo del verbo.

Etimologías

Esquema 8

PREFIJO	ORIGEN	SIGNIFICADO	EJEMPLOS
infra-	latino	debajo	infrascrito, infrarrojo
omni-	latino	todos	omnisciente, ómnibus
pre-	latino	antes, delante de	preludio, presidir
iso-	griego	igual	isótopo, isósceles
dodeca-	griego	doce	dodecasílabo, dodecaedro
dis (di)-	latino	separación, división, dispersión	difamación, distancia, disolver, disponer
auto-	griego	el mismo, uno mismo	autonomía, autodidacta
proto-	griego	primero	prototipo, protagonista
semen-	latino	semilla	semental, simiente
ab-, abs-	latino	separación, privación, discordancia	abstracto, absurdo
ultra-	latino	más allá, del otro lado	ultramarino, ultraterreno

SUFIJO	ORIGEN	SIGNIFICADO	EJEMPLOS
-lisis	griego	disolución, destrucción	análisis, diálisis
-filia	griego	amigo, efecto	hemofilia, biofilia
-ismo	griego y latino	sistema, religión, conformidad, perteneciente a	atavismo, nepotismo, estoicismo, panteísmo
-ico(a)	griego y latino	relativo a, propiedad	arcaico, telúrico
-ducto	latino	llevar, conducir, transportar	acueducto, viaducto
-itis	griego	inflamación, irritación	otitis, dermatitis

7. Consulta el esquema de etimologías 8 y resuelve el siguiente ejercicio.

a) Los rayos _____ están fuera del espectro visible por su extremo color.

Infrahumanos   infrarrojos   "equis"

b) El _____ es uno de los temas que más se comentan en la política.

panteísmo   neomodernismo   nepotismo

c) El comité solicitó a un experto para _____ la reunión.

prescindir   presidir   prevenir

d) "Ansina" es una forma del lenguaje _____ que equivale actualmente a: **así**.

arcaico   prosaico   coloquial

e) Algunas universidades tienen absoluta _____ para actualizar sus planes de estudio.

experiencia   autorregulación   autonomía

f) La _____ es una dificultad de la sangre para coagularse.

hemofilia   hematoma   necrofilia

g) El término _____ significa que lo sabe todo.

inteligente   omnisciente   omnímodo

h) La _____ es una inflamación del oído.

dermatitis   colitis   otitis

i) Los productos _____ se pusieron de moda en México desde el afrancesamiento de la cultura.

ultraístas   ultramarinos   ultramodernos

j) A la descomposición de un cuerpo por corriente eléctrica se le llama _____.

diálisis   hidrólisis   electrólisis

FORMAS NEGATIVAS Y POSITIVAS

Formas negativas como las que se presentan a continuación deben evitarse; en su lugar, han de emplearse las correspondientes formas positivas:

No desconocemos	= Conocemos
La no existencia de fe	= La ausencia de fe
Para no ocasionar gastos	= Para evitar gastos
La no aceptación del padre	= El rechazo del padre
No estará presente	= Estará ausente

SUSTANTIVOS AMBIGUOS MASCULINOS

El radio (aparato receptor)	El apéndice
El calor	El cortapluma
El piyama	El torticolis (o tortícolis)
El pus	El caparazón

SUSTANTIVOS AMBIGUOS FEMENINOS

La radio (radiotelefonía)	La génesis
La sartén	La espiral
La atenuante	La sazón
La agravante	La apendicitis

FALSAS CONCORDANCIAS

Artículos masculinos ante sustantivos femeninos:

El ave	El águila	El alma
El ánfora	El ama	El aya
El aura	El haza	El haba
El hambre	El habla	El hampa

El plural en todos los casos anteriores se hace con el artículo "las". Ejemplos: *las aves, las águilas.*

SUSTANTIVOS AMBIGUOS

Los siguientes nombres pueden usarse indistintamente como masculinos o femeninos:

arte	azúcar	aneurisma
dote	hojaldre	aleluya
linde	lente	mar
mimbre	prez	pro
tilde	tizne	eczema

8. Escribe el artículo correcto en los textos que te proporcione el maestro.

_____

_____

_____

_____

_____

_____

_____

_____

_____

_____

_____

_____

_____

9. Localiza en periódicos y revistas actuales, textos donde se utilicen algunos sustantivos ambiguos.

_____

_____

_____

_____

_____

_____

PALABRAS BIFORMES

Palabras que tienen dos formas que se originan en la misma raíz. Su terminación es distinta, pero significan lo mismo. La primera forma es la más usual:

ábside	ábsida
almácigo	almáciga
azucarera	azucarero
barranco	barranca
barreno	barrena
desgano	desgana
fresco	fresca
gritería	griterío
llamada	llamado
máximo	máximum
ozono	ozona
tétano	tétanos
tránsfuga	tránsfugo
troj	troje
ícono	icono

Palabras con cambio de significado por diferencia de letras (HOMÓFONOS)

abocar:
asir con la boca; acercarse; juntarse para tratar algo.

avocar:
dicho de una autoridad gubernativa o judicial: atraer a sí la resolución de un asunto o causa cuya decisión correspondería a un órgano inferior.

abrazar:
ceñir con los brazos.

abrasar:
reducir a brasa.

acechar:
vigilar.

asechar:
poner artificios con el fin de dañar.

acerbo:
áspero al gusto; cruel, riguroso.

acervo:
montón de cosas menudas; conjunto de bienes morales y culturales.

adolecente o adoleciente:
que adolece.

adolescente:
que está en la adolescencia.

aprehender:
sujetar, asir.

aprender:
adquirir conocimientos.

asesinar:
matar alevosamente.

acecinar:
salar las carnes y hacerlas cecinas.

asolar:
secar los campos, el calor, la sequía, etcétera.

azolar:
desbaratar la madera con azuela.

azar:
casualidad.

azahar:
flor de naranjo o limonero;
asar: cocinar sobre la lumbre.

baca:
sitio en la parte superior de las diligencias y coches de camino.

vaca:
hembra del toro.

bah:
interjección que denota incredulidad o desdén.

va:
voz del verbo ir.

barón:
título de nobleza.

varón:
criatura de sexo masculino.

basto:
grosero, tosco, ordinario, burdo.

vasto:
dilatado, muy grande.

bello:
hermoso.

vello:
pelo más corto y suave que el de la cabeza.

besa:
toca con los labios en señal de amor, amistad o reverencia.

veza:
arveja.

casa:
edificio para habitar, morada, hogar.

caza:
captura de animales salvajes.

cegar:
perder la vista; ofuscar la razón.

segar:
cortar hierbas con la hoz, cortar lo que sobresale.

cocer:
someter ciertas materias al calor.

coser:
unir con hilo.

consejo:
parecer que se da o toma; corporación consultiva.

concejo:
ayuntamiento, municipio.

desecho:
lo que queda después de haber escogido lo mejor.

deshecho:
quitar la forma o figura de una cosa.

encauzar:
abrir cauce; encerrar o dar dirección por un cauce a una corriente.

encausar:
formar causa a uno; proceder judicialmente contra él.

fucilar:
producirse relámpagos sin ruido en el horizonte.

fusilar:
ejecutar a una persona.

grabar:
señalar con incisión.

gravar:
imponer gravamen.

gira:
excursión recreativa o política.

jira:
pedazo largo y grande que se corta de una tela.

halla:
encontrar.

haya:
auxiliar para formar tiempos verbales compuestos.

hasta:
preposición que denota término de lugares, acciones o cantidades; conjunción que indica exageración o ponderación.

asta:
palo de lanza, palo en que se fija la bandera.

hecho:
acción, suceso, asunto.

echo:
tiro algo, despido de mi presencia.

herrar:
colocar hierros.

errar:
equivocarse.

hojear:
pasar las hojas de un libro.

ojear:
dirigir los ojos y mirar con atención a determinada parte.

huso:
instrumento que sirve para hilar.

uso:
modo determinado de hacer las cosas; costumbre, hábito, estilo.

insipiente:
falto de sabiduría o ciencia.

incipiente:
que empieza.

intención:
propósito.

intensión:
intenso, intensidad.

loza:
barro fino.

losa:
piedra llana, sepulcro.

poso:
alojarse en posada; voz del verbo posar, que significa servir de modelo.

pozo:
perforación para sacar agua.

rallar:
desmenuzar una cosa restregándola con el rallador.

rayar:
amanecer, hacer tiras o rayas.

rebosar:
derramarse un líquido, caber en un recipiente.

rebozar:
bañar una vianda con huevo batido. Encubrir, disimular.

sima:
cavidad grande y muy profunda en la tierra.

cima:
lo más alto de los montes.

valla:
obstáculo o impedimento.

vaya:
moverse de un lugar hacia otro.

10. Utiliza las palabras biformes correctas en los ejemplos que te proporcione el maestro.

11. Redacta un texto o una serie de oraciones en las que utilices por lo menos 15 homófonos con sus dos significados.

CAPÍTULO 5

Modelo del escarabajo: análisis y punto de vista en la selección de un tema

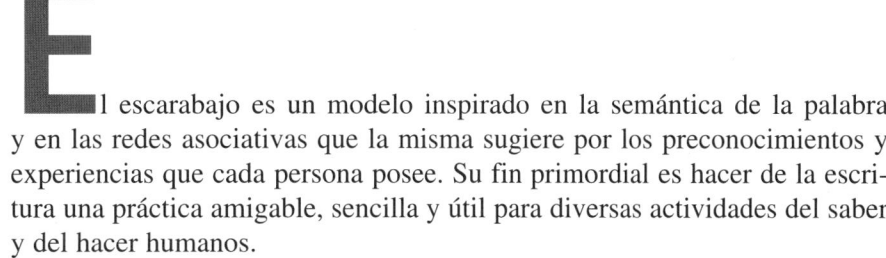

El escarabajo es un modelo inspirado en la semántica de la palabra y en las redes asociativas que la misma sugiere por los preconocimientos y experiencias que cada persona posee. Su fin primordial es hacer de la escritura una práctica amigable, sencilla y útil para diversas actividades del saber y del hacer humanos.

Aunque algunas personas tienen más facilidad que otras para esta habilidad lingüística, sería interesante investigar por qué en los últimos años ha aumentado el número de individuos con deficiencias en la expresión escrita. Probablemente en la influencia de los medios masivos de comunicación, en la falta de motivación y actualidad de las metodologías que se emplean en la educación básica, media y media superior, y en la cultura social y familiar de la lectura encontraremos más de una respuesta para este problema que parece ser mundial.

A quienes consideran a la escritura como algo esencial, el modelo del escarabajo les permitirá planear y analizar cualquier tipo de discurso, generar ideas y solucionar problemas en forma rápida, entre otras ventajas importantes. En cambio a quienes aseguran ser incapaces de escribir más de dos líneas, les abrirá una serie de posibilidades y en muy poco tiempo, comprobarán un incremento notable en su calidad escritural.

Se le ha llamado *modelo del escarabajo* por dos razones: la primera, porque el esquema simplificado de su figura nos permite trabajar con una herramienta que facilita notablemente el proceso de escritura. La segunda, tiene un sentido figurado o de naturaleza simbólica: así como el escarabajo escarba y hurga en la tierra, debemos hacerlo en nuestra mente para encontrar las redes asociativas de la palabra o del tema.

En la etapa inicial el modelo parte de una palabra o *byte* de información para llegar a "n" palabras o *bytes* de información: el sustantivo como generador de otros sustantivos. Una vez que se comprende y maneja esta etapa podrá utilizarse, con los mismos resultados, en el desarrollo de un tema, un índice o un ensayo. Con fines de investigación es un auxiliar invaluable para elaborar monografías, tesinas, tesis, reportes e informes. También se puede emplear para análisis de textos, desarrollo de ideas y análisis y solución de problemas, entre otras aplicaciones de importancia.

Las **fases del modelo** son:

a) La palabra en el esquema simplificado.

b) Bloques semánticos.

c) Selección, jerarquización y discriminación.

d) Enfoque de acuerdo con uno o varios puntos de vista.

e) Características del punto de vista.

f) Redacción del texto.

g) Título.

En la primera fase se trabaja con los **campos semánticos de la palabra**. Para ilustrar lo anterior ejemplificaremos con la palabra *mar*, colocándola en el centro del modelo simplificado.

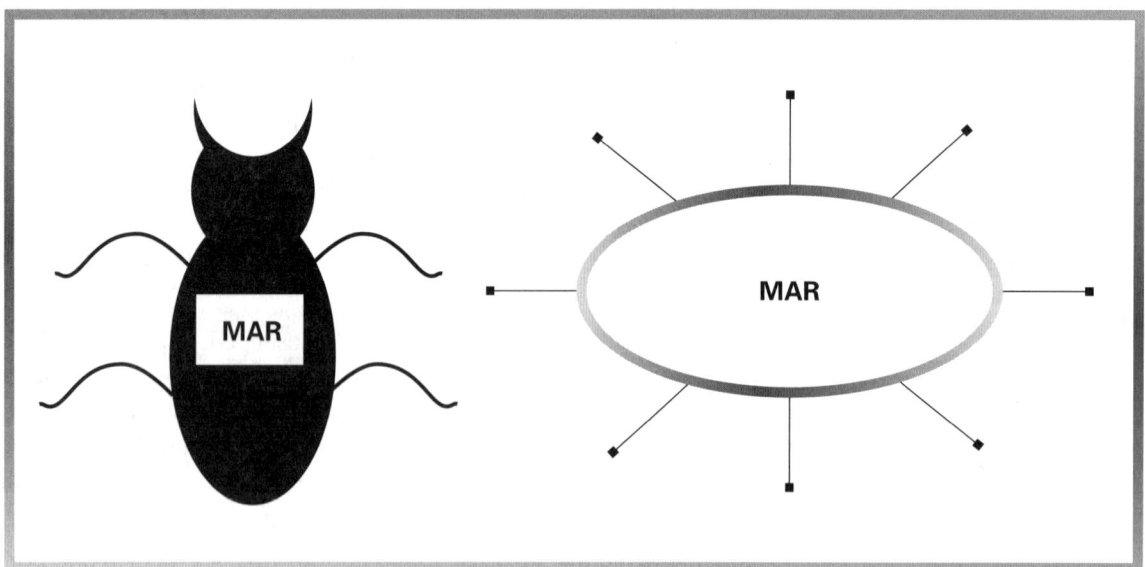

Después se escriben los derivados semánticos de la palabra:

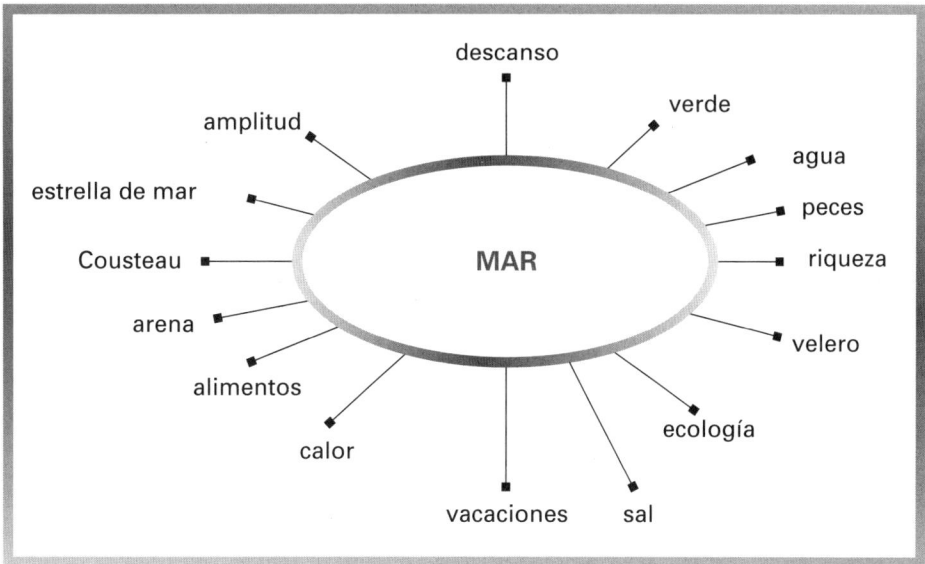

Si reflexionamos en el tiempo que se le invierte a esta fase nos daremos cuenta de que no rebasa el minuto y lo más importante: de un *byte*, *MAR*, llegamos a 15 palabras que tienen relación semántica entre sí.

El procedimiento es muy sencillo. Se establecen redes asociativas por la suma de los elementos externos e internos de la palabra y los preconocimientos, como se observa en el ejemplo anterior. Se puede hablar de una omnipresencia externa a la palabra, determinada por el uso social de la lengua, y también de una interna que adquiere sentido por el uso personal que le da el individuo. Además están los *precognocimientos* o antecedentes determinados por el aprendizaje, la cultura y la información. En la suma de estos tres campos está el significado de la fase primaria del modelo que, sin lugar a dudas, se ampliará cuando se utilice en el desarrollo de un tema, en la elaboración de un índice tentativo, en la investigación, el análisis de textos y la solución de problemas como lo veremos más adelante.

La segunda fase del escarabajo nos remite a la ordenación de las palabras que se obtuvieron en la fase anterior, en **bloques semánticos**. El número de bloques variará de acuerdo con la cantidad y naturaleza de los términos que se obtengan en la etapa de asociación. Cada bloque representa un eje o campo donde se desplazan las palabras de acuerdo con cierta lógica. En ocasiones un mismo término puede participar en varios de ellos.

BLOQUES SEMÁNTICOS

Descanso	Naturaleza	Desarrollo tecnológico-científico
descanso	agua	ecología
vacaciones	arena	riqueza
amplitud	peces	alimentos
velero	estrella de mar	Cousteau
	calor	
	verde	
	sal	

175

Los bloques anteriores corresponden a tres ejes: descanso, naturaleza y desarrollo tecnológico-científico.

La tercera fase consiste en seleccionar, jerarquizar y discriminar los bloques y las palabras de cada bloque, antes de elegir el punto de vista que nos sugiere cada eje. La **selección**, **jerarquización** y **discriminación** impactan en dos niveles: en el orden de las palabras en cada bloque (de mayor a menor importancia) y en el orden de cada bloque. Este último aspecto se determina por el **punto de vista** y la prioridad que se le quiera dar a las ideas en el escrito. Si retomamos el ejemplo lo entenderemos mejor:

Primera ordenación:

I. Descanso	II. Naturaleza	III. Desarrollo tecnológico-científico
1. descanso	1. agua	1. ecología
2. vacaciones	2. arena	2. riqueza
3. amplitud	3. peces	3. alimentos
4. velero	4. estrella de mar	4. Cousteau
	5. sal	
	6. calor	
	7. verde	

Otra posible ordenación:

I. Desarrollo tecnológico-científico	II. Naturaleza	III. Descanso
1. Cousteau	1. verde	1. vacaciones
2. alimentos	2. calor	2. velero
3. riqueza	3. sal	3. amplitud
4. ecología	4. arena	4. descanso
	5. peces	
	6. estrella de mar	
	7. agua	

Después de trabajar los bloques semánticos se pasa al punto de vista. En esta fase es necesario considerar que cada punto de vista tiene sus características y que éstas precisan el enfoque o enfoques del escrito y refuerzan el tono del mismo.

Finalmente, si tomamos en cuenta cada uno de los aspectos anteriores, podremos redactar con facilidad un escrito sobre el mar donde se incluyan las palabras y los bloques que se seleccionen.

Antes de iniciar el escrito es conveniente revisar el esquema de la función de los enlaces y las recomendaciones para elegir un título:

CLASIFICACIÓN DE LOS ENLACES POR SU FUNCIÓN

Resultado:	En suma, en resumen, en conclusión, en síntesis, para concluir, para terminar, finalmente.
Oposición:	Al contrario, por el contrario, pero, a la inversa, de otro modo, de otra manera.
Correlación:	Por un lado... por otro lado, por una parte... por otra parte, no sólo... sino también.
Sucesión:	En un principio, ante todo, enseguida, por fin, después, en primer término, en primer lugar, en segundo lugar, por último, en última instancia, primeramente.
Causa:	En efecto, puesto que, en realidad, pues.
Adición:	Y, también, igualmente, aun, además, sobre esto, tanto más, del mismo modo, de la misma manera, asimismo.
Restricción:	Aunque, sin embargo, no obstante, a pesar de, mientras que, mientras tanto.
Adhesión:	Por cierto, sin duda, por supuesto, seguramente.
Consecuencia:	Luego, así como, por consiguiente, por lo tanto, en consecuencia.
Alternativa:	Sea, ya sea, bien sea, o bien.

RECOMENDACIONES PARA ELEGIR UN TÍTULO

- Elige el título al final.

- Usa palabras que atraigan al lector y que tengan rasgos de actualidad.

- Usa títulos muy largos sólo cuando sean necesarios. Ten cuidado de no repetir la primera idea. Evita títulos confusos. Evita juegos con palabras. Hazlo sólo cuando los posibles lectores tengan conocimiento del significado.

- Evita las negaciones.

- Recurre a números sólo cuando sean necesarios.

En la práctica hemos comprobado que algunas personas obtienen hasta 36 términos en un lapso de un minuto y medio y otras, sólo nueve. Esto depende de la palabra, de los preconocimientos y también de la especialidad de la persona. En palabras como razón, oscuridad, soledad, inconsciente, por citar algunas, se restringe el número. Sólo quienes tienen un buen nivel de lectura o experiencia en la creación literaria logran mayor cantidad, sin embargo, esto no anula ni limita las posibilidades del modelo.

Otro dato interesante es que un derivado semántico del *byte* inicial puede, a su vez, generar un submodelo, pero llega un momento en que, con la selección-jerarquización y discriminación, se define el enfoque y desecha la información innecesaria. En el ejemplo un submodelo se ilustraría así:

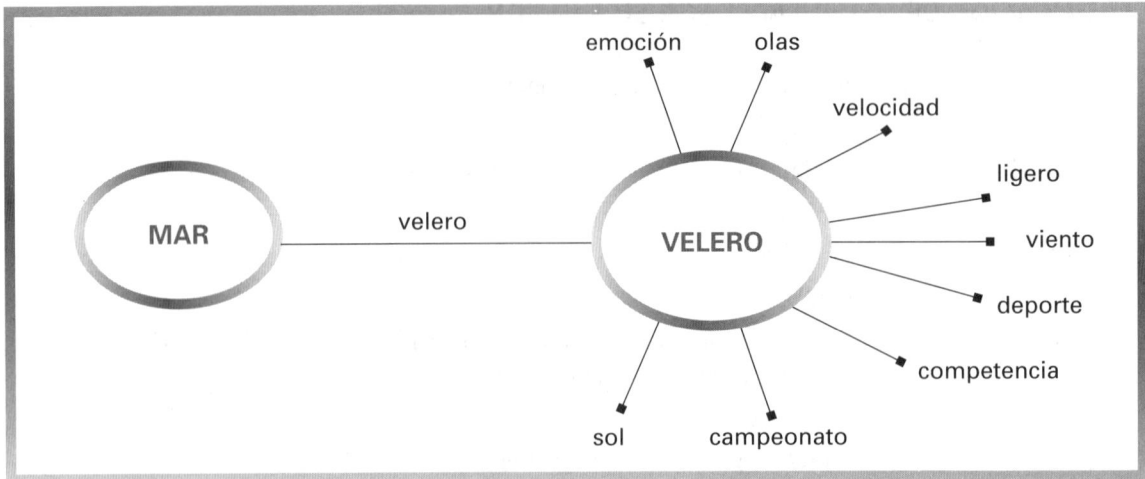

Estamos seguros que este recurso revalorará a la escritura como una práctica necesaria para gran parte de nuestras actividades profesionales. Con el fin de afianzar lo anterior, se recomienda a los maestros que practiquen varias dinámicas de grupo con diferentes palabras tomando en cuenta cada uno de los pasos del modelo. Éstas nos servirán para corroborar cómo fluctúa el número de los derivados en cada término, tanto por la naturaleza del mismo como por las sumas que hemos mencionado. Cuando se trabaja en la fase de los derivados semánticos es importante fijar límites de tiempo.

Después de conocer las posibilidades del modelo en esta primera etapa, ejemplificaremos sus ventajas en el **desarrollo de un tema**. En esta modalidad se siguen los mismos pasos que ya conocemos. La diferencia estriba en que se trabaja con un enunciado en el centro del esquema:

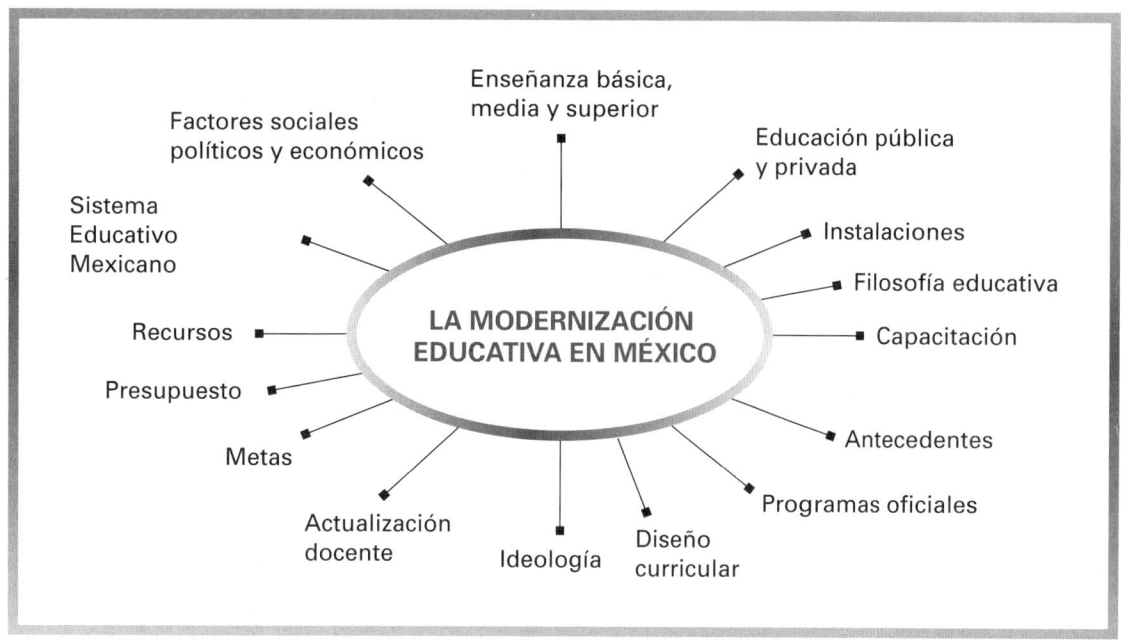

En el ejemplo anterior, que se tomó de una dinámica real, se obtuvieron 15 elementos en el lapso de un minuto. Éstos muestran distintos aspectos que nos ayudarán a escribir sobre este interesante tema. Se recomienda a los maestros continuar con este ejercicio en una práctica de grupo y discutir los resultados finales con los estudiantes.

El siguiente esquema ilustra las fases del modelo en la **elaboración de un índice tentativo**.

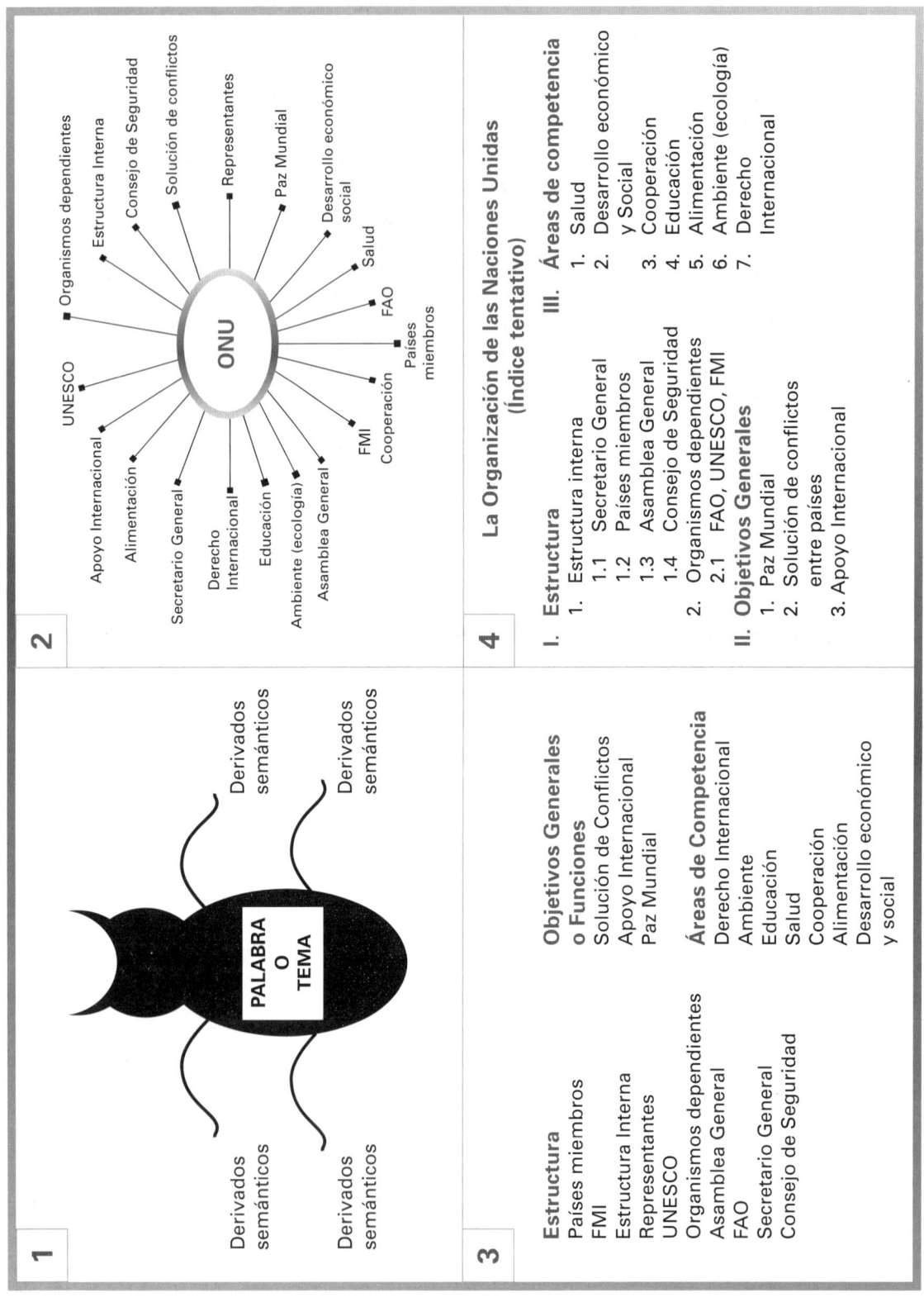

1

PALABRA O TEMA

Derivados semánticos

Derivados semánticos

Derivados semánticos

Derivados semánticos

2

ONU

Organismos dependientes
Estructura Interna
Consejo de Seguridad
Solución de conflictos
Representantes
Paz Mundial
Desarrollo económico social
Salud
FAO
Países miembros
FMI
Cooperación
Asamblea General
Ambiente (ecología)
Educación
Derecho Internacional
Secretario General
Alimentación
Apoyo Internacional
UNESCO

3

Estructura
Países miembros
FMI
Estructura Interna
Representantes
UNESCO
Organismos dependientes
Asamblea General
FAO
Secretario General
Consejo de Seguridad

Objetivos Generales o Funciones
Solución de Conflictos
Apoyo Internacional
Paz Mundial

Áreas de Competencia
Derecho Internacional
Ambiente
Educación
Salud
Cooperación
Alimentación
Desarrollo económico y social

4

La Organización de las Naciones Unidas
(Índice tentativo)

I. **Estructura**
   1. Estructura interna
      1.1 Secretario General
      1.2 Países miembros
      1.3 Asamblea General
      1.4 Consejo de Seguridad
   2. Organismos dependientes
      2.1 FAO, UNESCO, FMI

II. **Objetivos Generales**
   1. Paz Mundial
   2. Solución de conflictos entre países
   3. Apoyo Internacional

III. **Áreas de competencia**
   1. Salud
   2. Desarrollo económico y Social
   3. Cooperación
   4. Educación
   5. Alimentación
   6. Ambiente (ecología)
   7. Derecho Internacional

Otro ejemplo para la elaboración de un índice:

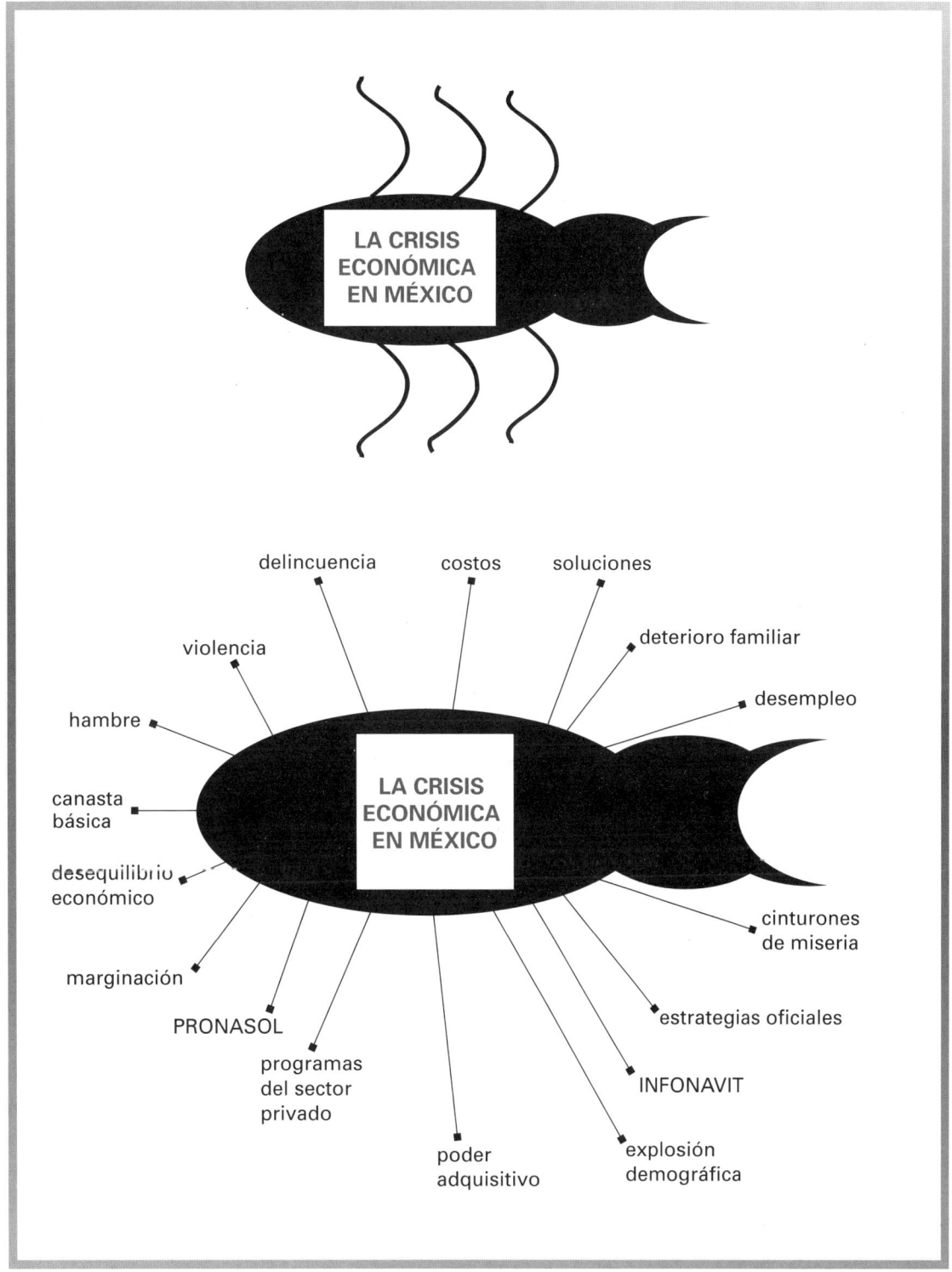

BLOQUES SEMÁNTICOS

• Desequilibrio económico	• Explosión demográfica	• Estrategias oficiales
• Desempleo	• Hambre	• Soluciones
• Poder adquisitivo	• Delincuencia	• INFONAVIT
• Canasta básica	• Violencia	• PRONASOL
• Costos	• Deterioro familiar	• Programas del sector privado
• Cinturones de miseria	• Marginación	

ÍNDICE

El modelo del escarabajo, como una técnica para el **desarrollo de ideas**, nos ayuda a delimitar y analizar posibilidades de una manera rápida y efectiva, por lo menos más efectiva que si cerramos los ojos o buscamos en el techo fuentes de ideas. En cierto modo es un modelo que nos invita a pensar y a ser creativos. Cada una de sus fases nos conducirá a una solución congruente ya que no es posible divagar ni alejarnos del objetivo, como lo hace la famosa técnica de la lluvia de ideas.

Nos parece interesante citar el ejemplo de un departamento de proyectos de una empresa X, donde los profesionistas invertían meses pensando para poder desarrollar un proyecto. Cuando conocieron esta técnica descubrieron una metodología sencilla, que en muy poco tiempo los llevó a solucionar problemas, buscar fuentes de ideas y terminar los proyectos en muchísimo menos tiempo, para satisfacción del jefe y, obviamente, para la de quienes les pagaban.

En el análisis y solución de problemas, el modelo nos permite ver objetivamente un problema para encontrar soluciones justas y adecuadas, tanto en el nivel empresarial como en el social, el familiar y otros.

Recomendaciones útiles para el análisis y solución de problemas

- **IDENTIFICAR EL PROBLEMA:**

  Ser capaces de percibir las diferentes circunstancias que nos rodean.

- **UBICARLO:**

  Preguntarnos: ¿Qué tipo de problema es? (Social, legal, administrativo, personal, comunicativo, psicológico y otros.)

- **CONOCER SU MAGNITUD:**

  Establecer una escala de medición: de poca importancia, de mediana importancia, de mucha importancia, grave.

- **AVALARLO CON DATOS CONCRETOS:**

  Documentarlo hasta donde sea posible.

- **FORMULAR ALTERNATIVAS:**

  Es importante tener por lo menos dos alternativas de solución, con el fin de comparar ventajas y desventajas.

- **PLANEAR ESTRATEGIAS PARA SOLUCIONARLO:**

  A corto, mediano o largo plazo.

Otra aplicación que tiene **el modelo** es cuando **se procede a la inversa**. De esta forma se parte de un texto escrito para analizar en él los puntos de vista, los bloques semánticos, las ideas principales o clave y los *bytes* que sustentan esas ideas (palabras clave, frecuencia de las mismas y base estructural). Este recurso nos conduce a una mejor comprensión de las ideas en el análisis del texto y facilita notablemente la lectura.

Como el escarabajo también es útil para escribir ensayos, incluimos información importante sobre este género de actualidad. **El ensayo** es un género de naturaleza versátil por el elemento personal y el tono subjetivo que lo caracterizan. El ensayo es "un escrito en prosa, generalmente breve, que expone sin rigor sistemático, pero con hondura, madurez y sensibilidad una interpretación personal sobre cualquier tema sea filosófico, científico, histórico, literario, etcétera". Se le conoce también como: estudios, meditaciones y divagaciones.

"Las fronteras formales del ensayo son imprecisas. En la manera con que se expone y enjuicia un tema colinda con el trabajo científico, con la didáctica y la crítica. Se separa de las anteriores en que no sigue un orden riguroso y sistemático de exposición, ni pretende agotar la materia, ni dar soluciones firmes. Lo personal y subjetivo, el punto de vista que asume el autor al tratar el tema, adquiere primacía en el ensayo. La nota individual —los sentimientos del autor, sus amores, gustos y aversiones— es la que lo define y caracteriza acercándolo a la poesía lírica. Lo que lo separa es el lenguaje; más conceptual y expositivo en el ensayo; más intuitivo y lírico en la poesía.

El ensayo se caracteriza por:

- Su estructura libre, de forma sintética y de extensión relativamente breve.

- Su variedad temática. Se pueden exponer ideas de todas clases: filosóficas, científicas, morales, estéticas, literarias, etcétera.

- Su estilo cuidadoso y elegante sin llegar a la afectación.

- Su tono variado, que responde a la manera particular con que el autor ve e interpreta el mundo, la vida, la naturaleza, los seres humanos y a sí mismo. El tono puede ser profundo, poético, didáctico, satírico, irónico, etcétera.

- La amenidad en la exposición, que sobresale sobre el rigor sistemático de ésta."

Podríamos hablar de dos tipos de ensayo: los científicos, documentados o con fines de investigación, cuya característica principal es que parten de una hipótesis que se desarrolla a través de un sistema de argumentación (observaciones, inferencias y juicios de valor) y una metodología formal. Por otra parte, están los libres o personales con sus diversos matices y estilos. En el periodismo de fondo actual se emplean con mucha frecuencia. En el capítulo siete retomaremos un ensayo dentro de los géneros periodísticos (véanse pp. 268-269).

Lectura 9
EL CIBORG O LA REENCARNACIÓN GRACIAS A LA TECNOLOGÍA

La colonización silenciosa

Nuestra relación con la tecnología está caracterizada por la esquizofrenia. Por una parte sentimos la necesidad de considerarla como algo ajeno a nosotros y a nuestras experiencias cotidianas, y por otra tenemos la urgencia de integrarla a nuestros sentidos. Asociamos la palabra tecnología a aquellos dispositivos eléctricos, electrónicos o mecánicos cuyo funcionamiento nos cuesta trabajo comprender, mientras rara vez nos referimos con ese término a otras máquinas, invenciones o aparatos cuyo uso es trivial. Así, pensamos en las computadoras, los satélites y los aceleradores de partículas como productos de la tecnología, pero pocas veces pensamos en esos términos en el lenguaje, las bicicletas o los lentes. De tal manera, en nuestra imaginación la tecnología está relacionada con un funcionamiento casi mágico de ciertas máquinas, mientras que a medida que nos familiarizamos con una tecnología la tomamos como algo nuestro, como una extensión de nuestro cuerpo o mente.

Los vertiginosos progresos en materia de miniaturización y abaratamiento de las tecnologías digitales ha dado lugar a una impresionante invasión de microprocesadores en prácticamente todos los ámbitos de la vida. Miles de pequeñas mentes de silicio se han incorporado al diseño de incontables artículos y se han vuelto prácticamente invisibles. Esta colonización silenciosa está derribando las barreras entre lo orgánico y lo inorgánico, entre lo que consideramos vivo y lo inanimado, para dar lugar a categorías intermedias de seres semivivos y artefactos cuasi inteligentes. La revolución digital y de las telecomunicaciones que hemos vivido en la última década ha dado lugar a nuevas necesidades, como el teléfono celular y la computadora personal, los cuales no solamente son herramientas útiles sino que también han tenido un enorme impacto en la manera en que nos percibimos a nosotros mismos. Las nuevas tecnologías no nos están haciendo la vida más simple, sino que nosotros estamos haciendo que la vida sea imposible sin ellas.

El hombre es el único animal que pasa buena parte de su existencia tratando de mejorar y aumentar sus atributos naturales, tanto intelectuales como físicos. Y es la única especie convencida de que su cuerpo es obsoleto. Al carecer de instintos, al hombre tan solo le queda la cultura para preservarse y asegurar la supervivencia de sus genes. A lo largo de la historia la humanidad se ha dedicado a tratar de superar sus limitaciones, así como a corregir sus deficiencias físicas e intelectuales al crear herramientas, artefactos y técnicas. Desde el arado hasta las naves espaciales y desde las muletas hasta los marcapasos, la ciencia ha avanzado ayudándonos a controlar, asir, recorrer y cambiar nuestro entorno, así como nos ha permitido mejorar y extender el alcance de nuestras percepciones y reparar nuestros sentidos en caso de deterioro. De esa manera la tecnología ha penetrado no solo al ámbito del trabajo, sino al espacio doméstico y al cuerpo del mismo. La fusión del tejido orgánico con el metal y el plástico ha dado lugar al hijo pródigo de la tecnociencia: el ciborg, una criatura híbrida que se sitúa a medio camino entre la tecnología y la naturaleza, un complejo maquinal y humano en el que se funden lo manufacturado y lo evolucionado. El ciborg es el ciudadano de una era en que las máquinas se tornan cada vez más inteligentes y sensibles, mientras los hombres se imaginan a sí mismos como máquinas con partes intercambiables que esperan descifrar en un futuro cercano el genoma para usarlo como manual de uso de su cuerpo.

Del espacio exterior al cómic

El término ciborg viene de la unión de las palabras *organismo* y *cibernético*, y fue acuñado en 1960 por el científico de origen austriaco Manfred E. Clynes, para referirse a seres que con la ayuda de la tecnología podrían liberarse de manera voluntaria de las limitantes del ambiente. La cibernética es un campo interdisciplinario que fue inaugurado por el matemático Norbert Wiener, tras la publicación de su libro *Cybernetics* en 1948, y es la ciencia que estudia el control y la comunicación entre seres vivos y máquinas. Clynes y Nathan Kline fueron invitados a trabajar en un proyecto de psicofarmacología para la NASA con el objetivo de definir los problemas fisiológicos y psicológicos que afectarían a los astronautas, así como las posibles soluciones que deberían introducirse en el organismo de un hombre "mejorado" que pudiera sobrevivir en una atmósfera extraterrestre. Los científicos propusieron que mediante el uso de drogas y modificaciones al organismo sería posible mantener hombres en el espacio. Sus recomendaciones incluían las siguientes:

1. En un viaje espacial sería deseable que el astronauta pudiera permanecer despierto durante varias semanas o meses por medio de medicación.

2. El astronauta debería contar con un sensor que detectara niveles peligrosos de radiación y mediante una bomba osmótica adaptada a su organismo podría recibir inyecciones de sustancias químicas en dosis apropiadas para contrarrestar el efecto radiactivo.

3. El astronauta podría limitar problemas metabólicos e hipotérmicos al reducir mediante hibernación el consumo típico de combustible de diez libras al día (dos de oxígeno, cuatro de fluidos y cuatro de comida). Asimismo, se trataría de reducir la temperatura corporal para minimizar el metabolismo.

4. El balance de fluidos podría ser mantenido conectando la salida de la uretra a las venas tras un filtro para las toxinas. Se esterilizaría el ducto gastrointestinal y se alimentaría al astronauta por la vía intravenosa para limitar la necesidad de eliminar materia fecal, la cual a su vez podría reutilizarse.

En la década de los sesenta el desafío tecnológico de la humanidad parecía ser la inmediata conquista del espacio, y con tal objetivo en mente Clynes y Kline diseñaron su ciborg. No obstante, llama la atención que las características que pensaban implementarle también parecían destinadas a crear seres que pudieran sobrevivir a una guerra nuclear y al subsiguiente invierno atómico. La Guerra Fría terminó y el ciborg no se convirtió en el superviviente del holocausto planetario, ni se transformó en el protagonista de aventuras cósmicas o fantasías bélicas imperialistas. En cambio el término ciborg se integró al lenguaje y la cultura popular gracias a la proliferación de ciborgs como héroes y villanos de la ciencia ficción en el cine, el cómic y la literatura a partir de la década de los ochenta. Desde el Capitán América, quien aparece en 1941, hasta el Terminator de las películas de James Cameron (84 y 91), pasando por Cable, Cyber, el Hombre de Hierro, Deathlok y docenas de mutantes de historieta, el ciborg como superhombre modificado ha sido un icono pop de las fantasías infantiles y adolescentes. Pero, al mismo tiempo, este ser metafórico, originado en las entrañas del complejo industrial militar y del pancapitalismo, despertó la imaginación de numerosos científicos militares y civiles que comenzaron a moldear un futuro transhumano en el que las guerras serán peleadas no por soldados, sino por sistemas de bioarmas autónomos, y los trabajos peligrosos serán llevados a cabo por seres modificados biológicamente para soportar condiciones ambientales inhumanas.

Ciborg y trascendencia

Clynes y Kline definieron al ciborg como el complejo organizativo extendido exógeno que funciona como un sistema homeostático, es decir, que tiene la habilidad intrínseca de los seres vivos de mantener estados operativos estables en medios variables. O, como lo definió el mismo Wiener: "El proceso por el cual los seres vivos se resisten a la corriente general de corrupción y decadencia es conocido como homeostasis". El ciborg es un organismo capaz de integrar componentes externos para expandir las funciones que autorregulan el cuerpo y de esa forma adaptarse a nuevos entornos. Pero el ciborg, en una definición amplia, podemos ser todos aquellos que de una u otra forma hemos sido modificados y conformados por la cultura tecnológica. A diferencia del monstruo de Frankenstein de la novela de Mary Shelley, el ciborg no es creado a partir de una especie de inyección de fluido vital a la materia inanimada, sino que un cuerpo animado es usado como materia prima para engendrar un ser superior. Así, podemos pensar que somos ciborgs todos aquellos que hemos sido vacunados alguna vez (ya que hemos reprogramado químicamente nuestro sistema inmunodeficiente), quienes utilizan implantes auditivos en la cóclea o prótesis artificiales, o se valen de cualquier otro sistema de soporte biomédico.

El ciborg cuestiona la definición misma del ser, una categoría que en su versión contemporánea ha estado con nosotros desde la Ilustración y la Revolución Francesa. El ser moderno es la sede de la razón y la conciencia; es concebido como un individuo singular, único y ajeno a los "otros", pero a la vez igual a los demás tanto en términos legales como ante los ojos de su creador. El ciborg es una simbiosis de dos sistemas distintos, uno humano y otro maquinal, en una relación mutuamente benéfica y en continuo cambio. Si consideramos que el cuerpo es un sistema donde cada elemento juega un papel en la conformación del individuo, la pregunta obvia sería hasta qué punto podemos sustituir partes de un hombre sin que el ser resulte afectado. Esto se complica si pensamos en la posibilidad de que se cumpla el escenario que plantea Hans Moravec, el director del laboratorio de robots móviles de Carnegie Mellon, de emplear a un preciso robot cirujano para "rasurar" y leer capa por capa la información en el cerebro, digitalizarla y utilizarla para reprogramar un nuevo y flamante cerebro sintético. Moravec afirma que las neuronas son dispositivos simples y de funcionamiento mediocre a pesar de ser producto de millones de años de evolución. Dado que las neuronas fueron "diseñadas de adentro hacia fuera", muchas de sus funciones se desperdician en su propio crecimiento y desarrollo. Además la neurona se comunica con un mecanismo muy primitivo que consiste en liberar sustancias químicas, que afectan las membranas exteriores de otras células. Cada neurona realiza alrededor de cien cálculos por segundo, lo cual no es inalcanzable dados los estándares de computación actuales. Y si bien hay neuronas que cumplen con tareas mucho más complejas, Moravec piensa que un programa podría realizar un trabajo análogo e incluso más eficiente en un robot. Por su parte, el córtex del cerebro humano es un disco arrugado de alrededor de dos milímetros de espesor y veinte centímetros de diámetro, que contiene cerca de diez mil millones de neuronas acomodadas en media docena de capas, conectadas de manera relativamente repetitiva. Moravec no está solo al asegurar que en un futuro cercano se podrá imitar y superar esta simple computadora húmeda. En fantasías como ésta el cuerpo biológico es una especie de vehículo de la mente, una masa deficiente y desechable, algo que podemos dejar atrás como la concha del cangrejo ermitaño o la piel de la serpiente.

La transmigración de la mente evoca el mito de la separación del cuerpo y el alma, el cual implica la posibilidad de la reencarnación por la vía digital. El ciborg es una ilusión de poder escapar a la debilidad, al deseo impuro, a la enfermedad, a la vejez, a la muerte y al repugnante caos de la carne a bordo de versátiles cuerpos plásticos o, mejor aún, en forma de impulsos eléctricos en la memoria y el monitor de una computadora. Es decir que el ciborg retoma viejos temas místicos como la volatilidad del alma, la sexualidad inmaculada y la búsqueda de la fuente de la juventud. El inmenso impacto que ha tenido Internet en el comercio, la ciencia y la sociedad ha contribuido a popularizar el mito de poder evadir las restricciones materiales del cuerpo al *downloadear* la conciencia a la red de comunicaciones en forma de señales digitales. De esta manera el individuo tendría que convertirse en energía, recorrer el universo a la velocidad de la luz, multiplicarse *ad infinitum* y tomar cualquier forma.

La era del ciborg se caracteriza por la esquizofrenia: por ser un tiempo en el que la alta tecnología entra en colisión con el alto misticismo, una era de búsqueda de certezas científicas y de propagación de nuevos mitos, fantasías seudocientíficas, fanatismos y una renovada religiosidad. Veremos qué le espera al hombre en la era de su descendencia tecnológica.

Naief Yehya

Ejercicios

1. Resuelve el siguiente esquema con las palabras de la lectura anterior que te señale el maestro:

PALABRA	PREFIJO	ORIGEN	SIGNIFICADO	EJEMPLOS
supervivencia	super-	latino	sobre	superhábit

PALABRA	PREFIJO	ORIGEN	SIGNIFICADO	EJEMPLOS
deseable	-ble	latino	posibilidad	confiable, infalible

2. Escribe la idea principal eje y las ideas secundarias de la lectura.

I.P.E. _____

_____

_____

_____

_____

_____

_____

I.S. _____

_____

_____

_____

_____

_____

3. Selecciona una palabra clave de la lectura y redacta un escrito de acuerdo con todas las fases del modelo del escarabajo.

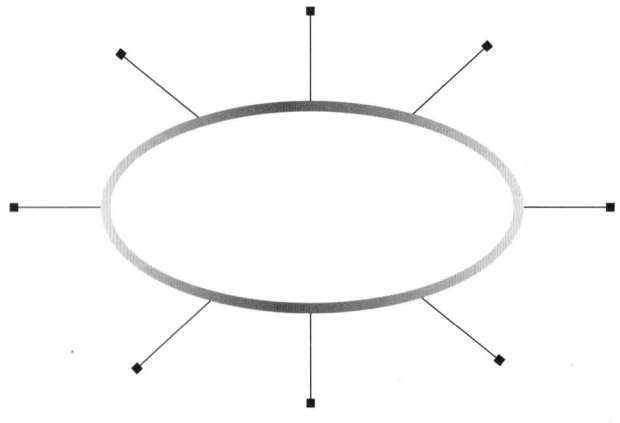

Bloques semánticos

EJE TEMÁTICO	EJE TEMÁTICO	EJE TEMÁTICO
_____	_____	_____
_____	_____	_____
_____	_____	_____
_____	_____	_____

Selección-Jerarquización-Discriminación

_____	_____	_____
_____	_____	_____
_____	_____	_____
_____	_____	_____

Puntos de vista

a) _____

b) _____

c) _____

Características de cada punto de vista

a) _____

b) _____

c) _____

Escrito

_____

_____

_____

_____

_____

_____

_____

_____

Título

4. Con base en el modelo elabora un índice tentativo para desarrollar un tema. Selecciona una de las opciones que te sugiera el maestro.

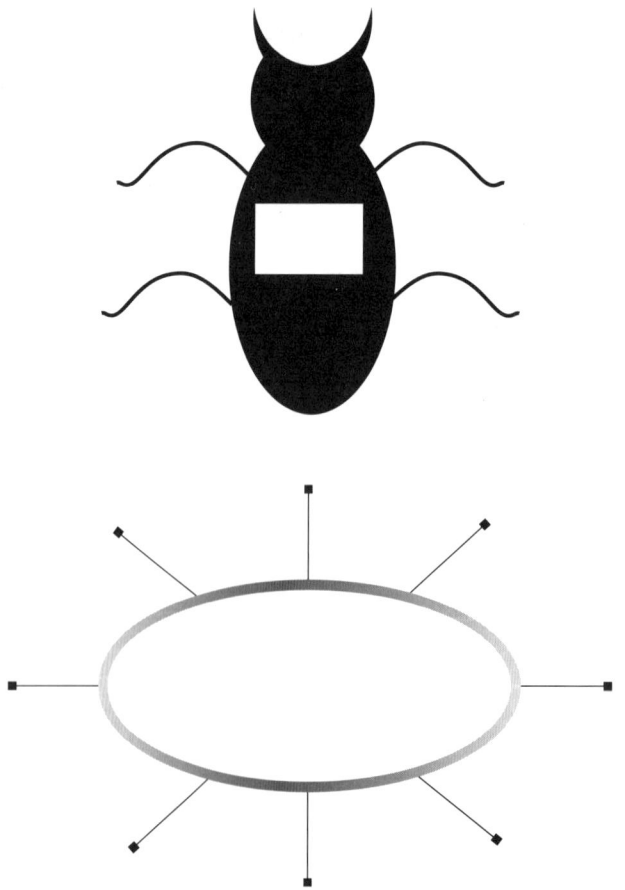

Bloques semánticos

EJE TEMÁTICO	EJE TEMÁTICO	EJE TEMÁTICO
_____	_____	_____
_____	_____	_____
_____	_____	_____
_____	_____	_____

Selección-Jerarquización-Discriminación

_____	_____	_____
_____	_____	_____
_____	_____	_____
_____	_____	_____

Puntos de vista

a) _____

b) _____

c) _____

Características de cada punto de vista

a) _____

b) _____

c) _____

Índice tentativo

_____

_____

_____

_____

_____

_____

_____

_____

_____

_____

_____

_____

_____

_____

_____

_____

_____

_____

5. Recopila cinco notas periodísticas sobre un tema de importancia que hayan aparecido durante la última semana.

   a) Léelas.

   b) Selecciona la información relevante.

   c) Subraya las ideas principales en cada una.

   d) Utiliza el modelo del escarabajo para la elaboración de un índice.

Etimologías

Esquema 9

PREFIJO	ORIGEN	SIGNIFICADO	EJEMPLOS
a- an-	griego	sin, a falta de	abulia, anarquía, analfabeto
caco-	griego	malo	cacofonía, cacografía
bis-, bi-	latino	dos veces	bisagra, bifurcar
escato-	griego	último	escatológico, escatología
inter-	latino	entre, en medio de	interludio, intervalo
intro-	latino	dentro	introversión, introspección
hecaton-	griego	ciento	hectárea, hecatombe
semi- hemi-	latino griego	mitad mitad	semitono, semicírculo, hemiciclo
di-	griego	dos veces	dilema, diptongo
deutero-	griego	segundo	deuterocanónico
idio-	griego	propio	idioma, idiosincrasia

SUFIJO	ORIGEN	SIGNIFICADO	EJEMPLOS
-dromo	griego	correr	aeródromo, hipódromo
-cidio	latino	matar; -cida designa al ejecutor de este acto	homicidio, matricida
-tecnia	griego	arte, conocimiento, ciencia	pirotecnia, mercadotecnia
-manía	griego	locura, fervor	mitomanía, bibliomanía
-ado	latino	empleo, dignidad o cosa (referente a sustantivos); cualidades	magistrado, dentado
-comio	griego	cuidar	manicomio, nosocomio

6. Revisa el esquema etimológico 9 antes de resolver el siguiente ejercicio.

- Relaciona las columnas.

- Subraya el prefijo o sufijo de la palabra que corresponda a la definición correcta.

a) Apatía	( )	asiento para dos personas.
b) Megalomanía	( )	displicencia.
c) Melómano	( )	poderoso por sus ideas.
d) Intromisión	( )	arraigado, viejo, antiguo.
e) Hemistiquio	( )	afición exagerada por la música.
f) Inveterado	( )	delirio de grandeza.
g) Velódromo	( )	cada una de las dos mitades de un verso.
h) Biselio	( )	intervención inoportuna.
i) Deuteronomio	( )	pista para carreras de bicicletas.
j) Ideócrata	( )	libro del Pentateuco.

ALGUNOS VICIOS O ISMOS DEL LENGUAJE

AÍSMO

Uso abusivo e inadecuado de la preposición a. Ejemplos:

INCORRECTO	CORRECTO
De acuerdo *a* En relación *a* De arriba *a* abajo	De acuerdo *con* En relación *con* De arriba abajo

BARBARISMO

Vicio que consiste en la aceptación de palabras extrañas al propio idioma. Según el lugar de procedencia los barbarismos son: galicismos del francés; anglicismos del inglés; italianismos del italiano; germanismos del alemán; americanismos de países latinoamericanos. Ejemplos: *camping, amateur, leit motiv, show, clóset, esmog, affaire, elite*.

BLABLISMO

Barbarismo ideológico que consiste en verbosidad o rodeos innecesarios en la expresión ("Muchas palabras y poco contenido").

Características del blablismo

- **Redundancias.**
  Ejemplo: La idea es pensar en idear una nueva idea para la propaganda.
  Forma correcta: *La idea es la creación de una nueva forma de propaganda.*

- **Explicaciones muy extensas.**
  Ejemplo: El señor Pérez, el del traje gris, el que te platiqué; trabaja en la compañía de luz, cuya esposa es presidenta de la junta de mejoras de la colonia, es el que resultó agraciado en el sorteo.
  Forma correcta: *El señor Pérez, el del traje gris, es el que resultó agraciado en el sorteo.*

- **Rodeos.**
  Ejemplo: Si me permite salir de la oficina, aunque yo sé que hay mucho trabajo, trataré, en la medida de mis posibilidades, de comprobar o hacer una relación detallada de todos y cada uno de los hechos ocurridos.
  Forma correcta: *Le pido me permita comprobar lo ocurrido.*

- **Formulismo exagerado.**
  Ejemplo: Sin otro particular, por el momento, de antemano, le doy las más sinceras gracias por las finas y valiosas atenciones que ha tenido a bien brindarle a mi recomendado; le reitero de nueva cuenta, mi gratitud y reconocimiento. Atentamente.
  Forma correcta: *Le agradezco sinceramente las atenciones que brindó a mi recomendado. Atentamente.*

- **Coloquialismo.**
  Ejemplo: De acuerdo con la charla que entablamos el día que nos vimos en ese bonito lugar, orgullo de nuestra ciudad, denominado México típico, donde se puede encontrar lo más delicioso de nuestra cocina regional, así como las bebidas que tan bien nos caracterizan dentro de nuestro país, te comunico que he decidido dar el contrato a tu empresa constructora.
  Forma correcta: *De acuerdo con la charla que celebramos recientemente en el México típico, te comunico que he decidido dar el contrato a tu empresa constructora.*

COSISMO

Abuso de la palabra *cosa*, con la que se intenta designar todo. Ejemplos:

FORMAS CON COSA	FORMAS CON OTRO TÉRMINO
La religión es *cosa* tuya.	La religión es *problema* tuyo.
Trabaja en la *cosa* educativa.	Trabaja en *asuntos* de educación.
La *cosa* es que tienes que ir.	El *asunto* es que tienes que ir.

LAÍSMO "LA", LEÍSMO "LE" Y LOÍSMO "LO"

Fenómeno más generalizado en España. Consiste en el mal empleo de los pronombres personales átonos *la*, *le* y *lo*. En vez de atender al caso gramatical, se atiende a la terminación en *o* o en *a*. Ejemplos:

INCORRECTO	CORRECTO
La di un regalo.	Le di un regalo.
Lo envié un libro.	Le envié un libro.
Le conocí en Madrid.	Lo conocí en Madrid.

MISMISMO

Mal uso del pronombre *mismo*. Ejemplo:

INCORRECTO	CORRECTO
Compraron varios libros y mientras pagaban los *mismos*....	Compraron varios libros y mientras los pagaban...
Hicieron varias entrevistas; las *mismas* serán presentadas.	Hicieron varias entrevistas; éstas serán presentadas.
Terminó la entrega de títulos; los *mismos* serán enviados.	Terminó la entrega de los títulos, que serán enviados.

SOLECISMO

Es un vicio sintáctico que consiste en faltar a las reglas de construcción de las distintas partes de la oración. Ejemplos:

FORMA INCORRECTA	FORMA CORRECTA
Me se olvidó.	Se me olvidó.
Reloj en oro.	Reloj de oro.
Es necesario que vuelvas en sí.	Es necesario que vuelvas en ti.

TELECISMOS

Martín Vivaldi llama así a los vicios de construcción derivados de la mala traducción de algunos programas televisivos que intentan utilizar un español estándar. Ejemplos:

TELECISMOS	VERSIÓN CORRECTA
¡Qué bueno que viniste!	Me alegro que hayas venido.
En lo absoluto.	En absoluto.
Deben estar felices.	Deben sentirse felices.
Se los voy a decir.	Se lo voy a decir a ellos.

Nota: Es importante aclarar que en México, la televisión tiene una fuerte influencia en el manejo del lenguaje.

José G. Moreno de Alba afirma en su libro Minucias del lenguaje.

Piénsese en efecto que la televisión, sea por caso, puede en muy poco tiempo extender un neologismo o un extranjerismo por amplias zonas y entre un elevadísimo número de personas. Algo semejante sucede con los demás medios de comunicación: la radio, los carteles callejeros, la prensa.

No me referiré aquí a medios cuya influencia es decisiva, tal es el caso de la televisión, la radio o el cine. Deseo reflexionar un poco sobre otros medios, aparentemente menos influyentes, pero que, sin embargo, denotan con clara evidencia el avasallador influjo, casi siempre nocivo, que las culturas de pueblos más fuertes y prósperos pueden ejercer sobre otros, en este caso, México. Uno de esos medios lo constituyen los anuncios impresos, particularmente de cosméticos, que aparecen en ciertas revistas pensadas para el consumo femenino en los niveles de clase media y alta.

De los mensajes publicitarios que ahí aparecen, dejamos a un lado los errores ortográficos (uso indiscriminado de mayúsculas, y acentuaciones indebidas, ausencia del signo que abre interrogación o admiración), las impropiedades sintácticas o de traducción (suceso por éxito, por ejemplo) los neologismos absurdos (acertividad*, iniciante, ofertísima...), las expresiones ilógicas en su pretensión de novedad ("dinamizar la estatura", "maquillaje en colores alta costura"), el abuso de adjetivos incoherentes ("maxi-húmedos", "maxi-inquietantes"), etcétera, y refirámonos a los extranjerismos.

Entre ellos predominan muy ampliamente los anglicismos y casi nunca constan de una sola palabra sino que, en un solo anuncio, pueden aparecer hasta diez sintagmas de mediana extensión —los hay hasta de seis vocablos— en inglés o francés sin traducción alguna.

Sobresalen los anuncios que ofrecen artículos de belleza o cosméticos. Véanse algunos ejemplos: "fresh cover-moisture response" (capa fresca, reacción humectante), "savage sands, wild fires, primitive corals" (arenas salvajes, fuegos indómitos, corales impetuosos: tonos de pintura de uñas), "skin-dew moisturizing emulsion" (rocío para la piel, loción humectante), "retesturing whole egg masque" (mascarilla de huevo entero para reafirmar tejidos), "skin polishing sluffing masque" (mascarilla limpiadora para la piel flácida), "sunset coral polished performance lipstick", etcétera, etcétera. Pueden aparecer en francés estas descripciones: "lotion hypo-allergique", "lait corporel". No faltan extranjerismos que anuncian otro tipo de productos, y en otras lenguas: "moda di sole... moda di mare" (para prendas de vestir), "love-seat" (asiento doble, para muebles), "corn flakes" (con su traducción, "hojuelas de maíz" en letras pequeñas), entre muchos otros.

*acertividad = de acierto, que significa encontrar.

*asertividad = de aserto, que significa afirmación.

7. El maestro te proporcionará diferentes textos para que analices algunos vicios o ismos del lenguaje.

8. Busca material publicitario en revistas y periódicos. Analiza el manejo del lenguaje y discútelo en una dinámica de grupo.

9. Con base en el modelo del escarabajo y en lo que se ha estudiado respecto a vicios o ismos del lenguaje, elabora un escrito con estructura IDC sobre el manejo de estos aspectos en los medios masivos de comunicación (utiliza referencias concretas).

Lectura 10
LOS JÓVENES EN CUESTIÓN (fragmento)

Lo juvenil, un nuevo valor social

El mito de origen

La juventud como concepto se vincula a la modernidad y a la emergencia de espacios de socialización propios de este grupo etario. Esta referencia socio-histórica supone dar cuenta de importantes cambios en el orden cultural de la sociedad capitalista occidental a partir de la consolidación del Estado de Bienestar. Existe acuerdo entre los investigadores: "lo juvenil" es un producto social-cultural asociado a dos procesos, transformaciones científico-técnicas que inciden en el proceso de trabajo y en la burocratización creciente de las empresas. Esta transformación de las formas productivas demanda de un largo tiempo de preparación para adquirir las capacidades requeridas para el adecuado desempeño de este papel en la sociedad, demanda la presencia masiva de este grupo etario en el sistema de educación formal.

Es decir, que la expansión masiva de la educación a partir de los 50 constituye el fundamento del fenómeno denominado juventud.

La consolidación del Estado de Bienestar ha producido un mejoramiento de la calidad de vida y supone, a su vez, una mayor esperanza de vida. Obviamente, no tiene el mismo significado tener 20 años en la actualidad que a principios de siglo. A lo largo de la vida de una persona, ser joven abarca un tiempo considerable y significativo, que a partir del periodo que indicamos, se constituye como cultura e identidad específica. Asimismo, la constitución de una categoría juvenil está asociada en el mundo de posguerra a transformaciones culturales que se plasman, por un lado en la cotidianidad juvenil, relacionada con la constitución de espacios de socialización específicos de este grupo etario y otro, al desarrollo de la industria cultural, en particular, la técnica musical (guitarras e instrumentos en general), la industria del disco y la televisión. El surgimiento de la música rock y la cultura beat gestó un principio de identificación etario que transformó los de escuchar música, de disfrutarla y de verlas. Su impresionante difusión, definió una sensibilidad generacional. Es decir, que la aproximación a esto que llamamos cultura juvenil o simplemente los jóvenes debe ser visualizado a través de dos fenómenos, económico-social y cultural. Cabe señalar como dato significativo y constitutivo de un fenómeno que la expansión de la industria del disco es superior a la tasa de crecimiento industrial entre 1965-1970. También el rock se apoderó del cine y la TV, a través de los cuales se difundieron modelos de comportamiento, usos del cuerpo, relaciones entre los sexos y nuevas estéticas. Podríamos afirmar entonces que en esos momentos quedan plasmados valores que conforman toda cultura juvenil: paz, libertad, anticonvencionalismo, sensibilidad estética, expresibilidad y sentimiento frente a una racionalidad pragmática. Los valores dominantes se asocian a la generación anterior (trabajo, sacrificio, ahorro, moral, a convenciones sociales), mientras el nuevo bienestar construye una cultura del tiempo libre, que si bien es más evidente en los jóvenes, se extiende al conjunto de la sociedad.

La identidad en los sectores populares urbanos

Según afirmáramos anteriormente, la condición juvenil no sólo se define en sí misma, es decir, como grupo etario, sino que constituye un grupo social. La adjudicación de determinado lugar social a los jóvenes se inscribe dentro de procesos sociales que se debaten entre mayor o menor grado de democratización de las sociedades. Sin embargo, a pesar de la vivencia cotidiana de la subordinación social, nuevos valores y nuevas prácticas penetran en el universo simbólico de los sectores populares urbanos a través de los consumos culturales.

Con esta afirmación ponemos en cuestión la atribución a estos sectores de una cultura propia, esencialista y pura. Si bien existen retazos de saberes populares, éstos se van transformando en las prácticas y estrategias cotidianas. Por lo tanto, al reflexionar acerca de sus jóvenes, ubicamos a los sectores populares en el mundo y culturas contemporáneas, atravesadas por dos procesos universales: el hiperconsumo, por un lado, y el aumento de la marginalidad, por el otro.

Ahora bien, si por un lado, podemos hablar de una identidad juvenil en términos generales, por otro e inclusive en un espacio social signado por la subordinación, emergen prácticas juveniles diferenciadas según el lugar social que los jóvenes se asignan a sí mismos.

La cultura juvenil en la periferia

Las definiciones de los jóvenes populares entrevistados acerca de la juventud, parecerían no diferir de una definición posible en jóvenes de clase media, ya que pocas veces hacen referencias a un lugar social en ellas. Los jóvenes, entonces, serían todos iguales, tendrían los mismos deseos, y los mismos problemas. La droga, por ejemplo, y su consumo igualaría al conjunto de los jóvenes así como también la opción por determinado tipo de música, en particular la música *"heavy"*. *"En todos lados se ve...en todo barrio que vayas va a haber drogadictos. No hay barrio en los que no haya drogadictos ni borrachos, siempre vas a encontrar: borrachos y drogadictos y los que son laburadores"* (L, 20 años, vive en un asentamiento).

"Porque nadie conoce al mundo heavy, se juntan, discuten, cada uno dice su opinión, no hay coordinación general..." "Los heavy son realegres, la moda heavy no es moda...es un movimiento de locura, es un mundo donde vos vivís para reír; es un placer, un goce" (R, 20 años, vive en un barrio popular).

Según se señala en una investigación realizada en el gran Buenos Aires, los jóvenes dividen al mundo en un sistema de oposiciones irreductibles: loco/careta. Estos códigos se resignifican en los jóvenes de sectores populares. En el primer término del par dicotómico se incluirían las personas honestas, las que cuestionan los valores establecidos, también la gente común, como ellos y en el segundo, lo opuesto: los falsos, "los de Capital", también los deshonestos, los que no se animan a drogarse, los "chetitos".

Lo joven es definido como un sentimiento interior o estado emocional y asume un carácter subjetivo y afectivo, el que a su vez condiciona los vínculos que establecen con los otros. *"Joven es una persona que busca un lugar en el mundo, la felicidad, aquellos que no están en grupo están desorientados"* (L, mujer joven, 17 años, vive en un barrio popular).

Las búsquedas de los jóvenes se orientan al reconocimiento de su singularidad y de la aceptación de sus lugares propios. La emergencia de la subjetividad constituye un tema relevante en este sentido, ya que en los ámbitos donde los jóvenes expresan su condición juvenil generan prácticas de carácter simbólico afectivo.

Mujeres jóvenes populares y vida cotidiana: entre el deseo de ser modernas y el temor de ser castigadas.

Existe una mayor legitimación social barrial de la existencia de una dimensión juvenil en los varones de los sectores populares. También, cuando se alude a la juventud como problema en el imaginario barrial (drogas, delincuencia, vagancia, vestimenta, etcétera) en realidad se incluye sólo a los varones. En general, pocas son las mujeres que se drogan, están "en las esquinas" tomando vino, perdiendo el tiempo y contestando "mal". Esta supuesta anomia juvenil pareciera tener otras manifestaciones o emergen de un modo diferente en la mujer, ya que rara vez las mujeres jóvenes en estos sectores sociales tienen algo que ver con la calle y el espacio público, ¿dónde están las mujeres jóvenes?

Lo subjetivo, la diferencia, se encuentra fuertemente reprimido en cuanto a la expresión del gusto y en mayor medida cuanto se trata de mujeres.

"Yo tengo que decir que me gusta si no, no me van a llevar más" (L, 15 años, vive en un asentamiento).

También cabe destacar el peso de la Iglesia como casi el único espacio de socialización barrial legitimado fuera del núcleo familiar, haciendo imposible nombrar, por ejemplo el tema del aborto y/o otras opciones de vida. Si bien el discurso de la modernidad parece haber penetrado en la cotidianidad popular, como por ejemplo, ciertos fragmentos de discursos públicos acerca de la participación de la mujer, el cuidado del cuerpo (visibles en la organización de actividades como danza, jazz o gimnasia en sociedades de fomento barriales) generalmente éste se enfrenta a valores y prácticas en las que las jóvenes populares fueron educadas. A los modelos femeninos tradicionales se suma el de la mujer participativa. Aunque, por otro lado, ésta es visualizada como posible hasta el casamiento. También se observan diferencias en cuanto a modelos de vida, vivencia de la sexualidad y, en nuestro caso, de la cultura juvenil. Si bien tienen una mirada resignada sobre sí mismas, expresan una mayor identificación con los cánones de la cultura juvenil e internacional difundida por la industrial cultural, y con los patrones de consumo urbanos.

Las mujeres jóvenes son más permeables a identificarse con la música difundida por las radios y las *discotheques* —música americana, según ellas denominan al conjunto de música internacional comercial—. También las mujeres jóvenes son sensibles a registrar las modas femeninas y de lo femenino. Madonna, Valeria Lynch aparecen como sus modelos. El cuerpo y la imagen constituyen una preocupación de las mujeres jóvenes. Aún en la precariedad, las jóvenes procuran tener algún elemento, objeto o marca que las incluyan en el conjunto de "chicas modernas". Las mujeres de este sector social aparecen como portadoras de "lo moderno", que prácticamente quiere decir lo mismo, a diferencia de los varones.

Sin embargo, cuando se alude a la moda y al cuerpo aparece el fantasma irremediable del embarazo. Con temor, las mujeres se interrogan en torno a su esquema corporal. El embarazo, o mejor dicho el cuerpo de la embarazada es visualizado como la imagen de la resignación y la repetición de un estilo de vida: ser madre de muchos hijos y dedicarse al hogar. A través de esta preocupación por el cuerpo se pone en evidencia el deseo de ser, moverse o parecerse a las mujeres prestigiosas. Pero este tipo de pensamiento les genera un profundo sentimiento de culpa. No resulta casual que una de las jóvenes entrevistadas recuerde la letra de una cumbia que hablaba de "una chica que se hace sacar el hijo y murió". Como decíamos anteriormente, no existen mediaciones frente a aquellos que contradicen la costumbre, el hábito, sino la muerte. Los sentimientos más primarios definen la vida cotidiana.

La relación entre imagen-cuerpo-mujeres-moda, nos conduce a la cuestión del baile. Si bien los jóvenes de ambos sexos hablan del baile, como un lugar de encuentro entre jóvenes y lugar de reunión barrial, para las mujeres parecería tener un significado especial. Todas las mujeres aluden al baile, saber bailar, saber moverse, moverse a la moda, mirar películas en las cuales se baila, fantasean con ser bailarinas, etcétera.

Las mujeres se encuentran en los ratos libres para bailar, cuando no tienen que ocuparse de sus hermanos, unas a otras se miran y aprenden nuevos pasos de moda. Asimismo, como decíamos al principio, las mujeres no se identifican plenamente con la música "que se escucha" en el barrio. Más bien tratan de diferenciarse o abrirse a nuevos estilos. Los varones manifiestan cierto rechazo por las cosas nuevas, las modas, lo moderno. Se identifican, a modo inclusivo con su espacio social y dicen "esto no es para nosotros".

Ana Wortman

Ejercicios

1. Analiza la lectura anterior y contesta lo que se pide en cada inciso.

   a) Puntos de vista y características.

   b) Ideas principales.

   c) Palabras que sustentan las ideas principales y frecuencia en el texto.

   d) Base estructural (véase p. 12).

e) Tonos.

_____

_____

_____

_____

_____

_____

_____

_____

_____

2. Deriva un tema de la lectura y trabájalo con todas las fases del modelo del escarabajo.

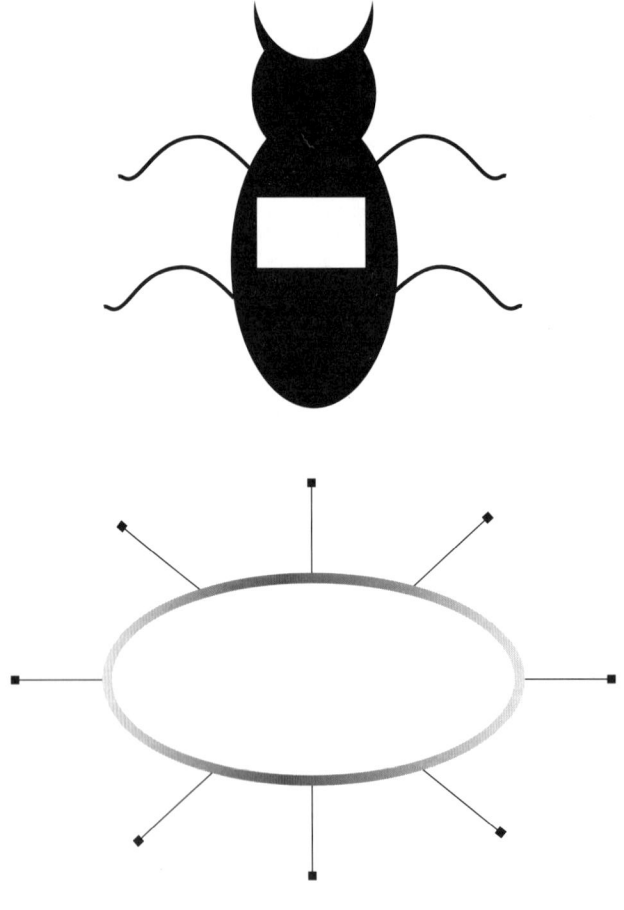

Bloques semánticos

EJE TEMÁTICO	EJE TEMÁTICO	EJE TEMÁTICO

Selección-jerarquización-discriminación

Puntos de vista

a) _____

b) _____

c) _____

Características de cada punto de vista

a) _____

b) _____

c) _____

Escrito

3. En una dinámica de grupo aplica las fases del modelo en el Desarrollo de Ideas. Selecciona una opción de las que te sugiera el maestro (véase p. 183).

4. Analiza una situación real de acuerdo con las sugerencias para el análisis y solución de problemas: utiliza el modelo del escarabajo.

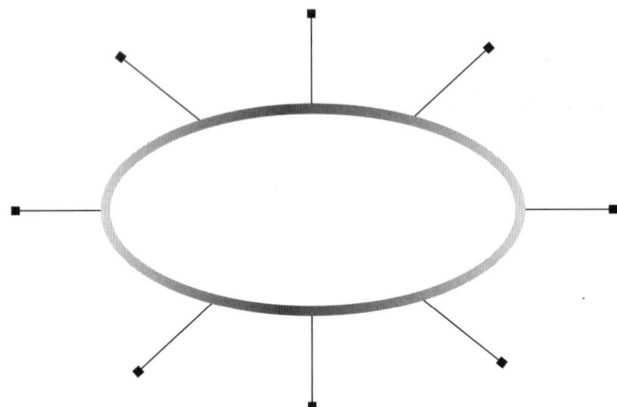

Bloques semánticos

EJE TEMÁTICO **EJE TEMÁTICO** **EJE TEMÁTICO**

_____   _____   _____

_____   _____   _____

_____   _____   _____

_____   _____   _____

Selección-jerarquización-discriminación

_____   _____   _____

_____   _____   _____

_____   _____   _____

_____   _____   _____

Puntos de vista

a) _____

_____

b) _____

_____

c) _____

_____

Características de cada punto de vista

a) _____

_____

b) _____

_____

c) _____

_____

Escrito

_____

_____

_____

_____

_____

_____

_____

_____

Título

5. Revisa lo expuesto en este capítulo sobre el ensayo y analiza los siguientes ejemplos.

LA HUMILDAD PREMIADA

En una universidad poco renombrada había un profesor pequeño de cuerpo, rubicundo, tartamudo, que como carecía por completo de ideas propias era muy estimado en sociedad y tenía ante sí brillante porvenir en la crítica literaria.

Lo que leía en los libros lo ofrecía trasnochado a sus discípulos la mañana siguiente. Tan inaudita facultad de repetir con exactitud constituía la desesperación de los más consumados constructores de las máquinas parlantes.

Y así transcurrieron largos años hasta que un día, en fuerza de repetir ideas ajenas, nuestro profesor tuvo una propia, una pequeña idea propia luciente y bella como un pececito rojo tras el irisado cristal de una pecera.

Julio Torri

DEL EPÍGRAFE

El epígrafe se refiere pocas veces de manera clara y directa al texto que exorna; se justifica pues por la necesidad de expresar relaciones sutiles de las cosas. Es una liberación espiritual dentro de la fealdad y pobreza de las formas literarias oficiales, y deriva siempre de un impulso caso musical del alma. Tiene aire de familia con las alusiones más remotas y su naturaleza es más tenue que la luz de las estrellas.

A veces no es signo de relaciones, ni siquiera lejanas y quebradizas, sino mera obra del capricho, relampagueo dionisíaco, misteriosa comunicación inmediata con la realidad.

El epígrafe es como una lejana nota consonante de nuestra emoción. Algo vibra, como la cuerda de un clavicordio a nuestra voz, en el tiempo pasado.

Julio Torri

LOS ALTOS SE ME ESTÁN ECHANDO ENCIMA

El concejo municipal de Los Altos, en el norte de California, votó recientemente al inglés como idioma oficial. Tengo entendido que los trámites fueron efectuados en idioma inglés.

Afirmar que en Los Altos abundan los individuos latinos sería apartarse de la verdad. Decir que tiene un pequeño barrio hispano también sería una mentira. Con la excepción de algunos pocos residentes, las únicas personas de habla hispana en Los Altos son los jardineros, el personal doméstico y algunos empleados de los restaurantes.

En su mayoría, Los Altos es una comunidad anglo-americana adinerada, situada entre San Francisco y San José, cerca del Valle Silicón. Tiene una población de 28 630 personas, sin contar a los jardineros, sirvientes y cocineros. No obstante, para conformar con una tendencia patriótica estadounidense, Los Altos se unió a otras ciudades del país en votar por el inglés como idioma oficial. Con el mismo espíritu estadounidense, creo que Los Altos debiera haber llevado ese patriotismo hasta el punto de cambiar su nombre hispano a *The Highs*, *Highlands* o más bien *The Tall Ones*.

Por todo el país, los defensores del inglés de antaño harían bien en convertir al inglés todos los nombres extranjeros de nuestras ciudades y pueblos.

Por ejemplo, aquí en California podríamos empezar por traducir *Los Baños* a *Bathrooms* y *Sobrantes* a *Leftovers*. *San Francisco*, desde luego, cambiaría su nombre a *Saint Francis of Assissi*; *Atascadero* podría convertirse en *Mud Puddle*; *Manteca* en *Lard*, *Panocha* en *Brown Sugar*, y *Aromas* se convertiría en *Smells*, California. *Palo Alto* sería *Tall Stick* y *San José* se convertiría en *Saint Joe's*, para distinguirlo del Saint Joseph de Missouri.

¿Y *Los Angeles*? Anaheim ya le quitó el equipo de béisbol Angels, de modo que ¿por qué no llamarla *Lost Angels* o *Lost Anglos*?

Eso es solamente en California. Texas y otros estados tienen otros tantos pueblos y ciudades con nombres españoles. Por ejemplo. *Tornillo*, Texas, podría fácilmente cambiarse a *Screw*, Texas. *Laredo* podría traducirse a una escala musical diferente, como *Doremí*. Mi ciudad natal de *El Paso* podría convertirse en *The Pass*.

Algunos nombres perderían mucho con el cambio. Por ejemplo, *Amarillo*, Texas tendría un sonido menos viril como *Yellow*, Texas. Sin embargo, para conservar la pureza del idioma inglés, tendría que cambiarse de nombre.

En algunos casos, hay dos pueblos con nombres exactamente iguales. Tal es el caso de *Socorro*, New México, y *Socorro*, Texas. Para evitar la confusión, yo sugeriría llamarlos *Help I* y *Help II*. Si se presta socorro a uno, habría que socorrer al otro también.

En la Florida, puede que hayan oído hablar de *Boca Ratón*, pero ¿les gustaría vivir en *Rat's Mouth*, Florida?

Y, por supuesto, lo que vale para el español, vale también para otros nombres extranjeros. De modo que *Baton Rouge*, Louisiana, tendría que cambiarse a *Red Stick*. La lista de nombres franceses, alemanes, e indígenas es interminable.

El próximo paso sería que algún legislador valeroso presentara un proyecto de ley para forzar a aquellos de nosotros que tenemos nombres anti-estadounidenses, tales como *Anaya*, o *Burciaga*, o *Cisneros*, a cambiarlos. Mi amigo *Nieves Palomares* se convertiría en *Ice Cream Pigeonhouse* y *José Feliciano* pasaría a llamarse *Joe Happiness*. Algunos no serían tan difíciles de traducir. ¿Qué sería de Facundo por ejemplo? A lo mejor lo tendrían que deportar.

Y si *Julio Iglesias* y *Plácido Domingo* se convirtieran en residentes permanentes, tendrían que cambiar sus nombres a *July Churches* y *Placid Sunday*, lo cual podría afectar las ventas de sus respectivos discos.

Mis amigos anglo-americanos monolingües se quejan a veces de mi nombre. Dicen que es demasiado largo. Yo les pregunto si preferirían que me llamara *Joseph Anthony Big-Headed*. En español, mi nombre sólo tiene diecinueve letras. En inglés tendría veintidós.

Quizás no haya una pizca de maldad en estos patriotas que favorecen al inglés como idioma oficial. Pero me están convirtiendo en un estadounidense muy preocupado. Me molestaría que me rechazaran por no ser oficial sólo porque alguien en Los Altos no puede pronunciar el nombre de su pueblo.

José Antonio Burciaga

6. Redacta un ensayo con tema libre. Emplea el modelo del escarabajo.

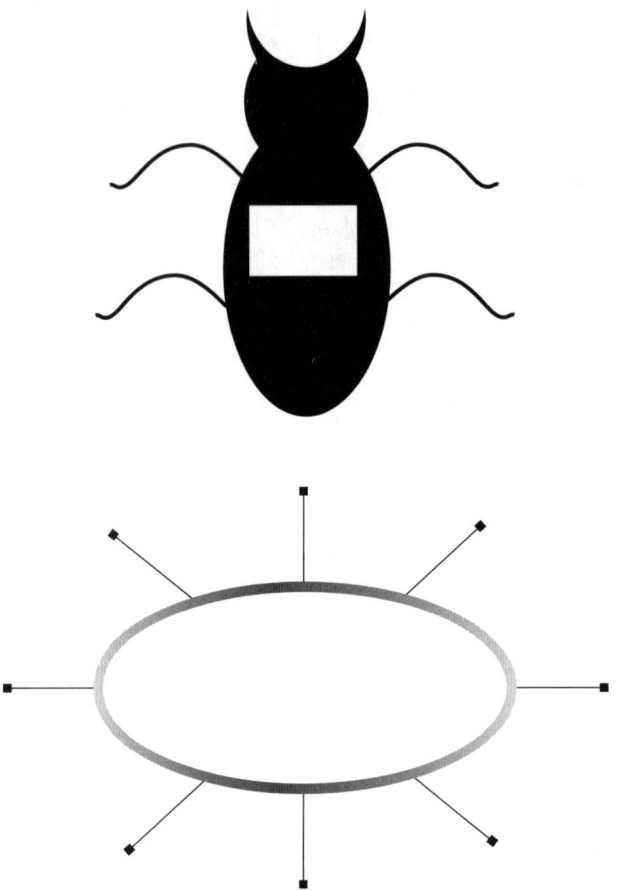

Bloques semánticos

EJE TEMÁTICO	EJE TEMÁTICO	EJE TEMÁTICO

Selección-jerarquización-discriminación

_____   _____   _____

_____   _____   _____

_____   _____   _____

_____   _____   _____

Puntos de vista

a) _____

b) _____

c) _____

Características de cada punto de vista

a) _____

b) _____

c) _____

Ensayo

_____

_____

_____

_____

_____

_____

_____

Título

Etimologías

Esquema 10

PREFIJO	ORIGEN	SIGNIFICADO	EJEMPLOS
pseudo-	griego	falso	pseudónimo, pseudointelectual
estereo-	griego	sólido	estereotipo, estereoscopio
eu-	griego	bien, bueno	eufonía, eutanasia
pleto-	griego	estar lleno	plétora, pletórico
pluri-	latino	muchos, varios	plurilateral, plural
ante(i)-	latino	antes de, delante de	anticipar, anteceder
endo-	griego	dentro	endocrino, endodoncia
amb- anfi-	latino griego	ambos, alrededor	ambidiestro, ámbito, anfiteatro, anfibio
equi-	latino	igual	ecuanimidad, equidistante
hiera-, jera-	griego	sagrado	hierático, jerarca

SUFIJO	ORIGEN	SIGNIFICADO	EJEMPLOS
-megalia	griego	grande	cardiomegalia
-nomía	griego	ley, norma, regla, ciencia	economía, gastronomía
-oide, -oideo	griego	forma, semejanza	antropoide, tiroides
-grafía	griego	escritura, descripción	biografía, taquigrafía,
-dad	latino	cualidad abstracta del término del que deriva	nimiedad, espontaneidad

7. Revisa el esquema etimológico 10 antes de resolver el siguiente ejercicio.

- Relaciona las columnas.

- Subraya el prefijo o sufijo de la palabra que corresponda a la definición correcta.

a) Anfibología   ( ) historia de las vidas de los santos.

b) Endógeno   ( ) que se origina en el interior.

c) Corporeidad   ( ) material plástico moldeable.

d) Celuloide   ( ) cualidad abstracta de corpóreo.

e) Radiografía   ( ) que tiene más de dos valores.

f) Equilibrio   ( ) expresión con la que se sustituye otra malsonante.

g) Plurivalente   ( ) situación recíproca de dos cosas que se contrarrestan.

h) Eufemismo   ( ) procedimiento para obtener una fotografía mediante Rayos X.

i) Hagiografía   ( ) que no depende de otro.

j) Autonomía   ( ) que tiene más de un significado.

ANGLICISMOS

Los anglicismos en el español de México pueden ser:

Generales: Si los han adoptado todos los habitantes. Ejemplos: basquetbol, claxon, clóset, champú, futbol, ponchar, refrigerador, suéter.

Locales: Propios de ciertas regiones, como es el caso de las zonas fronterizas. Ejemplos: bos(bus), troca(truck), naifa (knife), bloque (block), guachar (to watch), marqueta (market). Evidentemente, este tipo de vocabulario lo usan gentes de bajo nivel cultural.

Préstamos antiguos: Palabras que tienen mucho tiempo dentro del idioma español. Ejemplos: club, coctel, cheque, esmoquin, líder, mitin, vagón.

Transferencias recientes: jet, shorts, blazer, polución, bafle, discotheque, esmog, stewardess.

Hay anglicismos que conservan idéntica su estructura fonológica; otros, la modifican ligera o profundamente. Ejemplos: *sándwich, hockey, roast beef, baby doll, boxear, pluma fuente, panqué, reversa, supermercado, chequera.*

Existe una serie de extranjerismos que tienen su equivalente en español; sin embargo, los hablantes prefieren la forma extranjera. Ejemplos: *tiro de castigo (penalty), falta (foul), balompié (football), perro caliente (hot dog).*

NEOLOGISMOS

José G. Moreno de Alba, en su libro *Minucias del lenguaje*, nos dice que hay que establecer una diferencia entre las voces totalmente nuevas en la lengua (extranjerismos) y los neologismos derivados que suponen, como novedad, el hecho de combinar en forma actual un sufijo y una raíz. Ejemplo: **representatividad** se forma de la voz **representativo** y el sufijo **-idad**.

Derivaciones normales

SUFIJO	EJEMPLOS
-ble	almacenable, financiable, objetable.
-dor	calculador, fraccionador, ratificador. Y los **femeninos**: computadora, grabadora, rasuradora.
-al	actual, delegacional, salarial.
-ario	accionario, cambiario, inflacionario.
-idad	afectabilidad, provisionalidad, almacenabilidad.
-ismo	amarillismo, bracerismo, burocratismo.
-ista	activista, armamentista, consumista, inflacionista.
-oso	exitoso.
-izar	exclusivizar, problematizar, maximizar, verbalizar, mexicanizar.

Pueden aceptarse también las terminaciones de origen griego **ólogo** y **ología**. Ejemplos: *sexólogo, politólogo, comunicólogo, sexología.*

Neologismos derivados de sustantivos

encuestar

impactar

incentivar

colapsar

Sufijos que se unen a una raíz que a su vez es un derivado neológico

Ejemplos:

sufijo **-ación**:	politización	neologismo: *politizar*
	nuclearización	neologismo: *nuclearizar*
sufijos **-dor, -dad**:	democratizador	neologismo: *democratizar*
	competitividad	neologismo: *competitivo*

Neologismos donde el sufijo adquiere una nueva significación

SUFIJOS	EJEMPLOS
-al	dineral, montonal.
-ario	prioritario, retardatario.
-encia	transparencia (diapositiva).
-ero	espiritualero, patriotero.
-oide	comunistoide, intelectualoide.

Nota: La mayoría de estos neologismos se utilizan con frecuencia en lenguaje periodístico.

8. Busca una nota periodística o un artículo en un periódico o una revista —*La Jornada, Nexos, Letras Libres, Uno más Uno*— y subraya las palabras que se relacionen con los temas que se manejan en estas últimas páginas.

Palabras que deben escribirse separadas

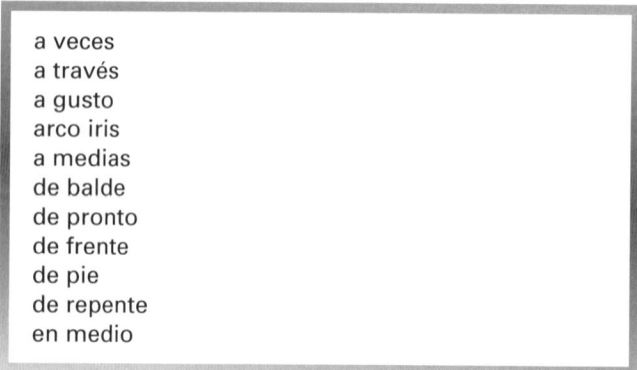

a veces
a través
a gusto
arco iris
a medias
de balde
de pronto
de frente
de pie
de repente
en medio

Términos de uso común en informática (la mayoría no figura en el DRAE*)

click
CD-ROM
correr
chip
computadora; ordenador (España)
disquete, disquetes; disquéts; disquets
drive
flopi
formatear
hardware
icono
inicializar
internet (red electrónica de información)
        podría castellanizarse al agregarle
        una e: internete.
módem-modems
mainframe
navegar
ratón (*mouse*)
red
P.C.
Macintosh
supercarreteras electrónicas
Todos los nombres de programación:
        Windows, Microsoft, Pagemaker y otros.

Algunas palabras de uso frecuente (que no figuran en el DRAE)

baffle
compact disc (cd)
flash forward
know how
klennex
star

*Diccionario de la Real Academia Española.

Redacción
de informes

El informe es una forma de comunicación escrita que se emplea actualmente en las empresas e instituciones públicas y privadas con distintos fines prácticos: manejo de información, análisis o exposición de hechos, resumen de actividades, previsión de situaciones y solución de problemas, entre otros importantes.

En este tipo de documento el emisor maneja información concreta para un determinado receptor. Esto evita que se incluyan aspectos de inspiración personal ya que su intención es llegar a un conocimiento exacto de la realidad. Por su contenido y objetivos se pueden mencionar tres **tipos de informes: expositivo**, **interpretativo** y **demostrativo**. Para entenderlos mejor revisaremos las características de cada uno de ellos:

EXPOSITIVO

- Se exponen los hechos o situaciones en forma ordenada de acuerdo con el objetivo (de mayor a menor o a la inversa).

- Se evitan las posturas analíticas o interpretativas: (yo creo, yo pienso, sugiero, etcétera).

- Se destaca el antecedente en un resumen introductorio de interés para los receptores.

- Su estilo es formal, conciso. Se recurre al tono narrativo y descriptivo.

- No se incluyen conclusiones, sólo datos e información relevantes.

    Ejemplo: Informes sobre procesos de manufactura.

INTERPRETATIVO

- Se analizan, interpretan (valoran o miden) hechos y situaciones de trascendencia para la empresa o institución.

- Se incluyen datos, recomendaciones y conclusiones que sirven para la toma de decisiones.

- Su estilo es analítico, documentado y formal.

  Ejemplo: Informes sobre expansión, reducción o cambio de una empresa.

DEMOSTRATIVO

- Se parte de una tesis.

- Es necesario establecer una distancia clara entre los hechos y sus comentarios.

- Se deben evitar las opiniones superfluas.

- Se deben presentar todos los pasos que avalen las principales proposiciones del documento.

- Su estilo es formal, argumentativo, deductivo.

  Ejemplo: Un informe cuya tesis puede ser: "Importancia de una educación ecológica en nuestro país."

En la redacción de informes es importante tomar en cuenta los **tipos de escrito** heredados del sistema retórico clásico —griegos y romanos— porque son esenciales para la comprensión del vínculo que se establece entre emisor y receptor, así como también para las partes del discurso. La *inventio* —invención y/o documentación— la *dispositio* —disposición— y la *elocutio* —elocución— siguen siendo las operaciones principales que se advierten en el tema de cualquier escrito.

La **invención** y/o documentación hay que entenderla como la fase donde se desarrolla la idea que se va a tratar, ya sea por medio de la imaginación creadora o a través de la documentación en diversas fuentes.

La **disposición** consiste en la organización del material que se obtuvo en la fase anterior. Siempre existe una especie de voluntad estructurante por parte del autor.

La **elocución** se refiere tanto a la expresión lingüística adecuada para cada tipo de escrito y al empleo de la estructura IDC.

Estas operaciones estarán presentes en los diferentes textos de acuerdo con lo que el emisor pretenda hacer con el mensaje. La **disposición** impacta de la misma manera a todos los mensajes. Sin embargo, cada autor elige el tipo de escrito que desea desarrollar, aunque cada tipo de escrito observe sus características propias: **exposición**, **narración**, **descripción** y **argumentación**.

Incluimos en este capítulo la explicación y las características de los tipos de escrito: **expositivo**, **narrativo**, **descriptivo** y **argumentativo**, con el fin de que podamos recurrir a ellos en la redacción de informes.

El objetivo del texto **expositivo** es explicar o informar ampliamente sobre un tema —asunto— para que lo aprendan o entiendan el o los receptores a quienes va dirigido. Es común que la exposición se relacione con la argumentación cuando el autor apoya sus puntos de vista con argumentos. En estos casos el texto es **expositivo —argumentativo**.

Veamos el siguiente ejemplo de texto expositivo que cita Juan Luis Onieva Morales en su *Curso superior de redacción*:

SAPOS, LA ÚLTIMA DROGA

Un sapo originario de Centroamérica y América del Sur se ha convertido en uno de los animales más perseguidos por los drogadictos y la policía antidroga estadounidense. Se trata de un batracio de carne y hueso, conocido vulgarmente como sapo marino o de las cañas, y científicamente, como *Bufo marinus*. El animal, de unos 25 centímetros de longitud, para defenderse de los posibles depredadores, secreta un potente tóxico, la *bufofenina*. Esta sustancia tiene un alto poder alucinógeno, y está empezando a ser utilizada por algunos toxicómanos norteamericanos como sustituto de otras drogas tradicionales.

Hace dos años, en un prestigioso diario estadounidense se podía leer una noticia en la que se señalaba que los *hippies* australianos —cansados de consumir las drogas de siempre— hervían sapos de cañas, para luego beber el caldo mágico. Incluso, en algunas zonas, se han dado casos de jóvenes que lamían la joroba del animal, situada detrás del ojo, donde se aloja la glándula venenosa. Tan peligrosa práctica ya ha costado la vida a más de uno.

La *bufofenina*, también presente en el hongo *Amanita muscaria* y en el árbol tropical *Piptadenia peregrina*, fue aislada por primera vez en 1934. Debido a su semejanza con el neurotransmisor cerebral *serotonina*, los psiquiatras empezaron a estudiar sus efectos en humanos, que recordaban a los de la *mescalina* y el LSD. Esta sustancia —que también actúa como un potente constrictor de los vasos sanguíneos— era utilizada en forma de polvo, el *cohoba*, por los indios de Trinidad y del Orinoco.

En Australia, donde el sapo marino fue introducido para combatir a un tipo de escarabajo que dañaba la caña de azúcar, es una plaga, hasta el punto que algunos perros se han convertido en adictos de la *bufofenina* y buscan desesperados un sapo al que lamer.

RECOMENDACIONES PARA EL DESARROLLO DEL TEXTO EXPOSITIVO

- Selecciona un tema que conozcas bien.
- Evita generalizaciones. Limita el tema a aquellos aspectos que se puedan desarrollar en un escrito corto.
- Busca información relevante que apoye o amplíe la que ya conoces sobre el tema.
- Toma en cuenta el nivel cultural del destinatario para realizar las adecuaciones que se requieran.
- Haz un bosquejo: utiliza el modelo del escarabajo.
- Utiliza una redacción que motive al lector-receptor.
- Cuida la coherencia del escrito.

- Utiliza el tono adecuado.

- Verifica que la conclusión incluya los puntos que se desarrollaron en el escrito.

- Elige un título.

- Evita errores ortográficos, de puntuación, sintaxis y coherencia.

El texto **narrativo** nos remite al hecho de narrar. Narrar es contar uno o varios hechos reales o imaginarios que han sucedido en un tiempo y en un espacio, relacionados con personajes y encaminados a un desenlace.

La narración no sólo es del dominio de escritores, también se utiliza en los géneros periodísticos y con frecuencia en otros escritos que precisan una narración de hechos ordenados cronológicamente o por su importancia.

En la narración debe considerarse la forma de narrar, tanto por la persona gramatical como por el punto de vista: el de un **narrador omnisciente** que conoce todo sobre el universo narrado o el de un **narrador objetivo** que marca una distancia entre él y el universo que narra. Los otros componentes necesarios de la narración son: las personas y sus acciones, el lugar, el tiempo y el tema. Aunque el texto narrativo se trata más ampliamente en los capítulos siete y ocho de este libro, nos interesa aquí como un recurso en la redacción de informes.

La **descripción** se explica detalladamente en el capítulo cuatro, e interesa porque también es un recurso de primer orden en la redacción de informes.

Por otra parte, la argumentación consiste en aportar razones o argumentos que apoyen o defiendan ideas u opiniones sobre un tema. El propósito de la argumentación es convencer al receptor. Se puede decir que todos los tipos de texto utilizan la argumentación: filosóficos, políticos, económicos, publicitarios, científicos y otros más.

Si un emisor defiende con razonamientos su punto de vista sobre un tema, está utilizando la **argumentación**. Cuando los textos argumentativos rechazan las opiniones contrarias a los de su autor entonces se presenta la **refutación**.

Cuando las partes argumentan posiciones contrarias sobre un mismo tema se establece un **debate**, con ideas a favor o en contra.

La **tesis** es la idea básica sobre la cual se reflexiona, su lugar puede ser al principio o al final del escrito. Es relevante que la tesis sea clara y creativa y que no contenga un número excesivo de ideas para que el receptor no se confunda y la defensa de la misma no resulte complicada.

Si un autor apoya su razonamiento en opiniones de prestigio intelectual para reforzar su argumento se vale del **argumento de autoridad**. También puede sustentarse en *proverbios* y *refranes* por la fuerza expresiva que éstos tienen y el valor de verdad que comúnmente se acepta. El otro tipo de argumento que se utiliza en el razonamiento es el que nos remite al **sentir social**. En éste se alude a la operación general de la sociedad o de un grupo en particular. La finalidad es convencer al receptor.

La **ejemplificación** es otro de los recursos que emplea la argumentación para ilustrar lo que se pretende demostrar, al igual que la *repetición*, figura que impacta sobremanera al receptor.

ESQUEMA DE LA ARGUMENTACIÓN

- **tesis-exposición**

Cuerpo de la argumentación

- **razonamiento** (a)
- **razonamiento** (b)
- **razonamiento** (c)
- **Conclusión** (invitación a la acción)

Veamos el siguiente ejemplo que cita Juan Luis Onieva Morales en su *Curso superior de redacción*:

Tesis	**EL HOMBRE SE POSEE EN LA MEDIDA QUE POSEE SU LENGUAJE**
1a. Razón **Argumento de autoridad** **2a. Razón** **3a. Razón** **Ejemplos que apoyan la tesis** **Experiencias personales que apoyan su razonamiento** **Refutación de opiniones contrarias** **Conclusión**	*No habrá ser humano completo, es decir, que se conozca y se dé a conocer, sin un grado avanzado de posesión de su lengua.* Porque el individuo se posee a sí mismo, se conoce, expresando lo que lleva dentro, y esa expresión sólo se cumple por medio del lenguaje. Ya Lazarus y Steinthal, filólogos germanos, vieron que el espíritu es lenguaje y se hace por el lenguaje. Hablar es comprender, y comprenderse es construirse a sí mismo y construir el mundo. A medida que se desenvuelve este razonamiento, se advierte esa fuerza extraordinaria del lenguaje en modelar nuestra misma persona, en formarnos, se aprecia la enorme responsabilidad de una sociedad humana que deja al individuo en estado de incultura lingüística. En realidad, el hombre que no conoce su lengua vive pobremente, vive a medias, aun menos. ¿No causa pena, a veces, oír hablar a alguien que pugna, en vano, por dar con las palabras, que al querer explicarse, es decir, expresarse, vivirse, ante nosotros, avanza a trompicones, dándose golpazos, de impropiedad en impropiedad, y sólo entrega al final una deforme semejanza de lo que hubiese querido decirnos? Esa persona sufre como de una rebaja de su dignidad humana. No nos hiere su deficiencia por vanas razones de bien hablar, por ausencia de formas bellas, por torpeza mecánica, no. Nos duele en lo humano; porque ese hombre denota con sus tanteos, sus empujones a ciegas por las nieblas de su oscura conciencia de la lengua, que no llega a ser completamente, que no sabremos nosotros encontrarlo. Hay muchos, muchísimos inválidos del habla, hay muchos cojos, mancos, tullidos de la expresión. Una de las mayores penas que conozco es la de encontrarme con un mozo joven, fuerte, ágil, curtido en los ejercicios gimnásticos; dueño de su cuerpo, pero cuando llega el instante de contar algo, de explicar algo, se transforma de pronto en un baldado espiritual, incapaz casi de moverse entre sus pensamientos; ser precisamente contrario, en el ejercicio de las potencias de su alma, a lo que es en el uso de las fuerzas de su cuerpo. Podrán aquí salirme al camino los defensores de lo inefable, con su cuento de que lo más hermoso del alma se expresa sin palabras. No lo sé. Me aconsejo a mí mismo una cierta precaución ante eso de lo inefable. Puede existir lo más hermoso de un alma sin palabras, acaso. Pero no llegará a formar forma humana completa, es decir, convivida, consentida, comprendida por los demás. **(Pedro Salinas: El defensor)**

RECOMENDACIONES PARA LA REDACCIÓN DE TEXTOS ARGUMENTATIVOS

- Selecciona un tema serio que se preste a la discusión.

- Diferencia entre *hechos* y *opiniones*. Un *hecho* es una afirmación cuya verdad se puede comprobar. Una *opinión* es un juicio cuya veracidad o falsedad es imposible demostrar. Sólo se pueden discutir las *opiniones*, no los *hechos*.
  Ejemplos: México es uno de los países más importantes de Latinoamérica (hecho). Se debería suprimir la pena de muerte (opinión).

Como las opiniones no pueden debatirse, resultan inapropiadas para la argumentación.
Ejemplo: Vargas Llosa es el mejor escritor de Latinoamérica.

Recomendaciones para la redacción de un escrito argumentativo

- Cuida que la tesis no generalice y se exprese en forma clara.

- La argumentación debe contener al menos tres razones.

- Cada razón debe ser distinta de las otras.

- Cada razón debe relacionarse directamente con la tesis.

- No utilices razones irrelevantes.

- Ordena las razones según su importancia.

- Recapitula y reafirma la tesis en la conclusión.

- Evita errores ortográficos, de puntuación, sintaxis y coherencia.

Comúnmente se habla de informes extensos e informes cortos, sin embargo, los **puntos básicos** de esta forma de comunicación no varían: tema, destinatario, método y meta.

Tema:	¿De qué trata el informe? ¿Es válido?
Destinatario:	¿A quién o a quiénes va dirigido?
Método:	¿Cómo se elabora?
Meta:	¿Qué pretende informar y hasta dónde?

Aunque existen diferentes **metodologías** para su elaboración, la que aquí se propone contiene los aspectos de mayor importancia:

- Portada.

- *Abstract* (extracto).

- Índice.

- Introducción.

- Cuerpo del trabajo (desarrollo).

- Conclusiones, recomendaciones y sugerencias.
- Apéndices y nomenclaturas.
- Notas o referencias.
- Bibliografía.

En la **portada** se incluyen:

- Nombre de la institución o empresa.
- Título del estudio.
- Subtítulo.
- Nombre del autor.
- A quién se presenta.
- Lugar y fecha.

El *abstract* o extracto es un texto breve, objetivo y específico donde se resumen las ideas esenciales de un trabajo. Se coloca una página después de la portada. Los especialistas dicen que equivale a un 5 por ciento del contenido total. En el *abstract* no se deben incluir citas, gráficas o evidencias. Sus ventajas:

- Ayuda al investigador en la búsqueda y manejo de información.
- Por la brevedad, cumple con su función informativa.
- Economiza tiempo.

Existen dos tipos de *abstract*: el temático y el informativo:

Abstract temático	*Abstract* informativo
Es como una tabla de contenido objetivo: expresa en forma breve de qué trata el informe.	Comprende ambos elementos: • el contenido • opiniones sobre el mismo.
Ejemplo Se están comparando dos métodos para el secado de madera: la maduración del solvente y secado por vapor. La evaluación se hace con base en el tiempo de secado, complejidad de la operación, costo, efectos de la resistencia de la madera, y aparición de defectos en ella.	**Ejemplo** Se están comparando dos métodos para el secado de madera: la maduración de solvente y el secado por vapor. La aplicación de solventes es mejor cuando se desea que la madera resulte con un bajo contenido de humedad. El secado por maduración solvente toma más tiempo, requiere de una operación más compleja que el secado por vapor y de productos químicos más caros.

El **índice** es la organización de temas y subtemas en forma jerárquica y dependiente. Metodológicamente se recomienda utilizar el sistema decimal, el de números romanos o el de letras, con las subdivisiones correspondientes. Ejemplo:

Índice

	Pág.
Abstract	I
Introducción	III
1. _____	1
1.1. _____	2
1.2. _____	3
1.3. _____	4
2. _____	5
2.1. _____	6
2.2. _____	7
2.3. _____	8
2.3.1. _____	9
2.3.2. _____	10
3. _____	11
3.1. _____	12
3.2. _____	13
Conclusiones, recomendaciones y sugerencias	14
Apéndices y nomenclaturas	15
Notas o referencias	16
Bibliografía	17

En la **introducción** se explican:

- Objetivo.
- Método.
- El porqué del contenido.
- Metas.
- Otros aspectos de importancia en la elaboración.

Esta parte del informe se recomienda escribirla cuando se haya concluido la redacción final, ya que durante el desarrollo ocurren algunos hechos o cambios relevantes que necesitan incluirse y explicarse en este estadio.

Para el **desarrollo** o **cuerpo del trabajo** es necesario revisar los esquemas de la estructura del párrafo, ideas principales, y el de la estructura de un escrito, con el fin de darle un orden adecuado a la información que se maneje.

Informe

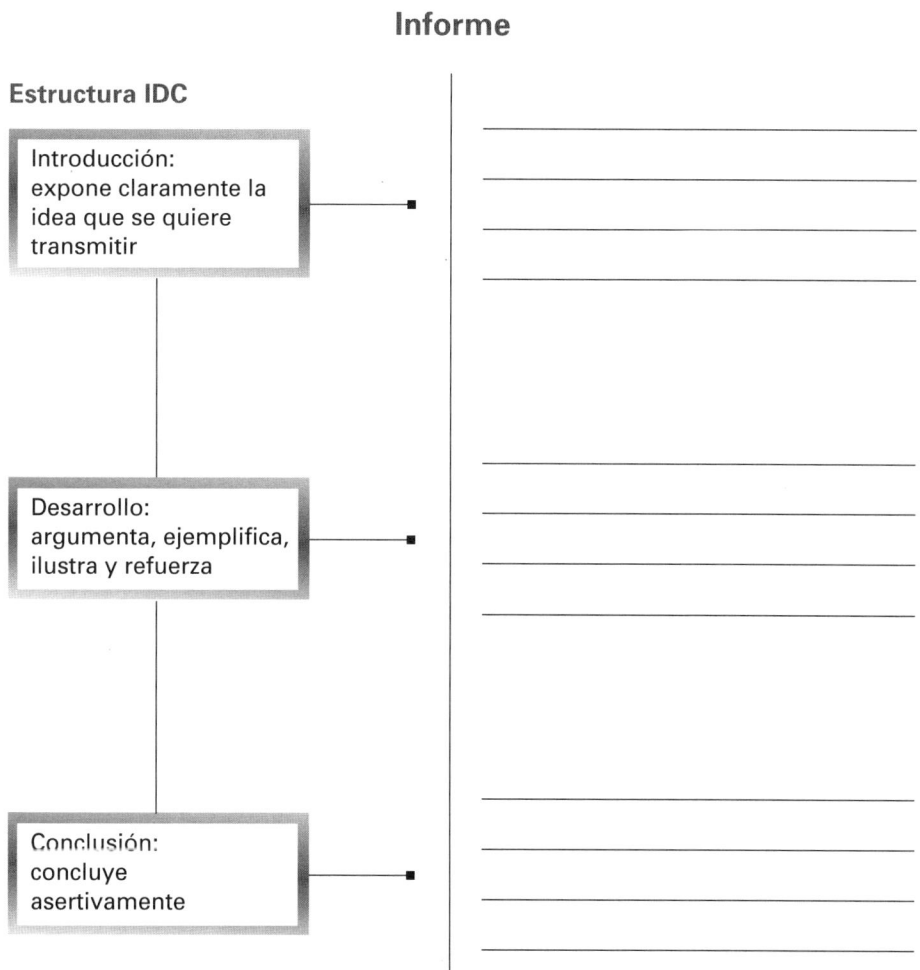

Las **conclusiones** se pueden redactar de dos maneras: *globalmente* o *con base en incisos*. Las primeras requieren rasgos del ensayo. Se concluye integrando los aspectos de más importancia en un texto que resume las ideas básicas. El estilo debe ser claro, conciso, fluido, con frases cortas y tono asertivo.

Las *conclusiones* que se elaboran con *base en incisos* presentan menos dificultades porque se revisan los contenidos del informe y se resume lo de mayor trascendencia en cada uno de ellos. Se retoman las ideas clave de cada parte y se ordenan por incisos de acuerdo como fueron surgiendo. Sin lugar a dudas, esta forma es más convencional pero más sencilla que la anterior.

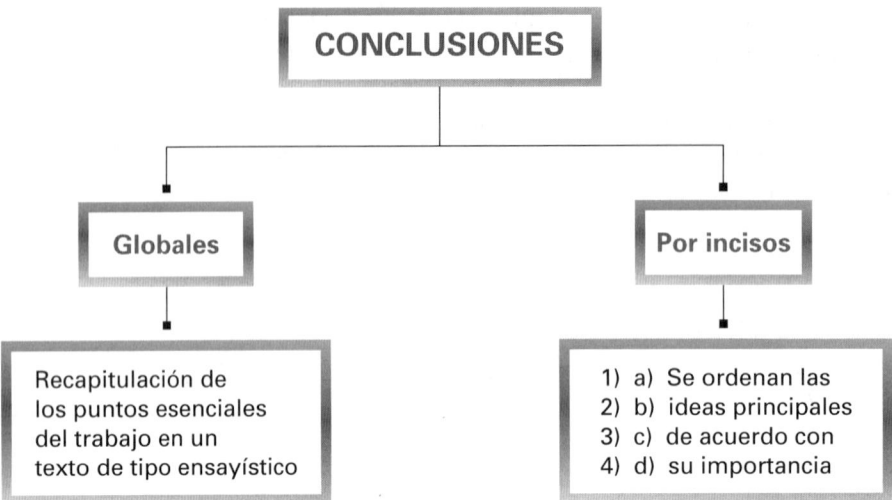

Los **apéndices** son documentos adicionales que complementan el informe. Se incluyen para apoyar el contenido del mismo cuando el o los receptores lo requieren. Las **nomenclaturas** se agregan con el objeto de aclarar el significado de los símbolos y las abreviaturas que se utilizan. Las **sugerencias** son datos o alternativas que ayudan en la toma de decisiones. La metodología moderna propone que se ubiquen en la misma página del *abstract*.

Las **notas** o **referencias**, también conocidas como citas, deben trabajarse de acuerdo con la metodología para la investigación. Es importante entrecomillar la información textual (cita textual) que se tome de otros autores. Cuando se parafrasean ideas o fragmentos bastará con hacer las referencias, usar un *confer* o incluir las fuentes en la bibliografía.

La **bibliografía** también deberá apegarse a la metodología para la investigación con el objeto de aclarar cómo se citan libros, revistas, artículos, periódicos y demás fuentes de información. Lo más común es el método alfabético: autor, título del libro, editorial, lugar y fecha de la edición. Con artículos de revistas, periódicos y enciclopedias deberán hacerse los cambios que señale la metodología. Para cerrar este tema consideramos valioso añadir los siguientes datos sobre el informe:

Ventajas

- Los informes son archivos esenciales en cualquier empresa e institución pública o privada, que contribuyen a su imagen y prestigio.

- Son de utilidad para la toma de decisiones.

- Sirven al nuevo personal como parte de su capacitación.

En la técnica y el estilo

- Emplea el modelo del escarabajo con la modalidad que se ajuste a tus objetivos.

- Usa frases cortas, lenguaje directo.

- Utiliza los tipos de escrito adecuados.

- Revisa la ortografía y la puntuación: consulta las dudas en diccionarios especializados.

- Evita circunloquios.

- Sé objetivo, cuida el tono.

- Conserva un orden lógico en los párrafos: destaca las ideas principales.

- Evita el servilismo.

- Fundamenta tus opiniones: argumenta.

- Incluye los datos necesarios.

- Cuando el informe sea muy extenso subdivídelo en partes.

- Utiliza el medio audiovisual sólo cuando su naturaleza lo permita.

- No falsees o equivoques datos y términos.

- Evita las contradicciones.

- No dejes datos incompletos.

- Evita repeticiones.

En la presentación

- Sé pulcro.

- Apégate a una sola metodología.

- Cuida la tipografía y la disposición de las partes.

- Destaca lo más importante.

- Emplea una comunicación gráfica adecuada.

Con el fin de practicar la redacción y el análisis de informes, el maestro trabajará varias dinámicas de grupo con fuentes reales: revistas actuales, notas periodísticas, libros, entrevistas y encuestas. Se sugiere que los estudiantes elaboren un bosquejo con el modelo del escarabajo y consulten con el maestro sus dudas respecto a la metodología para la investigación.

Antes de finalizar este capítulo se explicarán los siguientes conceptos:

MONOGRAFÍA: Es un escrito en el que se exponen con profundidad y seriedad los logros de un trabajo personal sobre un tema específico. El trabajo monográfico debe realizarse con método, tanto en el manejo de fuentes de información como en su estructura.

         A este tipo de escrito, en el ámbito académico, suele llamársele también trabajo de investigación o investigación, pero, hay que aclarar que este último es más riguroso y objetivo. Generalmente abre caminos a otros investigadores, sin demeritar el valor que la **monografía** suele tener en algunos casos muy especiales.

Recomendaciones para elaborar una monografía

- Delimita el tema: formula preguntas.
- Utiliza el modelo del escarabajo.
- Documéntate: busca información en diferentes fuentes: libros, revistas, monografías, medios electrónicos.
- Para la información electrónica revisa los protocolos de uso. Puedes consultarlos en ese mismo medio.
- Organiza el material: cuida la estructura.
- Utiliza diferentes tipos de texto en la redacción: expositivo, descriptivo, argumentativo.
- Utiliza una metodología clara y consistente para las fuentes consultadas.
- En la redacción final emplea: introducción, desarrollo, conclusiones, citas, bibliografía, apéndices, índice y título.

REPORTE: Existen dos tipos:

El **esquemático** o **técnico**, que se ajusta a una forma elaborada de antemano con los datos básicos. Cumple diferentes funciones: verificar asistencia del personal, existencia de mercancía, entradas y salidas de productos o producción diaria, entre muchas otras.

También se pueden considerar los reportes que se parecen a los informes cortos. En ellos se ordenan los datos de un hecho, un viaje o actividades de acuerdo con su importancia. En algunos laboratorios académicos (física o química, por citar algunos) también se emplean los reportes.

PONENCIA: Según Antonio Miguel Saad: "Es un documento en el que el autor presenta un tema concreto que se somete al examen o resolución de una asamblea. En él se establece una verdad como tesis, se concluye un resultado con apoyo en hechos que el autor descubre y prueba de manera terminante, y sugiere recomendaciones.

"La tesis que propone y que sostiene puede ser totalmente original, derivada de su genio, observación e investigación; o bien, puede ser la conclusión particular de comparar, analizar y escudriñar en informes, trabajos relativos, etcétera. En cualquier caso, la estructura de este documento debe contener:

1. Antecedentes.

2. Proposición.

3. Confirmación.

4. Recomendación(es).

5. Conclusión(es)".

Las ponencias deben ajustarse a los lineamientos o características metodológicas y de tiempo que establece la institución que convoca.

MODELO PARA PONENCIAS Y MONOGRAFÍAS

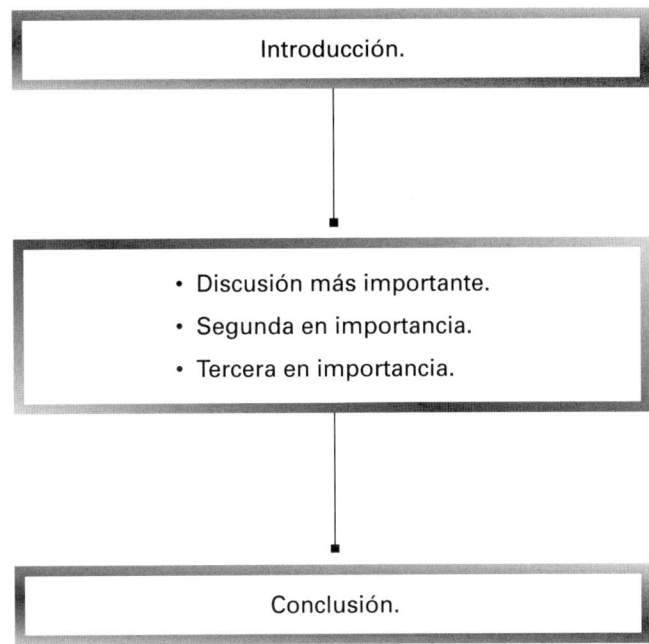

Introducción.

- Discusión más importante.
- Segunda en importancia.
- Tercera en importancia.

Conclusión.

MODELO NORMATIVO:
PARA PROYECTOS, PLANES DE TRABAJO

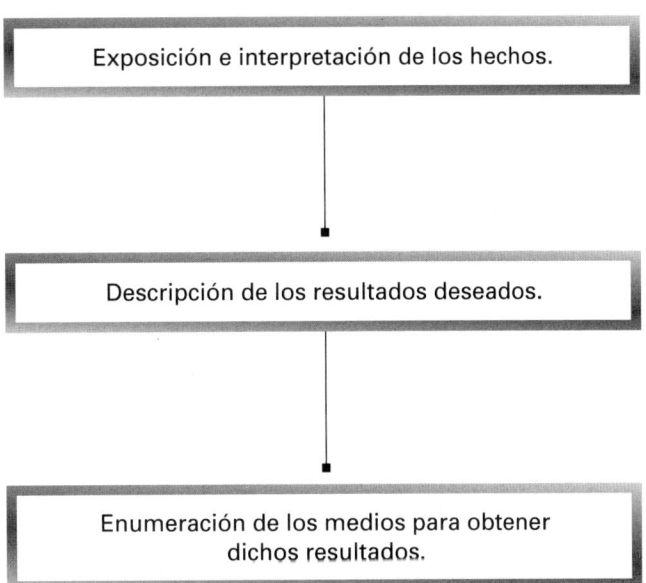

Exposición e interpretación de los hechos.

Descripción de los resultados deseados.

Enumeración de los medios para obtener dichos resultados.

Lectura 11
LEY Y PODER (DEMOCRÁTICO) (fragmento)

La justicia sin fuerza es contradicha, porque siempre hay malvados. La fuerza sin la justicia es sospechosa. Hay que ensamblar a la justicia y a la fuerza, y para eso que lo que es justo sea fuerte o lo que es fuerte sea justo.

Blas Pascal

Vivimos tiempos maquiavélicos. Tiempos de inseguridad, de extrema incertidumbre, momentos en los que se desploman los referentes de la política tradicional. Política sin piso. No hay necesidad más apremiante que la de asfaltar un suelo para la política mexicana. El problema no es tanto el tamaño del Estado como el piso del Estado. Por ello ha brincado en nuestros días el problema clásico de la moral y la política que bien se ha ventilado en estas páginas. Ante el despeñadero, ha habido una interesante revaloración del realismo político en su mezcla de prudencia y audacia, fortuna y necesidad. La política desde el mirador de la circunstancia. Más que la búsqueda de reglas firmes para el poder, consejos para sacar jugo de lo imprevisible. La política es el territorio de lo excepcional, se dice. Una nueva búsqueda de la razón de Estado, esa "máxima del obrar político" que, según Meinecke, "dice al político lo que tiene que hacer, a fin de mantener al Estado sano y robusto".[1]

Pero frente a esa razón de Estado se levanta la *otra* razón de Estado: la razón del derecho. Unos días antes de que fuera asesinado en su despacho de la Universidad Autónoma de Madrid, por un terrorista de ETA, el jurista y expresidente del Tribunal Constitucionalista Español, Francisco Tomás y Valiente, defendía al Estado a través de lo que llamó "buena razón de Estado", esa que constituye la vértebra del Estado moderno. Escribía Tomás y Valiente: "La razón de Estado del Estado de Derecho es el derecho, o mejor todavía, los derechos, sobre todo los fundamentales de los ciudadanos".

No es extraño que en nuestro zarandeado fin de época la ley se coloque en el centro. Luego de la impaciencia modernizadora se impone un ánimo de serenidad, un reclamo de legalidad. Disipadas las ilusiones del primermundismo-en-un-solo-sexenio, y sin retorno posible al autoritarismo consensual, la ley se convierte en el centro de gravedad de la política. El fenómeno representa, en buena medida, la cuarteadura del molde autoritario, el hecho de que la aspiración democrática empieza a clarear.

Encuentro tres espacios fundamentales en este proyecto de legalidad: la reafirmación del Estado, la construcción del régimen democrático y la vertebración del ciudadano.

Empiezo por el Estado. Éstos son malos tiempos para el Estado. Hay muchos que insisten en denunciarlo como el origen de todos los males. Frente a la limpieza de la sociedad civil, la suciedad del poder estatal. En su origen, el Estado supone la racionalización y legitimación del poder. La soberanía estatal no es, como apunta Blandine Kriegel, un poder despótico. Todo lo contrario, se trata de un poder atado al derecho, "Un gobierno no estabilizado por límites es volátil; el dominio no circunscrito por leyes es evanescente".[2] El feudalismo o el caciquismo, dos formas de despotismo local, son la antítesis del Estado soberano.

La ley es un elemento constitutivo de ese proyecto civilizatorio que sigue siendo el Estado. El politólogo argentino Guillermo O'Donnel hablaba en ese sentido de la crisis del Estado como la reaparición de circuitos de poder local que han reprivatizado el poder, cortando el cordón de la legalidad. Neofeudalismo, lo llama. La "evaporación" del Estado no es la aparición de la democracia regional. Todo lo contrario, significa una grave reversión política.[3]

La construcción de la democracia exige una política de legalidad que sea una política en la legalidad y para la legalidad. Se ha dicho muchas veces que el gobierno democrático es un gobierno de leyes. Un régimen que logra levantar una alambrada jurídica al Poder. El estado de derecho, en efecto, no cae de los árboles. No es un equilibrio natural. Es una construcción histórica que requiere una política que permita su realización. Una estrategia que ha de seguir los canales de la norma. Para la construcción del estado de derecho no valen los atajos de la ilegalidad, es necesaria una *política en la legalidad*. Los brincos no aceleran, desvían. Por ello tiene mucha razón el Presidente cuando cuestiona a quienes reclaman la imposición de la democracia por la vía de la ilegalidad. Pero tiene menos razón cuando piensa que basta con dejar hacer y dejar pasar para que prenda el estado de derecho. Para conformar el régimen de la legalidad es necesaria una *política para la legalidad*. Una determinación eficaz. Una compleja operación entre la ingeniería jurídica y la maniobra política.

La democracia liberal hace una trenza con el derecho. Si inicialmente la democracia era vista como el reino desbordado del pueblo, después se convirtió, como quería Benjamín Constant, en la legalidad impuesta al poder. El proyecto democrático en México se impone como la exigencia de tomar la ley en serio, de terminar el simulacro de legalidad que ha caracterizado al autoritarismo mexicano. Y aquí la Constitución ocupa un lugar fundamental. En la idea de la Constitución está, más que la norma suprema, la suprema confusión. El constitucionalismo mexicano vive bajo la sombra de un constitucionalismo oficial, la cosmovisión autoritaria aposentada en el estudio de la Constitución.

El constitucionalismo oficial significa, antes que nada, la sobrepolitización de la Constitución. La Constitución como síntesis de las grandes gestas históricas, el agregado de conquista social, suma de los factores reales de poder, el resumen de nuestro Proyecto Nacional. La Constitución, se dice y se repite, es algo más que pura norma. Así, la Constitución no se lee como norma sino como el catálogo de los deseos que inspiran pero no obligan. Constitución social, constitución como forma de vida, constitución como aspiración, constitución como síntesis de la historia, constitución como proyecto de nación, constitución como representación de futuro... La fraseología constitucional es infinita. Aquí, parafraseando a Krauze, podríamos decir que necesitamos una constitución sin adjetivos. Una estructura normativa que funde y limite el poder. Dejar de ver a la Constitución como un catálogo de deseos y empezar a verla como una ley. La sobrepolitización de la Constitución equivale a una lobotomía del estado de derecho.

235

La adopción de la teoría constitucional de Carl Schmitt no es inocua. En efecto, las ideas del jurista del Reich han sido, durante décadas, hegemónicas en el estudio constitucional. Al concebir la Constitución como un agregado de decisiones políticas fundamentales, los constitucionalistas mexicanos se han tragado la píldora del antiliberalismo schmittiano. Entendida como decisión, la Constitución mexicana es analizada como un acto de voluntad del soberano, como una determinación política, no como el principio normativo que deslinda con claridad lo políticamente posible de lo jurídicamente lícito. Así, la Constitución sobrepolitizada se convierte en Constitución desarmada. Si la Constitución no es vista como norma jurídica, es decir como regla que obliga a los poderes y que define como antijurídica su infracción, entonces se convierte en banalidad literaria. La fuerza política de la Constitución reside en su carácter normativo.

La sobrepolitización constitucional coincide en México con el sentimentalismo constitucional. La propensión a leer la Constitución a través de los afectos y los impulsos. Emilio Rabasa denunciaba este sentimentalismo constitucional en las postrimerías del régimen porfiriano. "La época del sentimentalismo ha pasado ya para la constitución", escribía en su obra clásica. Hoy es necesario retomar ese llamado para tomar en serio la Constitución y reinterpretarlo democráticamente. En este terreno tenemos mucho que aprender de la transición española. Las coordenadas constitucionales de la democratización española no son nada despreciables. En efecto, durante los años de la transición se produce una interesante reflexión sobre el carácter de la norma constitucional que acentúa su naturaleza estrictamente jurídica.[4]

La ley es por otro lado un engranaje fundamental en el procesamiento de la incertidumbre democrática. Claude Lefort entiende que la democracia se instituye por la "disolución de los referentes de certidumbre".[5] El poder no encarna en personaje alguno. Quienes ejercen el poder no son sus dueños. La democracia desencadena un proceso de perpetuo cuestionamiento, una sucesión interminable de preguntas. En un régimen democrático el conflicto se institucionaliza de tal manera que el ejercicio del poder está sometido a constantes redistribuciones. Adam Przeworski afirma en ese mismo tenor que en la democracia el poder está repartido de tal manera que "los procesos políticos están hasta cierto punto indeterminados con respecto a las posiciones que ocupan los participantes en todas las relaciones sociales, incluyendo las relaciones de producción y las instituciones políticas".[6] La idea de la incertidumbre democrática no puede terminar en la incertidumbre electoral. Incertidumbre parlamentaria, incertidumbre al interior de los partidos, incertidumbre en la formulación y ejecución de las políticas públicas, incertidumbre en relación a las reacciones de la opinión pública. Incertidumbre también alrededor del significado de la ley. Siendo norma, la ley es un texto que requiere intérpretes. El reino del derecho es un espacio de acotada incertidumbre. Como advierte Kelsen en su *Teoría pura del derecho*, todo sistema de normas deja abiertas varias posibilidades de interpretación. Cualquier norma, empezando por las constitucionales, tiene una pluralidad de sentidos que corresponden con la multiplicidad de visiones del mundo que se expresan en un régimen de democracia pluralista. Una sociedad democrática, apunta el seguidor de Karl Popper y constitucionalista, Peter Häberle, es una sociedad abierta para los intérpretes de la Constitución.[7] Una sentencia del Tribunal Constitucional español expone con claridad esta necesidad de que la Constitución se abra a diversas configuraciones: "La Constitución es un marco de coincidencias suficientemente amplio como para que dentro de él quepan opciones políticas de muy diverso signo. El valor de integración de la Constitución no consiste necesariamente en cerrar el paso a las opciones o variantes, imponiendo autoritariamente una de ellas".[8]

El ascenso del pluralismo político y la aceptación de que la Constitución es, ante todo, norma, abre la Ley Suprema al debate de la interpretación.[9] La lucha por el sentido de la Constitución. Dice el constitucionalista español Francisco Rubio Llorente que el principal problema de la Constitución es el de la interpretación constitucional. Añadiría que ello se convierte en uno de los problemas de la propia democracia contemporánea: la batalla por la lectura del código político. No puede negarse que la reconstrucción judicial de la Constitución ha de tener un impacto definitivo en el funcionamiento del régimen democrático. Así, el Poder Judicial se levanta como una pieza fundamental de la maquinaria democrática. En esa institución que para los federalistas norteamericanos constituía la menos peligrosa de las ramas del poder, está una pieza imprescindible en la balanza de la democracia. La vigencia de un régimen democrático, pues, no puede separarse de la praxis constitucional. Y ésta no puede evadir al Poder Judicial.

La ley también es armazón de la ciudadanía. El estado de derecho es el ámbito natural de la condición ciudadana. En este sentido, más allá de la macropolítica de la Constitución, la ley se convierte en parte fundamental de la micropolítica democrática. La legalidad, ha dicho el ensayista italiano Paulo Flores D'Arcais, es "el poder de los sin poder". Quien carece de dinero e influencia tiene en la ley un refugio frente a la discriminación y el abuso. Es por ello que, como afirma Cerroni, la dignidad del hombre moderno tiene una importante dimensión jurídica: "sin el sistema de los derechos y los deberes jurídicos (...) la dignidad moral de la persona aparece, si no vacía, sí frágil, aleatoria, insegura y, sobre todo, estrecha".[10]

Jesús Silva-Herzog Márquez

Referencias

[1]Friedrich Meinecke: *La idea de la razón de Estado en la Edad Moderna*, Centro de Estudios Constitucionales, Madrid, 1983, p. 3.

[2]Blandine Kriegel: *The State and the rule of law*, Princeton University Press, 1995, p. 18.

[3]Guillermo O'Donnel: "The State, democratization, and some conceptual problems", en William C. Smith, Carlos H. Acuña y Eduardo A. Gamarra, Ed., *Latin American political economy in the age of neoliberal reform*, New Brunswick, Transaction Publishers, North South Center, 1994.

[4]Véase, por ejemplo, Ignacio de Otto, *Derecho constitucional. Sistema de fuentes*, Ariel, Barcelona, 1991.

[5]Claude Lefort, *La invención democrática*, Ediciones Nueva Visión, Buenos Aires, 1990.

[6]Adam Przeworski, *"La democracia como resultado contingente de los conflictos"*, en *Zona abierta*, Madrid, abril-septiembre, 1986.

[7]Hans Peter Schneider, *Democracia y constitución*, Centro de Estudios Constitucionales, Madrid, 1991, p. 61.

[8]Citada por Ignacio de Otto, obra citada, p. 48.

[9]Véase el ensayo de José Ramón Cossío y Luis Raigosa, "Régimen político e interpretación constitucional", en *Este país,* marzo de 1996.

[10]Umberto Cerroni, *Reglas y valores en la democracia. Estado de derecho, Estado social, Estado de cultura*, Alianza Editorial-Conaculta, México, 1991.

Ejercicios

1. Selecciona algunas palabras de la lectura anterior que contengan prefijos o sufijos. Escríbelos en los siguientes espacios e incluye su significado.

PALABRA	PREFIJOS	SIGNIFICADO	SUFIJOS	SIGNIFICADO

2. Analiza las ideas principales en la lectura. Utiliza los pasos del modelo a la inversa.

a) Puntos de vista y características.

b) Ideas principales.

c) Palabras que sustentan las ideas principales y frecuencia en el texto.

d) Base estructural.

_____

_____

_____

_____

e) Tonos.

_____

_____

_____

_____

_____

_____

3. Redacta tres puntos de vista con una de las siguientes palabras. Utiliza el modelo del escarabajo.

- Gobierno
- Burocracia
- Sociedad
- Democracia

- Modernización
- Población
- Educación

Puntos de vista

a) _____

_____

_____

b) _____

_____

_____

_____

c) _____

_____

_____

_____

4. Clasifica los *abstract* que te proporcione el maestro. Justifica tu respuesta.

DE TÓPICO   **INFORMATIVO**

_____   _____

_____   _____

_____   _____

_____   _____

JUSTIFICACIÓN   **JUSTIFICACIÓN**

_____   _____

_____   _____

5. Busca en la biblioteca un ejemplo de cada uno de los tipos de informe (expositivo, interpretativo y demostrativo). Analiza sus características fundamentales y discútelas en clase.

6. En una dinámica de grupo trabaja la información que te proporcione el maestro y elabora un índice para un posible informe.

   a) Revisa la teoría expuesta en este capítulo.

   b) Aclara tus dudas respecto a la metodología de investigación.

   c) Utiliza el modelo del escarabajo.

   d) Elabora el índice. Redacta una posible introducción.

7. Busca artículos editoriales sobre temas actuales en revistas o periódicos de reciente publicación. Analiza el esquema de argumentación en tus ejemplos y discútelos en clase.

8. En una dinámica de grupo trabaja la importancia de la argumentación.

   a) Revisa la teoría.

   b) Discute con tu equipo sobre el valor de la argumentación.

   c) Escribe un texto argumentativo de acuerdo con las recomendaciones que se señalan en este capítulo. Destaca el valor de las opiniones.

Etimologías

Esquema 11

PREFIJO	ORIGEN	SIGNIFICADO	EJEMPLOS
sub (sus, su, sos, so, s)-	latino	debajo	subasta, sufragar, sostener, suscitar
hiper-	griego	sobre, encima, exceso, superioridad	hipérbaton, hipertrofia
necro-	griego	cadáver	necrópolis, necropsia
decem-	latino	diez	decano, decenio
orto-	griego	recto, derecho, correcto	ortopedia, ortografía
cata-	griego	hacia abajo	catálogo, catacumba, cátodo, catarro
post-	latino	después, más adelante	postergar, postgrado
tele-	griego	lejos	telepatía, telégrafo
ex-, e-	latino	de, desde, fuera de	exhumar, excéntrico
exo-	griego	fuera	exotérico, exótico
meta-	griego	más allá, tras, entre, en medio	metamorfosis, metáfora

SUFIJO	ORIGEN	SIGNIFICADO	EJEMPLOS
-cultura	latino	cultivar, cuidar	acuacultura, fruticultura
-cracia	griego	poder, autoridad, gobierno	tecnocracia, democracia
-terapia	griego	curación	hidroterapia, fisioterapia
-enta, -inte	latino	reunión de decenas	ochenta, veinte
-ánima, -ánime	latino	alma, espíritu	pusilánime, ecuánime
-logía	griego	tratado, estudio, ciencia	psicología, morfología

9. Estudia cuidadosamente el significado de los siguientes prefijos y sufijos. Forma dos palabras distintas de los ejemplos.

Palabras

Prefijos

a) necro- _____   _____

b) cata- _____   _____

c) tele- _____   _____

d) hiper- _____   _____

e) orto- _____   _____

f) exo- _____   _____

Sufijos

a) -cracia _____   _____

b) -terapia _____   _____

c) -ánime _____   _____

d) -logía _____   _____

SUSTANTIVOS Y ADJETIVOS NUMERALES

Son numerales los sustantivos o adjetivos que expresan un número determinado. Los numerales, según algunos gramáticos, se dividen en cardinales y ordinales. Los primeros constituyen la serie natural de los números (uno, dos, tres, ...treinta...cien...mil, etcétera). Los segundos añaden la idea de orden a la de número (primero... cuarto... décimo, etcétera).

Los cardinales que van del 16 al 19 se escriben en una sola palabra (dieciséis), pese a que los términos que los designan se compongan de la voz diez, la conjunción y el cardinal correspondiente. Lo mismo ocurre con la decena del 21 al 29.

Respecto a los ordinales que representan los números 11 y 12, las formas reconocidas por los gramáticos son undécimo y duodécimo, respectivamente. No deben usarse, por lo tanto, las formas decimoprimero y decimosegundo, como ocurre con frecuencia en el lenguaje ordinario.

Otra clase de sustantivos o adjetivos numerales está integrada por los partitivos. Éstos expresan, como su nombre lo indica, la división de un todo en partes iguales; ejemplo: *El número 12 es la doceava parte de 144.* Es necesario no cometer el error de usar esta clase de términos para expresar orden. Así, expresiones como: *el atleta quedó en doceavo lugar* deben evitarse; en su lugar, es más adecuado decir: *El atleta quedó en duodécimo lugar.*

Los cardinales se emplean como ordinales en muchas ocasiones: el capítulo tres, el artículo ocho, el siglo veinte. En los libros, al citar capítulos o artículos, se usan indiferentemente —hasta el número diez— los cardinales o los ordinales; se puede decir el capítulo nueve o el capítulo noveno. Sin embargo, se prefieren los cardinales al referirse a los numerales del 10 en adelante: artículo doce, capítulo catorce, etcétera.

CARDINAL	ORDINAL
uno	primero
dos	segundo
tres	tercero
cuatro	cuarto
cinco	quinto
seis	sexto
siete	séptimo
ocho	octavo
nueve	noveno
diez	décimo
once	undécimo
doce	duodécimo
trece	decimotercero
catorce	decimocuarto
quince	decimoquinto
dieciséis	decimosexto
diecisiete	decimoséptimo
dieciocho	decimoctavo
diecinueve	decimonoveno
veinte	vigésimo
veintiuno	vigésimo primero
veintidós	vigésimo segundo
veintinueve	vigésimo noveno
treinta	trigésimo
cuarenta	cuadragésimo
cincuenta	quincuagésimo
sesenta	sexagésimo
setenta	septuagésimo
ochenta	octagésimo
noventa	nonagésimo
cien	centésimo
doscientos	ducentésimo
trescientos	tricentésimo
cuatrocientos	cuadringentésimo
quinientos	quinquentésimo
seiscientos	sexcentésimo
setecientos	septingentésimo
ochocientos	octingentésimo
novecientos	noningentésimo
mil	milésimo
diez mil	décimo milésimo
cien mil	centésimo milésimo
millón	millonésimo

Nota: Generalmente los números romanos se utilizan cuando se refieren a soberanos, pontífices o siglos.

Lectura 12
EL MEXICANO ANTE LOS IMPUESTOS

Todo Estado debe allegarse de los recursos necesarios para cumplir con las tareas que la sociedad le asigna. Sin ellos, el Estado no estaría en posibilidad de brindar a sus ciudadanos seguridad, justicia y bienestar social. No obstante, entregar parte de la riqueza generada por nuestro trabajo es una obligación que disgusta. Pagar impuestos es una obligación que provoca resistencia. Por ello, los gobiernos deben idear medidas —de convicción y coerción— para que los contribuyentes cumplan con sus obligaciones.

El éxito de estas medidas puede evaluarse a través del tamaño de la base de contribuyentes, el nivel de recaudación y los grados de evasión. Por desgracia, México figura entre los países con peores indicadores en cada uno de estos rubros. Nuestra base de contribuyentes efectivos (los que realmente pagan impuestos) es muy reducida. Los ingresos tributarios como porcentaje del PIB alcanzan tan sólo el 9% y la evasión fiscal consigna niveles alarmantes.

Explicar la baja capacidad recaudatoria del Estado mexicano es una tarea tan importante como compleja. De inicio, se pueden identificar los principales factores que inciden en la inclinación de los ciudadanos a cumplir con sus obligaciones tributarias e intentar responder a una pregunta central: ¿por qué se evaden las obligaciones tributarias? Para ello hemos recurrido a la elaboración de una encuesta de opinión que se enmarca dentro del proyecto de Opinión Pública y Política Tributaria en México cuyos resultados preliminares son la base de este artículo.[1]

En principio, pueden identificarse cuatro determinantes básicos de la evasión fiscal:

1. El conocimiento de la población sobre sus obligaciones tributarias.

2. La percepción del régimen tributario que incluye tanto la opinión sobre los impuestos como las ideas respecto a la vinculación entre impuestos y gasto público.

3. Las percepciones sobre el fraude y la evasión fiscal, esto es, sobre el riesgo y castigo que lleva aparejado el no cumplimiento de las obligaciones tributarias.

4. La imagen sobre el manejo de recursos públicos.

Aun cuando el desconocimiento de la ley no exime de la responsabilidad de cumplirla, se constata que la ignorancia sobre las obligaciones tributarias puede llevar el incumplimiento involuntario. Si no se sabe que hay que pagar impuestos y cómo pagarlos, se provoca una evasión involuntaria. Los mexicanos, en general, están

---

[1] El diseño del cuestionario y análisis de la encuesta estuvo a cargo de los autores. El trabajo de campo lo realizó la empresa CONSULTA. La encuesta —domiciliaria y probabilística— fue levantada del 13 al 21 de noviembre de 1999 e incluyó 1,496 entrevistas. La población objetivo estuvo constituida por ciudadanos residentes en localidades mayores de 15,000 habitantes y se utilizó un esquema de muestreo estratificado (seis estratos socioeconómicos) con sobrerrepresentación de los dos estratos de mayores ingresos.

conscientes de la obligación de pagar impuestos. Sorprendentemente, la encuesta reveló que la mayoría de quienes respondieron (70%) sabe qué es y para qué sirve el Registro Federal de Contribuyentes y declaró que fue fácil su obtención.

La "vía" mediante la cual se pagan los impuestos muestra un escenario mucho más complejo. De la población que paga impuestos (60% de los encuestados), la mayoría (49%) lo hace a través de la empresa o el patrón, el 14% lo hace personalmente y el 22% con ayuda (contador, amigo, familiar o SHCP).

Para analizar con mayor detalle la cultura tributaria de la población, se diseñó un índice de "sofisticación" a partir de interrogantes de carácter factual. Este índice se construyó con base en las respuestas correctas que los encuestados dieron a diecisiete reactivos que pueden agruparse en los siguientes rubros:

a) Impuestos que cobra el gobierno.

b) Porcentaje de IVA.

c) Productos que pagan IVA.

d) Autoridad responsable de aprobar los impuestos.

Los resultados no son muy alentadores: seis de cada diez mexicanos se ubican entre los niveles más bajos de sofisticación fiscal. Sin embargo, el problema se concentra en ciertos sectores. Los segmentos de la población que registran menores niveles de sofisticación tributaria son las mujeres, los adultos jóvenes, las personas de menor ingreso y, desde luego, quienes no pagan impuestos.

Con respecto al conocimiento de impuestos específicos, los que tienen mayor reconocimiento son: IVA (79%), Predial (69%) e ISR (42%). De seguro los altos porcentajes para el IVA y el predial se explican por la cercanía del ciudadano a estos impuestos. El resto, salvo la tenencia de vehículos (34%), recibe niveles de reconocimiento insignificantes.

La mayoría de la población sabe a cuánto asciende el porcentaje de IVA (69%). Sin embargo, hay un nivel alto de desconocimiento respecto a los productos que están sujetos a este impuesto. Por ejemplo, 65% de los encuestados contestó que tanto libros, revistas y periódicos, como medicinas, están sujetos al cobro de IVA. En el caso de las medicinas, el gobierno paga un doble costo: no recabar este impuesto y el que proviene de que la población piensa que el gobierno cobra el IVA sobre un producto tan sensible como los medicamentos.

Por último, sorprendió que la mayoría (más del 60%) de la población identificara correctamente al órgano responsable de aprobar los impuestos: el Congreso.

Estudios llevados a cabo en otros países han demostrado que las opiniones de los ciudadanos sobre el sistema tributario inciden de manera importante en los niveles de recaudación y evasión impositivos. Tres tipos de percepción parecen cruciales: las opiniones sobre la *equidad* del sistema tributario, sobre la *función* de los impuestos y sobre la mayor o menor *popularidad* de los mismos.

La percepción de que el sistema es equitativo y de que los impuestos desempeñan una función importante en la sociedad lleva a mayores niveles de cumplimiento. La medición de la popularidad de los impuestos tiene implicaciones importantes para la toma de decisiones con respecto a la política tributaria.

Las respuestas relativas a la justicia o *equidad* del sistema tributario se combinan para dar una imagen negativa del sistema. La mayoría de la población piensa que el sistema de impuestos es injusto o inequitativo por una de las razones siguientes:

- Se paga demasiado en impuesto: 63.3% (de los encuestados).
- Se cree que el sistema beneficia a los que más tienen: 72%.
- Se paga más en impuestos que lo que se recibe en servicios: 57%.

Con respecto a la *función* de los impuestos, se buscó conocer la opinión de los encuestados sobre el papel de los impuestos y la responsabilidad del Estado en el bienestar de la población.

La población está dividida: hay un importante segmento individualista (46%) que señala que la persona misma es la responsable de su bienestar, mientras que una proporción parecida (40%) responsabiliza al gobierno.

Al respecto es interesante observar que aquellos que piensan que el bienestar es responsabilidad propia, son los que pagan impuestos, los de mayores ingresos, los más jóvenes y los hombres. Esta percepción es importante porque en la medida en que uno cree que el Estado es el responsable del bienestar, justifica una mayor participación del mismo en la provisión de bienes y servicios y, también, exige mayor responsabilidad. Igualmente, si la función redistributiva del Estado es cuestionada, su legitimidad para extraer recursos de los sectores más pudientes se ve disminuida.

Con respecto a la *función de los impuestos*, la mayoría de la población está consciente del uso que se les da y sus respuestas reflejan una actitud relativamente positiva al respecto. El 59% considera que los impuestos son necesarios para que el Estado pueda prestar los servicios públicos y sólo el 11.5% que son un medio para distribuir mejor la riqueza.

Estas opiniones sobre el objetivo prioritario de los impuestos están reforzadas por el parecer de los encuestados sobre cuáles deben ser las prioridades del gasto. La siguiente encuesta (sic) revela que ocho de cada diez mexicanos señala que su primera prioridad es el gasto social (educación, combate a la pobreza y servicios médicos).

Cabe señalar que sólo el 17% señaló a la seguridad pública como el servicio más importante que debe proporcionar el gobierno. El énfasis en el gasto social nos confirma que prácticamente toda la población está de acuerdo en que se gaste en educación, servicios médicos y ayuda a los pobres; y hay un rotundo rechazo al financiamiento de los partidos políticos.

Las prioridades del gasto varían sustantivamente de acuerdo con el nivel de sofisticación e ingreso. El *status* como contribuyente no modifica las opiniones. Sin embargo, conforme aumenta la sofisticación "tributaria" aumenta la demanda por el gasto en educación y disminuye la preferencia por el gasto en combate a la pobreza y los servicios médicos. La demanda por programas contra la pobreza, como era de esperar, es menor entre las personas de mayor solvencia. Por su parte, la educación es la demanda fundamental para los estratos medios, pero no hay diferencia a este respecto entre los más pobres y los de mayor ingreso.

Con referencia al segundo aspecto de la función redistributiva (redistribución de la riqueza federal), la mayoría (61%) de la población tiende a pensar que los estados más pobres deben recibir más dinero que el que pagan en impuestos. En cuanto que los más sofisticados y la gente de mayores ingresos tienden a posturas menos redistributivas. Este segmento demanda trato equitativo para los estados sin importar su nivel de pobreza.

Por último, también se buscó medir la opinión de los encuestados sobre algunos impuestos específicos o lo que denominamos "popularidad" de los impuestos. Éste es un asunto controvertido y se percibe cierta inconsistencia entre la población, pues por una parte considera que paga demasiado en impuestos y, por la otra, declara que prefiere pagar más impuestos y recibir más servicios.

El IVA, que es el impuesto con mayor nivel de reconocimiento entre la población, es uno de los más impopulares. En tanto, el Impuesto Sobre la Renta aparece como menos "impopular". A la pregunta de ¿qué le molestaría más que subiera: el IVA o el ISR?, la mayoría (67%) responde que el IVA, mientras que sólo el 22% opina que le molestaría más un aumento en el ISR. La explicación de este fenómeno está en la cercanía del impuesto al contribuyente. El IVA lo paga el consumidor directamente mientras que en el caso del ISR, el 70% de la población o no lo paga o le es retenido por la empresa o patrón.

Del resto de los impuestos, el más impopular, a pesar de que recibe un muy bajo nivel de reconocimiento (20% de conocimiento espontáneo y 52% con recordación), es el de la gasolina. El 71% de los encuestados declaró que el impuesto a la gasolina es el que más le molestaría que incrementara.

La explicación parece recaer en dos factores. Primero, México es un país con abundante riqueza petrolera y la población no encuentra razón para que su precio sea alto. Segundo, se cree que el aumento en la gasolina provoca un incremento generalizado en los precios de otros productos.

La respuesta a la pregunta de qué impuestos le molestaría más que aumentaran, permite un margen amplio en el caso del tabaco y el de las bebidas alcohólicas. Estos dos impuestos son de los menos conocidos por la población y sus incrementos le molestan menos.

Sin lugar a dudas la solución óptima para aumentar los ingresos tributarios del gobierno es ampliar la base de los que pagan impuestos. De las opciones para lograr este objetivo, ésta fue la más mencionada. Sólo un 13% consideró que podrían subirse un poco todos los impuestos y un 8% respondió que todos los productos pagaran IVA.

El incumplimiento de las obligaciones fiscales tiene diferentes aristas. Para esta encuesta se consideró que un individuo incumple con sus obligaciones fiscales en los siguientes casos: no hace su declaración, "esconde" ingresos, presenta deducciones que no corresponden e incurre en conductas como no pedir factura para evitar el pago de IVA.

Para investigar este fenómeno se llevaron a cabo tres mediciones:

a)   Conocimiento de los mecanismos de evasión.

b)   Elementos de cultura cívica y presión social (actitudes personales, percepción de honestidad de los demás, opinión sobre la equidad).

c)   Percepción sobre el riesgo y el castigo.

Conocimiento de los mecanismos de evasión. Se identificaron tres de las formas más recurrentes para evadir al fisco: no declarar impuestos, presentar gastos personales como si fueran de trabajo y *subreportar* el ingreso percibido.

Alrededor de 85% de la población mencionó estar al tanto de al menos un mecanismo de evasión de impuestos. Las formas de evasión más mencionadas fueron "no declarar impuestos" y "presentar gastos personales como de trabajo" (23% de cada una), seguidas por "no reportar todo el ingreso percibido" (21%). Aunque la encuesta no permite medir si quienes respondieron han utilizado una u otra forma de evasión, sí puede constatarse que entre la población de mayores ingresos "presentar gastos personales como de trabajo" y "aumentar los gastos a deducir" son las prácticas más reportadas.

Por su parte el 62% de la población declara que prefiere obtener factura de la compra de un producto aunque tenga que pagar IVA.

Sin embargo, la tasa de respuesta disminuye sensiblemente si la pregunta se dirige a las personas de menores ingresos. Dada su situación económica, este grupo es más receptivo a la posibilidad de "ahorrarse" el pago del IVA (aunque también pudiera ser que las personas de menores ingresos, a diferencia de los individuos más acomodados, realizan sus compras en establecimientos donde es factible evitar el pago del IVA).

Cultura cívica y presión social. La cultura cívica del mexicano tiene valores muy bajos en las mediciones internacionales. El país suele ser caracterizado como con bajo apego a la ley entre las autoridades y entre la población. Así lo constatamos en materia tributaria. Para ello se elaboró lo que llamamos un índice de cultura cívico-fiscal construido a partir de las opiniones sobre la evasión, cuyo propósito es medir las actitudes del ciudadano hacia:

- el sistema tributario: equitativo/no equitativo,

- el prójimo: honestidad/deshonestidad "del otro",

- el acto de evadir: delito menor/mayor,

- la extensión y cantidad del fraude,

- la responsabilidad ciudadana.

El primer resultado es que los mexicanos presentan niveles muy bajos de cultura cívico-fiscal. La mayoría de la población (60%) se ubica en el nivel bajo y sólo el 9% puede considerarse como portador de una alta cultura cívico-fiscal. No se observan sesgos significativos en el grado de cultura cívico-fiscal a partir de edad, ingreso, género e incluso nivel de sofisticación (sólo se encontró una propensión marginal de las personas con menos cultura cívica a concentrarse en el estrato de menor ingreso).

La mayoría de los encuestados piensa que los mexicanos son "poco conscientes y poco responsables de sus deberes". Esta percepción refuerza las conductas de evasión pues la presión social como determinante de la conducta deja de operar. Sin embargo, es necesario reconocer que se detectó un elemento positivo de presión social. A la pregunta de si pagar impuestos es engañar al resto de los ciudadanos, casi el 70% estuvo total o parcialmente de acuerdo.

Un segundo factor entre los determinantes de la evasión fiscal es la percepción sobre le extensión del fenómeno. A mayores niveles de esta percepción, mayor la propensión y la probabilidad de que un individuo incurra en actos de evasión. Esto ocurre así porque deja de operar la "presión social" como incentivo para cumplir con las obligaciones. También es una señal de que los evasores no son castigados. En México, la gran mayoría de la población (82%) —al margen del *status* como contribuyente, nivel de ingreso o identificación partidista— opina que el fraude fiscal está muy extendido entre la población.

Un dato positivo es que el 57% mencionó el fraude fiscal como uno de los tres delitos más graves. Por encima del fraude fiscal quedaron "robo a mano armada" y "dar mordida a funcionarios públicos". Por abajo quedaron la compra de artículos robados, pasarse un alto y tirar basura en la calle. Esto indica que el fraude fiscal recibe un reconocimiento adecuado como delito.

Riesgo y castigo. Si los contribuyentes perciben que la probabilidad de ser descubierto, la posibilidad de ser castigado y la magnitud del castigo son bajas, y las de evadir la justicia altas, entonces estamos frente a poderosos incentivos para incumplir nuestras obligaciones tributarias.

Es muy probable que la razón fundamental por la que mucha gente paga impuestos es porque no tienen otra alternativa ya que su ingreso proviene básicamente de su salario y les es descontado en automático. La mayoría (80%) de los encuestados está de acuerdo con esta afirmación. Sin embargo, cuando los ciudadanos son libres de elegir, dos de las razones fundamentales para el pago o evasión de impuestos son la probabilidad de ser descubierto en caso de incurrir en un acto fraudulento y el miedo al castigo.

Buena parte de la población (53%) cree que la gente paga impuestos por miedo a ser descubierta. Pero, en este sentido, habría que contrastar esta opinión con la percepción generalizada de qué tan probable es que eso ocurra. Entre la población encuestada, el 51% considera que es "muy probable" o "probable" que te descubran. Permanece, sin embargo, un 49% que no percibe como grande el riesgo de que lo descubran. El temor a ser descubierto aumenta con la sofisticación del individuo. Destaca que los jóvenes son quienes creen menos probable que se descubra la evasión fiscal. Un agravante dentro del rubro "riesgo y castigo" es que la población considera que el gobierno se esfuerza poco o muy poco contra el fraude (62.1%) y que no logra reducirlo (67.1%).

Con respecto al castigo, la población considera que es y debería ser severo. Puede tomarse la "privación de la libertad" (cárcel) como un castigo severo. Un 48% de la población cree que es posible que si el gobierno descubre la evasión, el culpable sea castigado con cárcel. Mientras que sólo el 28% piensa que el castigo *usual* a los que mienten en su declaración (por una cantidad grande) es la cárcel. Aproximadamente la misma proporción que el castigo es adecuado.

Los hallazgos reportados sugieren que cuando se diseña una política que trata de fomentar mayor cumplimiento debe evitarse el énfasis en que muchas personas no pagan impuestos porque la percepción de la honestidad de los demás es una variable que lleva al incumplimiento. Por otra parte, parece imperativo inducir la percepción de que la probabilidad de detectar la evasión es alta y el castigo efectivo.

Entre las formas de aumentar el cobro figuran incrementar la severidad de los castigos y aumentar la probabilidad de detección (más auditorías dirigidas a los probables evasores). No obstante, quienes toman las decisiones se dividen con respecto a si las políticas de fomento al pago deben ser dirigidas a pequeños grupos o a grandes segmentos y a que sean de bajo perfil o de gran impacto publicitario.

Entre los determinantes del cumplimiento de las obligaciones tributarias figura la percepción de los ciudadanos sobre cómo administra el gobierno los recursos provenientes de los impuestos. La hipótesis aquí es que percepciones negativas con respecto al desempeño del gobierno tienden a actuar como justificantes al no pago o incumplimiento de obligaciones tributarias.

La opinión de la mayoría de la población con respecto al manejo y utilización de los impuestos por parte del gobierno es negativa, al margen de su *status* como contribuyente, nivel de ingreso, edad o género. El 47% opina que el gobierno gasta demasiado y sólo el 12% declara que el gobierno administra bien o muy bien el dinero que recauda. La ciudadanía piensa que bajo circunstancias en las que el gobierno no cumple con sus obligaciones básicas es válido no cumplir con las propias.

Como confirma la encuesta, en México están presentes la mayoría de los determinantes de la cultura del no pago: un bajo nivel de cultura fiscal, conocimiento de mecanismos de evasión, opinión negativa sobre el sistema tributario, baja probabilidad de castigo y ausencia de mecanismos de presión social.

El problema de la evasión fiscal no es sólo un asunto técnico. Por ejemplo, la percepción sobre el papel redistributivo del Estado, elemento central de toda ideología, influye en la aceptación ciudadana de la carga tributaria. Del mismo modo, la eficiencia gubernamental en la provisión de servicios básicos es otro elemento que considera la ciudadanía. El problema es de cooperación: los mexicanos perciben que el Estado no está cumpliendo con sus funciones básicas y, en represalia, se justifica la evasión fiscal. A mediano y largo plazo, sin embargo, tanto el Estado como la ciudadanía pierden. La debilidad fiscal del Estado incide en la cobertura y calidad de los servicios que provee, lastimando los intereses de la población, que, entonces retira más su apoyo al gobierno y al sistema político que los sustenta. Obvia decir que eso hace aún más difícil incrementar la recaudación fiscal. Es, por llamarlo así, el círculo vicioso de la relación Estado-ciudadano en material fiscal.

La percepción de la ineficiencia gubernamental influye también en la percepción ciudadana sobre la capacidad del Estado para detectar y castigar a los evasores. El principio elemental de todo sistema tributario "se castiga a quien no cumple con sus obligaciones", no se ve como una amenaza creíble. De ahí que muchos individuos o empresas estén dispuestos a correr el bajo riesgo de evadir impuestos.

No obstante, hay áreas potencialmente promisorias. Es abrumadora la proporción de mexicanos que demanda que el gasto gubernamental sea de índole social. Si ante la opinión pública se logra vincular el gasto social con el pago de impuestos, si mejora la calidad de los servicios, o si se administra de mejor manera el erario público, entonces la gestión gubernamental será vista con buenos ojos. Ello incidirá en la disposición ciudadana a cubrir sus impuestos. Así, el primer paso para romper este círculo vicioso en material fiscal está en manos gubernamentales. La ciudadanía está a la espera.

María Amparo Casar y Jorge Buendía

Ejercicios

1. Elabora un resumen del texto anterior.

   _____

   _____

   _____

   _____

   _____

   _____

   _____

2. Forma tres palabras con cada uno de los siguientes términos y escribe el sinónimo de una de ellas:

Término	Palabras	Sinónimo
Ejemplo:		
personalmente	persona personificación personaje	individualmente
posibilidad		

Término	**Palabras**	**Sinónimo**
impuestos		
enmarca		
mediante		
desconocimiento		
correctas		
involuntaria		
alentadores		
asciende		
productos		

Término	Palabras	Sinónimo
insignificantes	_____	_____
	_____	
	_____	
población	_____	_____
	_____	
	_____	
sistema	_____	_____
	_____	

3. Busca información sobre un tema que se relacione con tu carrera y elabora, en equipo, un informe con las siguientes características.

    a) Utiliza el modelo del escarabajo.

    b) Delimita el tema.

    c) Elabora el índice tentativo.

    d) Desarrolla cada uno de los pasos del informe.

    e) Emplea los tipos de escrito adecuados.

    f) Preséntalo y discútelo en una dinámica de grupo.

    g) Justifica si es expositivo, interpretativo o demostrativo.

    h) Recurre a la argumentación si se requiere.

4. Investiga algunos formatos de reportes técnicos y discute su contenido en clase. Analiza los tipos de escrito que se utilizan en cada uno.

5. Redacta un reporte, no mayor de una cuartilla y media, sobre una actividad que realices en otra clase, puede ser en un laboratorio.

6. Redacta una ponencia de acuerdo con las características que se exponen en la teoría. Considera los siguientes requisitos:

    a) Utiliza el modelo del escarabajo.

    b) Elige temas de interés actual.

    c) Usa los tipos de escrito adecuados.

    d) Utiliza la argumentación.

    e) No mayor de una cuartilla y media.

    f) Contenido y tonos adecuados al tema.

Etimologías

Esquema 12

PREFIJO	ORIGEN	SIGNIFICADO	EJEMPLOS
endeca-	griego	once	endecasílabo
micro-	griego	pequeño	microcosmos, microbio
mile(mil)-	latino	mil	milenio, milésimo
hipo-	griego	debajo, disminución, inferioridad, subordinación	hipoteca, hipotenusa
icosa-	griego	veinte	icosaedro, icoságono
archi-, arqui-	griego	preeminencia, alrededor	arcángel, archipiélago
anfi-	griego	por ambos lados, uno y otro, alrededor	ánfora, anfibio, anfiteatro
tetra-	griego	cuatro	tetraedro, tetrasílabo
octa(o)-	griego y latino	ocho	octaedro, octágono, octogenario, octubre
extra-	latino	fuera de	extralógica, extraviar

SUFIJO	ORIGEN	SIGNIFICADO	EJEMPLOS
-sis	griego y latino	proceso, acción, estado, enfermedad	análisis, elefantiasis, síntesis
-ma	griego	afecto o resultado de una acción anterior	sarcoma, edema, lipoma, dogma
-fobia	griego	horror, miedo	agorafobia, hidrofobia
-orio	latino	lo que sirve para efectuar una acción, relativo a	ilusorio, aleatorio
-oso	latino	abundancia	caliginoso, moroso
-grama	griego	raya, letra, descripción	cardiograma, organigrama

7. Anota frente a cada significado o significados el prefijo o sufijo correspondiente.

    a) Forma una palabra diferente de los ejemplos.

    b) Redacta un enunciado e incluye la palabra que formaste.

       Lo que sirve para efectuar una acción, relativo a:

_____

_____

_____

       Cuatro:

_____

_____

       Por ambos lados, uno y otro, alrededor:

_____

_____

       Debajo, disminución, inferioridad, subordinación:

_____

_____

       Raya, letra, descripción:

_____

_____

       Efecto o resultado de una acción anterior:

_____

_____

Preeminencia, alrededor:

_____

_____

_____

Once:

_____

_____

_____

Proceso, acción, estado, enfermedad:

_____

_____

_____

Veinte:

_____

_____

_____

DUDAS FRECUENTES

Aún	Se acentúa cuando equivale a todavía. Ejemplo: *Aún no ha llegado.*
Aun	No se acentúa cuando significa hasta, también o inclusive. Ejemplos: *Aun los flojos trabajaron. Aun un tonto puede comprenderlo.*
Más	Se acentúa cuando es adverbio de cantidad. Ejemplos: *Quiero más comida. Dame más dinero.*
Mas	No lleva acento cuando es conjunción y equivale a pero. Ejemplos: *Me dijo que fuera mas* (**pero**) *no pude. Lo esperaba temprano, más* (**pero**) *no llegó.*
Solo	Cuando equivale al adverbio solamente. Ejemplo: *Solo diez alumnos aprobaron el curso.* O cuando es adjetivo y tiene la connotación de soledad. Ejemplo: *Juan está solo.* Ya no se acentúa, sin embargo no es incorrecto acentuarlo en su forma adverbial: Sólo.
Debe de	Se utiliza cuando equivale a duda o suposición. Ejemplo: *Luis debe de llegar a las diez.*

Debe
Se utiliza cuando equivale a obligación. Ejemplo: *Debe llegar a las diez, porque es su hora de entrada.*

Sino y Si no
Para saber cuándo se debe escribir **sino** junto o **si no** separado, hay que colocar inmediatamente después de estas partículas la conjunción **que**. Si la frase tiene sentido, se escribe **sino**; si no lo tiene, va separado. Ejemplos: *Esta casa no es mía,* **sino** *de mi padre* (sino que es de mi padre). *Sentado en el sillón trataba,* **si no** *de dormir, al menos de descansar un poco.*

Así mismo y Asimismo
Sólo cuando son dos palabras se acentúa el **así**.
Asimismo no se acentúa. Ambas formas tienen igual significado.

Bien
Nunca se acentúa. Se comete el error de acentuarlo porque se sigue la ortografía de la palabra *también*, donde sí lleva acento la última sílaba.

Pues
Está en el mismo caso que el anterior, sólo que en ésta se sigue la ortografía de la palabra *después*.

O
Se acentúa solamente cuando va entre numerales, para no confundirlo con cero. Ejemplo: *7 ó 9.*

Fue
Monosílabo que no se acentúa; en igual caso están los verbos vio y dio.

Este, ese, aquel
Pueden acentuarse cuando son pronombres, es decir, cuando van en lugar del nombre. Ejemplos: *este libro es azul* (**éste** es azul); *ese abrigo es mío* (**ése** es mío); *aquel automóvil es hecho en México* (**aquél** es hecho en México). Cuando se utilicen como pronombres y exista riesgo de ambigüedad se acentuarán de manera obligatoria.

Esto, eso, aquello
Son pronombres demostrativos que no se acentúan en ningún caso. Ejemplos: *esto es lo correcto*; *eso lo hace con frecuencia*; *aquello que se ve junto a la casa es una noria.*

Como, cuando, donde, cual y que
Si se utilizan como interrogativos se acentúan. En caso contrario no llevan acento, a menos que sean enfáticos, Ejemplos:

- **¿Cómo** *estás?*
  Tanto uno **como** *el otro lo saben.*
  Todos sabemos o creemos saber **cómo** *se pierde el tiempo.*

- **¿Cuándo** *vienes?*
  Cuando *salga, iré.*
  Hasta **cuándo** *dejarás de molestarme.*

- **¿Cuál** *es tu nombre?*
  Aquí tienes el examen, el **cual** *debes contestar en una hora.*
  No sé **cuál** *tema seleccionaré.*

- **¿Dónde** *has estado?*
  Estuve en la oficina **donde** *se tramitan los pasaportes.*
  Pregúntale **dónde** *va a presentarse la muestra de teatro.*

- **¿Qué** *estás haciendo?*
  Lo **que** *me sugeriste.*
  No te imaginas **qué** *impacto causó su presencia.*

Mente   Las palabras terminadas en **mente** conservan el acento en la forma compuesta. Ejemplos: *ágil*, **ágilmente**, *común*, **comúnmente**.

Dé   Se acentúa cuando proviene del verbo dar. Ejemplo: *No **dé** usted nada de eso.*

De   No se acentúa cuando es preposición. Ejemplo: *No le pertenece nada **de** lo mío.*

Sé   Se acentúa cuando proviene del verbo ser o saber. Ejemplos: **Sé** *bueno. No **sé** nada.*

Se   No se acentúa cuando es pronombre. Ejemplo: *Ya **se** lo dije.*

Él   Lleva acento si es pronombre. Ejemplo: *Dile a **él**.*

El   Carece de acento si es un artículo. Ejemplo: **El** *libro es interesante.*

Tú   Pronombre. Ejemplo: *Vino antes que **tú**.*

Tu   Adjetivo posesivo. Ejemplo: **Tu** *hermano te espera.*

Mí   Se acentúa cuando es pronombre personal. Ejemplo: *A **mí** me gusta el libro.*

Mi   No se acentúa cuando es sustantivo o adjetivo posesivo. Ejemplos: **Mi** *es la tercera nota musical.* **Mi** *casa es amplia.*

Té   Se acentúa cuando es sustantivo. Ejemplo: *Prefiero un **té** helado.*

Te   No se acentúa cuando es forma pronominal. Ejemplo: **Te** *invito al concierto.*

Sí   Se acentúa cuando es afirmación o pronombre. Ejemplos: *Si te digo que **sí** ¿vendrás?, dijo para **sí**.*

Si   No se acentúa cuando es sustantivo o conjunción condicional. Ejemplos: *Sonata en **si** bemol. No sé **si** pueda venir.*

FORMAS INCORRECTAS	FORMAS CORRECTAS
andamos 10 kilómetros	*anduvimos* 10 kilómetros
cuando sea *más mayor*	cuando *sea mayor*
es una persona *muy leeída*	es una persona *muy culta*
habla *despacito*	habla en *voz baja*
*anti*diluviano (uso)	*ante*diluviano
los temas *a* tratar	los temas *que se van a* tratar o los temas *por* tratar
sientensén y *callensén*	*siéntense* y *cállense*
tengo *mucho* hambre	tengo *mucha* hambre
a lo que se ve	*por* lo que se ve
mayor *a*	mayor *que*
más sin embargo	sin embargo
checar (uso)	che*quear*
de gratis o *de* a gratis	gratis
de *imprevisto*	de *improviso*
destornillarse de risa (uso)	*desternillarse* de risa
diabetis (uso)	diabetes
disgresiones	digresiones
a la mayor brevedad posible (uso)	*con* la mayor brevedad posible o más lógico: con la mayor rapidez posible
parecía *mismamente* un señor	parecía un señor
se siente orgullosa de ella misma	se siente orgullosa de *sí* misma

Formas especializadas de redacción

Consideramos importante dedicar un capítulo a los géneros periodísticos por dos razones fundamentales. La primera, por el incremento tan notable de publicaciones internas en los sectores público y privado, en los últimos años. La otra, por el desconocimiento que existe sobre el tema entre estudiantes y profesionistas ajenos a este campo.

De cualquier manera debemos aclarar que este apartado no pretende ser una guía para especialistas sino una orientación y un apoyo para aquellos que se enfrentarán algún día a la necesidad de escribir en las páginas de cualquier medio de información, de hecho, el reto que algunos estudiantes experimentan cuando realizan diferentes publicaciones en el medio universitario, es invaluable en su desarrollo profesional.

Como el tema de los géneros periodísticos tiene diferentes enfoques, tanto por las diversas escuelas y teorías, como por las sutiles diferencias e hibridaciones que existen entre ellos, antes de entrar en materia comenzaremos por definir la palabra "noticia", del latín *notus*, conocido. Se puede definir a **la noticia** como "el género fundamental del periodismo, el que nutre a todos los demás. Su propósito es dar a conocer los hechos de interés colectivo". Algunas definiciones clásicas de noticia dicen:

> • Noticia es un informe oportuno de todo aquello de interés para la humanidad.
>
> **Fraser Bond**

- Es la información corriente de los sucesos del día puesta al alcance del público.

V. Mitchell Charnley

- Las noticias pueden ser consideradas como un producto comerciable.

Stanley Jonson y Julián Harris

Otras más actuales expresan:

- Noticia es todo aquello que usted ayer desconocía.

Turner Catledge

- Noticia es todo.

Leonard Ray Teel

- Noticia es un hecho provisto de una campanita, cuya intensidad de sonido me indica su valía.

Carlos Estrada Lang

- En singular, la noticia es la vida misma; en plural, las noticias son la vida cortada en pedazos, en secuencias.

Ramón Almoneda

Aunque existen diferentes estilos dentro de la redacción periodística podemos mencionar dos generales: el **tradicional**, que interpreta los hechos de manera objetiva y el **actual**, que deja ver los juicios del periodista. Esta última tendencia se orienta hacia la editorialización de la noticia, como ya lo hacen varios periódicos nacionales.

El tema de los medios de comunicación: prensa, radio y televisión es relevante por la interrelación que existe entre ellos y también por la forma y el tiempo como se presenta el mensaje en cada uno. Vicente Leñero y Carlos Marín escriben: "*prensa, radio y televisión* son los medios en que se desarrolla el ejercicio periodístico. Entre los tres existen diferencias esenciales que conviene resaltar: mientras la prensa es manejada por empresas susceptibles de propiedad, la radio y la televisión están sujetas a concesiones debido a que el espacio aéreo en que se difunden es propiedad de la nación.

El gobierno determina el juego económico y político de los medios electrónicos. La amplitud y formas que la libertad de expresión alcanza en prensa, radio y televisión dependen significativamente de esta primera condición esencial.

Una segunda diferencia: radio y televisión pueden o no incluir información periodística en su programación (musical, deportiva, teatral, etcétera) mientras que la prensa tiene como única oferta y razón de ser la información periodística.

Bueno o malo, cierto o falso, comercializado o no, el periodismo es el principal artículo de la prensa escrita.

La tercera diferencia entre prensa, por una parte, y radio y televisión, por otra, es que el receptor de los medios electrónicos no tiene arbitrio sobre los mensajes que recibe: es un destinatario relativamente pasivo del mensaje y siempre está sujeto a escuchar información que no escoge y que frecuentemente se le dosifica con intercalamiento de anuncios comerciales que no busca.

Por el contrario, el lector de periódicos y revistas es un receptor activo: elige y compra la publicación que quiere, selecciona los textos que juzga de interés (incluidos los anuncios publicitarios) y determina el momento de la lectura.

La prensa es el medio periodístico tradicional y permanece en poder del público indefinidamente. Las publicaciones impresas pueden conservarse en una casa, en una biblioteca, en un archivero, en una hemeroteca para su consulta posterior, sin que se requiera la tecnología audiovisual que exigen los medios electrónicos.

La prensa tiene dos formas de presentación: como diario y como revista. En ambos casos la constancia en los tiempos de aparición —cada día, cada semana o cada mes— contribuye a su acreditación pública.

Diarios y revistas están definidos por

a) La fisonomía editorial signada por la naturaleza de los asuntos que se abordan, y la política editorial de cada empresa periodística: su posición ideológica y política frente a los hechos de interés colectivo.

b) La fisonomía física, dada por la presentación, tamaño, maleabilidad, tipografía, distribución de materiales gráficos y escritos, distribución de secciones, clase de papel, etcétera.

La radio ejerce su función periodística cuando transmite noticiarios, entrevistas, conferencias y acontecimientos noticiosos que el público puede conocer en el momento en que se están produciendo.

Entre sus características singulares se encuentra la rapidez y la oportunidad pero, al penetrar por los oídos, obliga al auditorio a realizar un esfuerzo de retención prácticamente imposible. Su mensaje informativo no puede conservarse con fijeza; el radioescucha está imposibilitado para buscar una ampliación del mensaje, abarcar los datos de manera global, repetir la 'lectura', escoger lo que le parece más importante.

La radio tampoco puede presentar apoyos gráficos a la información, de tal modo que proporcione una comprensión más amplia del material que difunde. Su penetración en el público, sin embargo, es mayor que la de cualquier otro medio de comunicación masiva.

La televisión tiene las ventajas de la radio en cuanto a la rapidez y oportunidad y les añade imágenes que permiten al espectador situarse en el lugar del acontecimiento, comprobar la veracidad de la narración y hasta cierto punto 'vivir' el hecho.

Sin embargo, como en el caso de la radio, la televisión impide al público 'detenerse' o repetir la 'lectura' para seleccionar lo más importante: penetrar, mediante el análisis minucioso en el significado de los hechos o declaraciones trasmitidas.

En muchos casos lo que la televisión y la radio provocan es curiosidad e interés por determinado suceso. Al día siguiente de las transmisiones no es extraño que un sector del auditorio busque en los diarios la información correspondiente para confirmar y comparar sus impresiones iniciales; para recordar, completar, analizar y obtener una idea de conjunto respecto a lo que pasó.

El recurso de las videocaseteras (como de las grabadoras en el caso de la radio) permite retener la información televisiva pero obliga a la grabación de todos los programas periodísticos y a un costo desproporcionado si se toma en cuenta que sólo unas cuantas informaciones, en realidad, merecerían ser conservadas para su 'relectura'.

La televisión es el segundo medio de mayor penetración en México. El tercero es el cine, que durante muchos años constituyó otro medio periodístico eficaz, dada la amplitud del público que acude a las salas de exhibición. Este medio, sin embargo, ha venido ocupándose cada vez menos de asuntos de interés periodístico, lo cual hacía a través de noticiarios y documentales informativos que hicieron las veces de revistas fílmicas semanales.

El cuarto lugar de penetración lo ocupa la prensa y está determinada no solamente por la desventaja que le significan la rapidez, amplitud y bajo costo con que se emiten los mensajes de radio y televisión, sino también por los elevados índices de analfabetismo que prevalecen en México. Baste recordar que el promedio educativo nacional oscila entre los 3.5 y los 4 años de escolaridad para comprender que los alcances de la prensa escrita son rebasados por la facilidad técnica de los medios electrónicos pues lo único que requieren de su auditorio son aptitudes visuales y auditivas."

El lenguaje periodístico ha sufrido cambios muy notorios en los últimos años porque ha asimilado diversas circunstancias del medio y ha propiciado el empleo de neologismos como: carreterazo, intelectualoide, incentivar, por citar algunos y esto sin tomar en cuenta todos los anglicismos y la terminología de algunas tecnologías recientes. En esos cambios también influye sobremanera la mercadotecnia que se aplica a los titulares (encabezados), cuyo fin no es precisamente el de cuidar o preservar el idioma: (*robóla*, *violóla* y *matóla*). Ante esta circunstancia podríamos hablar de dos tipos de lenguaje periodístico:

LENGUAJE PERIODÍSTICO

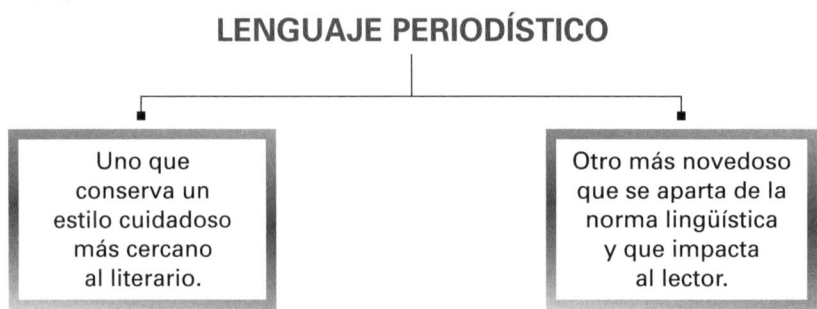

| Uno que conserva un estilo cuidadoso más cercano al literario. | Otro más novedoso que se aparta de la norma lingüística y que impacta al lector. |

Leñero y Marín explican que: "El periodismo se ejerce a través de variadas formas de expresión denominadas **géneros**.

Los géneros periodísticos se distinguen entre sí por el carácter informativo, interpretativo o híbrido de sus contenidos.

Una clasificación de los géneros periodísticos:

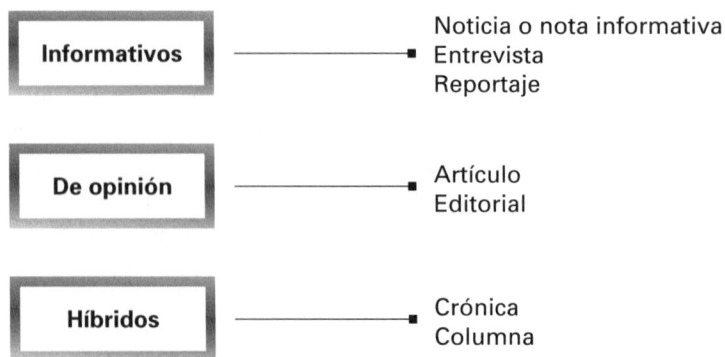

Informativos — Noticia o nota informativa / Entrevista / Reportaje

De opinión — Artículo / Editorial

Híbridos — Crónica / Columna

Otra propuesta de división:

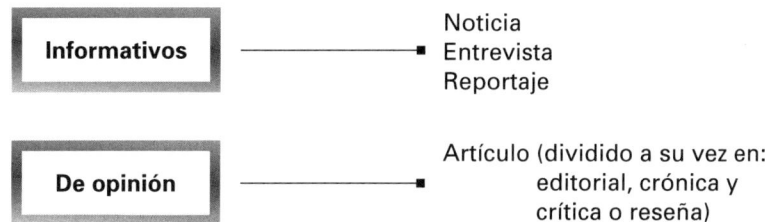

Lejos de constituir compartimientos estancos, los **géneros periodísticos** se entremezclan y aun llegan a enriquecerse con elementos formales de otras disciplinas (cuento, ensayo, novela). Sin embargo, siempre es posible determinar el género que predomina en cada texto periodístico."

Con el objeto de estudiar las características de algunas de estas formas periodísticas nos apegaremos a la siguiente clasificación:

GÉNEROS PERIODÍSTICOS

Informativos

- Noticia o nota informativa.
- Entrevista.
- Reportaje.

Interpretativos o de opinión

- Editorial.
- Crónica.
- Reseña.
- Comentario (columna).
- Crítica (columna).
- Ensayo.

Híbridos

- Columna.

NOTICIA O NOTA INFORMATIVA: Relato veraz y objetivo sobre hechos de interés colectivo.

Características:

- Actual.
- Veraz.
- Interesante.
- Objetiva.

- Oportuna.
- Precisa.
- Clara.

ENTREVISTA: "Es una de las manifestaciones periodísticas de mayor popularidad. Lo debe a que posee una apariencia de calor humano propio, nacido de la sensación de inmediatez que se establece a través de las propias y personales palabras del entrevistado. El éxito de algunas revistas gráficas radica en las muchas páginas que dedican a presentar declaraciones verdaderas y exclusivas de personajes famosos.

A la entrevista que principalmente recoge informaciones se le llama **noticiosa o de información**; a la que principalmente recoge opiniones y juicios se le llama **de opinión**, y a la que sirve para que el periodista realice un retrato psicológico y físico del entrevistado se le llama **de semblanza**."

Características:

- Hay que permitir al interlocutor que hable.
- Debe darse la naturalidad en el diálogo.
- Se deben evitar las preguntas forzadas.
- Hay que tener tacto para hacer las preguntas de carácter delicado.
- Hay que ser fiel a las ideas del entrevistado aunque no se compartan.
- En la redacción, es necesario eliminar lo irrelevante.
- Por ética, no se debe utilizar al entrevistado para beneficio propio.

REPORTAJE: De acuerdo con Leñero y Marín "es el más vasto de los géneros periodísticos. En él caben los demás. Es un género complejo que suele tener semejanza no sólo con la Noticia, la Entrevista o la crónica, sino hasta con el ensayo, la novela corta y el cuento.

Los reportajes se elaboran para ampliar, completar, complementar y profundizar en la Noticia; para explicar un problema, plantear y argumentar una tesis o narrar un suceso.

El reportaje investiga, describe, informa, entretiene, documenta. [...] El reportaje pertenece también, por cuanto a la veracidad de su información, el escrúpulo con que se escogen las fuentes de esa información y el cuidado en su redacción, al tipo de periodismo que no admite rectificaciones sustanciales y mucho menos desmentidos. Muestra la realidad para que la realidad mueva, sacuda, convenza al lector y se propicie la transformación de esa realidad. En el reportaje, el periodista hace intervenir su propia sensibilidad literaria para dar vida a lo que cuenta. Respetando la realidad, la personalidad del periodista se vuelca en el reportaje de la misma forma en que un escritor se vuelca en la novela.

Los reportajes son frecuentes en los diarios pero su mejor medio de expresión, dada la amplitud que suelen alcanzar son las revistas."

Características:

- Capacidad de observación.

- Apego a la realidad.
- Viveza en el estilo, cuidado en el lenguaje.
- Tonos narrativos al alcance del lector medio.
- Manejo adecuado de fuentes informativas.
- Descripciones adecuadas a la naturaleza del tema.

EDITORIAL: Es un texto periodístico que refleja la postura ideológica del medio informativo frente a los hechos de interés colectivo. El editorial comúnmente no aparece firmado, en cambio, los artículos de la página editorial sí.

"El artículo editorial es la opinión del periódico respecto a las noticias que publica. Decía acertadamente J. Pulitzer, director de *World* de Nueva York, que el lector debe conocer el punto de vista del periódico, pues es inmoral cobijarse detrás de la neutralidad de las noticias." En el artículo editorial el periodista expresa sus opiniones y juicios sobre las noticias más relevantes del momento. Cuando los temas son de interés general pero no necesariamente actuales se les clasifica como **artículos de fondo**.

Características:

- Dominio del idioma.
- Vasta cultura.
- Claridad y aplomo en la postura.
- Manejo de la argumentación.
- Brevedad.
- Manejo adecuado de los tonos.

CRÓNICA: Información cronológica que detalla y amplía un suceso de actualidad sin que intervengan juicios u opiniones de su autor. Se le llama también **crónica** al relato periodístico de estilo libre donde se narran hechos interpretados por su autor. **Nueva crónica**, estilo literario o forma propia de contar la realidad de este país: costumbres, esencias, lugares, personajes, mitos y tantas otras cosas que integran la cultura y la sociedad mexicanas. Carlos Monsiváis, como observador y participante interpreta, pone el dedo en la llaga y nos enfrenta a las contradicciones que nos conforman. Elena Poniatowska crónica desde la lucha, José Emilio Pacheco desde la tristeza, José Joaquín Blanco desde la rabia, Cristina Pacheco desde lo terrible de la pobreza, José Agustín desde los momentos trágicos y cómicos de la historia y Herman Bellinghausen desde lo urbano, lo cotidiano. (*Cfr.* Sara Sefchovich, conferencia dictada en el Primer Encuentro de Escritores Mexicanos en el Tecnológico de Monterrey, abril de 1991.)

En diferentes lugares de la República también se pueden mencionar a los **cronistas oficiales**, cuyo trabajo es recopilar la información más importante de cada ciudad o municipio y registrarla en un documento denominado **crónica**. Recordemos a Salvador Novo, cronista de la ciudad de México; a don José P. Saldaña, cronista de la ciudad de Monterrey; a Israel Cavazos Garza, cronista del municipio de Guadalupe, Nuevo León, actual cronista de la ciudad de Monterrey; a Ramiro Estrada Sánchez, cronista del municipio de Apodaca, Nuevo León, entre otros importantes.

El concepto también se aplica a los **cronistas deportivos** que no sólo cuentan lo ocurrido sino valoran la calidad del deporte que cronican. A estos últimos también se les clasifica como **comentaristas**.

Características:

- Capacidad de observación e interpretación de los hechos.
- Capacidad para emitir juicios de valor.
- Estilo propio adecuado a cada uno de los casos.
- Dominio del lenguaje.
- Capacidad para manejar fuentes informativas de diferente naturaleza.
- Capacidad de selección, jerarquización y discriminación.
- Capacidad para describir y narrar.

RESEÑA: Escrito tradicional sobre libros, trabajos de reciente publicación, cine, arte, música, teatro y otras expresiones artísticas de importancia. También se le denomina **crítica** o **columna crítica**.

Características:

- Dominio del arte que se critica.
- Dominio del lenguaje.
- Profesionalismo.
- Conciencia clara de que criticar es valorar.
- Capacidad analítica y argumentativa.
- Capacidad para orientar a los lectores.
- Deben evitase los comentarios viscerales.

COMENTARIO:
(Columna) Información de pequeños hechos que incluyen el tono del comentarista: analítico, agudo, irónico, chispeante o festivo. También se clasifican como comentaristas aquellos que se desenvuelven en el ámbito deportivo.

Características:

- Dominio del tema.
- Pasión por lo que se comenta.
- Juicios de valor.
- Lenguaje y tono adecuados.

ENSAYO: También llamado nota, apunte, meditación, estudio. Es el punto de vista subjetivo y personal que asume el autor al tratar un tema determinado con intensidad y relativo tono metodológico. Plantea y fundamenta una tesis.

Generalmente su lenguaje es conceptual, explicativo, interpretativo. Posee una estructura que puede ser: orden temporal, espacial, análisis, clasificación, argumentación, comparación, contraste, enumeración, causa-efecto.

Diferentes tipos de ensayos:

- Puro (reflexivo, filosófico).
- Poético (creativo).
- Crítico (valorativo).
- Científico (analítico).
- Otros.

COLUMNA: Texto periodístico breve que identifica a un escritor o periodista que escribe sobre uno o varios temas de interés colectivo. El espacio y el título de la columna son invariables. Como es un género híbrido se puede hablar de diferentes tipos de columna:

Columna informativa:

Bloques sintéticos de información que acumulan asuntos de interés público por semana, quincena o por tema.

Columna crítica:

Valoración, interpretación y análisis de diferentes manifestaciones humanas: literatura, cine, arte, música, teatro y otras.

Para concluir este capítulo, analizaremos los **elementos de una noticia** y las partes que integran su redacción. Toda noticia responde a las siguientes preguntas:

¿Qué?	El hecho	"Recibe Carpizo a la DEA"
¿Quién?	El sujeto	"Jorge Carpizo M. Procurador General de la República"
¿Cuándo?	El tiempo	"El 8 de junio"
¿Dónde?	El lugar	"En México, D.F., en el edificio de la P.G.R."
¿Para qué?	La finalidad	"Narcotráfico, asesinato del Cardenal Posadas Ocampo"
¿Cómo?	La forma	"Entrevista en su oficina"

Las partes de una noticia son:

- Encabezado o titular.
- Sumario o secundaria.
- Entrada o lead.
- Enlace o *tie-in* cuando proceda.
- Cuerpo o desarrollo.
- Remate o último párrafo de la noticia.

ESTRUCTURAS ESQUEMÁTICAS DE LA NOTICIA

Esquema de la estructura de la noticia

ENCABEZADO

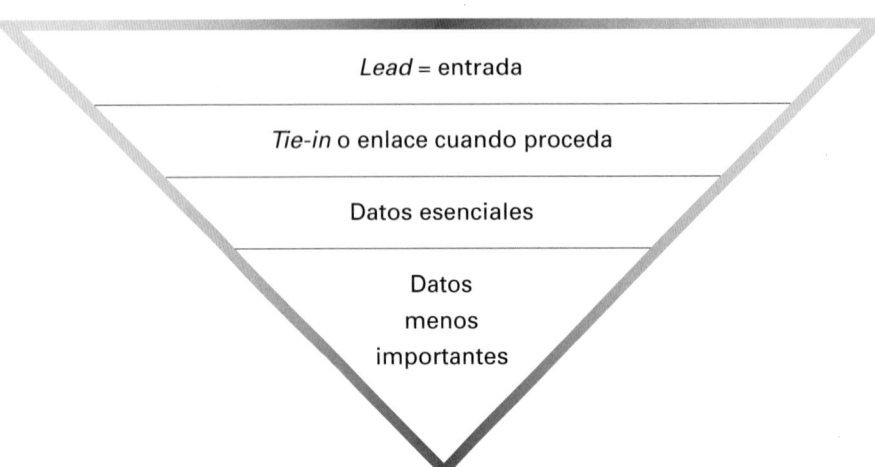

Lead = entrada

Tie-in o enlace cuando proceda

Datos esenciales

Datos
menos
importantes

Pirámide normal

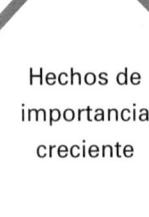

Hechos de
importancia
creciente

Desenlace

Pirámide invertida modificada

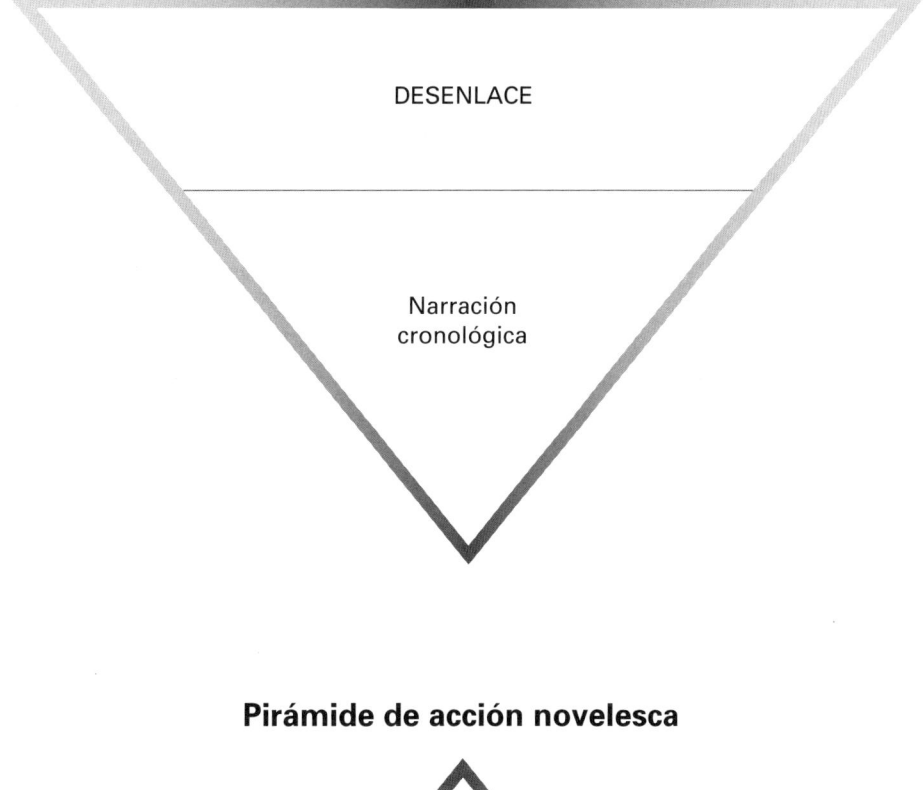

Pirámide de acción novelesca

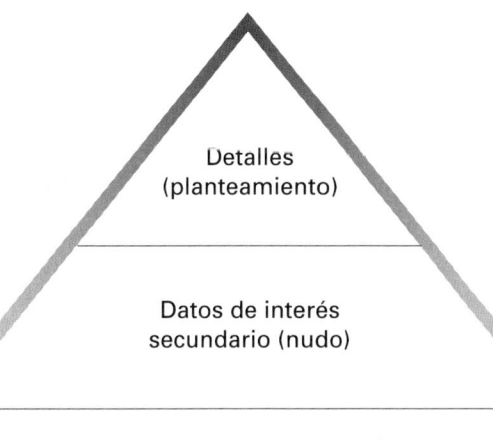

Pirámide para reportajes de acontecimientos

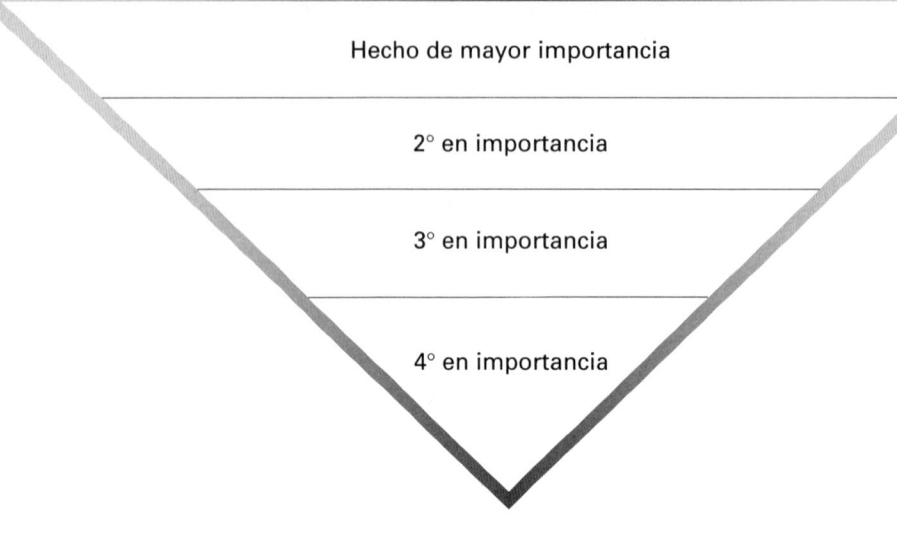

Hecho de mayor importancia

2° en importancia

3° en importancia

4° en importancia

Pirámide para el reportaje de acción

Se
narra
brevemente
el suceso

Se reitera y aumenta con más
detalles ambientales

Se relata con nueva información

Se detallan aún más las circunstancias

cierre

ESQUEMA PARA LA ENTREVISTA

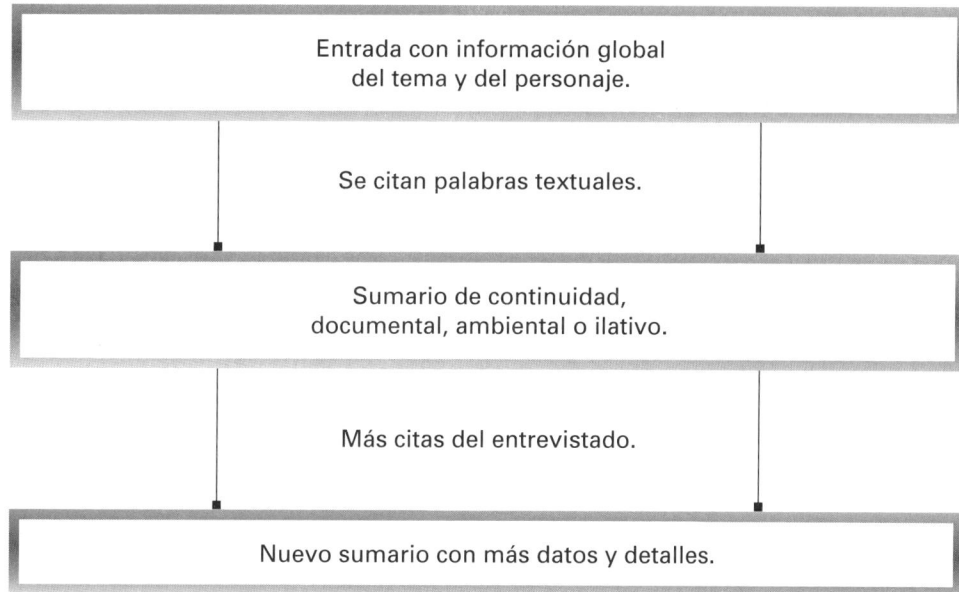

Entrada con información global
del tema y del personaje.

Se citan palabras textuales.

Sumario de continuidad,
documental, ambiental o ilativo.

Más citas del entrevistado.

Nuevo sumario con más datos y detalles.

Lectura 13

LA GLOBALIZACIÓN HACIA UN NUEVO TIPO DE HEGEMONÍA (fragmento)

Hacia una nueva hegemonía mundial

El proceso de globalización implica una economía mundial mucho más interdependiente y competitiva;* también un ambiente de mayor cooperación entre las tres grandes potencias para evitar que peligre la nueva organización mundial.

La nueva hegemonía debe reflejar las condiciones actuales de la economía mundial, considerando que la estadounidense ya no puede encabezar el proceso por sí sola y ha de atenderse la importancia económica de Japón y Alemania (o de la Europa unida). En suma, Estados Unidos no puede seguir como el único país hegemónico ni Japón o Alemania ocupar su lugar. Así, no hay más alternativa que compartir la hegemonía.

Pero, ¿es eso posible? En principio sí, y además es absolutamente necesario para mantener las bases de la economía global. Ello no significa desoír las voces que alertan contra la inestabilidad que puede provocar esta tripolaridad. Por el contrario, se requiere una gran voluntad de cooperación y un cuidado extremo

---

*La redacción moderna sugiere la palabra "competividad".

para evitar conflictos entre las potencias, que desencadenen una guerra comercial de funestos resultados para el mundo entero.

Esta nueva era de liderazgo colectivo en la economía mundial no sólo requiere de la voluntad de los participantes para solucionar los complejos problemas comerciales, monetarios y financieros que han impedido un crecimiento sostenido y estable durante los dos últimos decenios; también debe acompañarse de cambios significativos en cada una de las potencias, para eliminar los obstáculos a la nueva hegemonía. Así por ejemplo, Europa y Japón han de asumir a plenitud su responsabilidad en la conducción de la economía mundial; Estados Unidos tiene que corregir su déficit fiscal y comercial y elevar la competitividad de su planta productiva; asimismo, debe aceptar su nueva condición como miembro de la trinca hegemónica de la economía globalizada.

Sin estos cambios, las potencias seguirán tratando individualmente de beneficiarse del proceso de globalización, lo que agravará los problemas económicos y acarreará mayores conflictos y tensiones en todos los ámbitos. Esto lo ilustró Drucker cuando señaló: "La manera como los principales países han aprendido a usar la economía internacional para salvar problemas internos 'desagradables' no tiene precedente: Estados Unidos ha usado las altas tasas de interés para atraer capitales del exterior y así financiar su déficit interno; los japoneses han impulsado sus exportaciones para mantener el empleo, a pesar de su pesada economía interna."[11]

Se aducen varias razones para plantear lo esencial de la cooperación de los tres grandes.[12] Aunque avanza la conformación de regiones económicas en el mundo, su conclusión está muy lejana, sobre todo en el Sudeste Asiático (donde existen diferencias abismales y un gran rechazo al liderazgo japonés) y en América, donde salvo el área norte del continente, el resto muestra notables disparidades y rechazo hacia Estados Unidos. Sólo Europa tendría un proceso más consolidado y con posibilidades de éxito hacia fin de siglo. Esto no sería suficiente para lograr una hegemonía basada en regiones fuertes y unidas económicamente, por lo que sería necesaria la coordinación de las tres potencias.

Por otra parte, dos de las potencias pueden aliarse, por ejemplo: Europa y Estados Unidos para que Japón abra su mercado a sus manufacturas; Japón y Europa para presionar a Estados Unidos a que reduzca su déficit fiscal o, finalmente, Japón y Estados Unidos para evitar que Europa los margine.

De estas posibles alianzas, Bergsten destaca dos como las más desestabilizadoras:[13] la de Estados Unidos y Japón frente a una Europa unida que podría discriminarlos y excluirlos, por lo que esta coalición sería necesaria por simples razones de equilibrio de poder. La de Japón y Europa, para que Estados Unidos cambie su política interna, podría generar acciones para evitar que se extiendan las fuentes de inestabilidad económica procedentes de Norteamérica, como ocurrió con el Sistema Monetario Europeo a fines de los setenta. En éste y otros campos podría darse una estrecha vinculación entre Europa y Japón en los próximos años. Un ejemplo es el acuerdo entre la Mitsubishi y la Daimler-Benz para realizar investigación aeroespacial conjunta y cooperar en la producción automovilística.

"La concreción de cualquiera de estas posibilidades sería extremadamente desestabilizadora tanto en el terreno político como en el económico"[14] Si a este peligro se añade que los largos periodos de crecimiento económico y estabilidad están asociados a liderazgos únicos (el Reino Unido durante la segunda mitad del siglo XIX y Estados Unidos, después de la primera guerra mundial), habría serias dudas sobre el éxito de una hegemonía compartida.

No obstante, la gran interdependencia productiva, financiera y comercial de las tres potencias exige una estabilidad sistémica que sólo podrá lograrse mediante reglas y acuerdos internacionales claros. Como ninguna de esas naciones puede ejercer por sí sola un liderazgo, dicha estabilidad sólo puede alcanzarse con el concierto de los tres grandes.

Globalización: ¿competencia o cooperación?

Quizá la principal disyuntiva de la economía mundial en este fin de siglo es seguir un camino semejante al recorrido, con los riesgos de confrontación y crisis que implica, o tomar uno que consiga "una saludable combinación de competencia y cooperación",[15] lo que requeriría una considerable voluntad política de los principales miembros del sistema.

Según Bergsten, la única alternativa es una estrategia de "interdependencia competitiva" capaz de solventar los principales problemas económicos, políticos y de seguridad en la actual era de globalización. Ello además permitiría a Estados Unidos recuperar la competitividad perdida en las dos últimas décadas. Si bien no es fácil alcanzar tales propósitos, es alentador que la mayoría de los actores involucrados reconozca la imperiosa necesidad de una estrategia como la señalada. Por ejemplo, Stephen Marris, durante muchos años asesor de la OCDE, y Yoichi Finabashi, diplomático y periodista japonés, coinciden en que sólo mediante la cooperación y la adopción de políticas macroeconómicas convergentes en cada uno de los centros de poder mundial se logrará un crecimiento económico más estable, sostenido y equilibrado.[16]

Esta coincidencia, por supuesto, tienen sus matices. Mientras Marris —como Bergsten— está más preocupado por los problemas económicos de Estados Unidos y la necesidad de resolverlos con la cooperación de Europa y Japón, Funabashi parte del papel que su país deberá tener en el nuevo orden mundial; caracteriza la relación entre Estados Unidos y Japón como "liderazgo de apoyo" (*supportive leadership*) y plantea que el país del sol naciente debería ayudar en lo económico y comercial a Estados Unidos que, pese a sus serios problemas en ese terreno, sigue siendo la primera potencia militar.

En fin, con matices y cada quien desde su perspectiva, existe consenso en la necesidad de una hegemonía compartida, así como en sus riesgos y posibilidades. Entre estas últimas, destaca que a diferencia de los periodos de pre y entreguerras, cuando las grandes potencias eran rivales y luchaban por su expansión territorial, en la actualidad son aliadas y más bien pugnarían contra los desequilibrios económicos y políticos mundiales.[17]

Sin embargo, ello implica una coordinación hasta ahora prácticamente desconocida que, aunada a la magnitud de los problemas y a los intereses en juego, provoca escepticismo e incertidumbre sobre el futuro: "¿los principales países sucumbirán a los miedos tradicionales y regresarán al proteccionismo?, o ¿quizá verán en la cambiada economía mundial una oportunidad?[18]

Lo indudable es que la economía mundial cambió, transformándose en una gran unidad interdependiente que, no obstante, sigue compitiendo ferozmente por recursos (humanos, financieros, tecnológicos) cuya movilidad es uno de los rasgos centrales de la globalización. Este intenso proceso ha modificado significativamente la visión sobre los problemas comerciales, financieros, fiscales o tecnológicos. El ámbito de análisis dejó de ser "el país" para pasar a ser "el mundo". "De ahora en adelante cualquier país o empresa que quiera prosperar necesitará aceptar que es la economía mundial la que manda, y que las políticas económicas internas solamente tendrán éxito en la medida en que se logre una posición competitiva internacional. Éste puede ser el más importante y es seguramente el más sorprendente hecho de la cambiada economía mundial."[19]

También la problemática del desarrollo se ve trastocada. Desde la perspectiva de la globalización, ¿cuál será el nuevo papel de los países periféricos?, ¿qué posibilidades de desarrollo tendrán ahora que tanto las materias primas como la fuerza de trabajo pierden peso relativo como componentes de la producción?, ¿lograrán consolidar su experiencia los países asiáticos de industrialización reciente y arribar al desarrollo?, ¿cómo se insertará América Latina en esta nueva era? En fin, las muchas interrogantes quizá podrían sintetizarse en ésta: ¿habrá más equidad en la nueva economía mundial o los frutos del desarrollo se concentrarán todavía más?

Armando Kuri Gaytán

Referencias

[11]Peter Drucker, *op. cit.*

[12]Fred Bergsten, "The world economy after the cold war", *Foreign Affairs*, verano de 1990.

[13]*Ibid.*

[14]*Ibid.*

[15]*Ibid.*

[16]Stephen Marris, *Deficits and the dollar the world economy at risk Institute for International Economics*, Washington, 1987, y Yuoichi Finabashi, "Japan and the New World Order", *Foreign Affairs*, invierno de 1991.

[17]Fred Bergsten, "The world economy...", *op. cit.*

[18]Peter Drucker, *op. cit.*

[19]Peter Drucker, *op. cit.* entrecomillado de Armando Kuri Gaytán.

Ejercicios

1. Lee detenidamente la lectura y escribe el significado contextual, así como el sinónimo y el antónimo de las siguientes palabras:

PALABRA	SIGNIFICADO CONTEXTUAL	SINÓNIMO	ANTÓNIMO
interdependiente			
hegemonía			
funestos			
aducen			
abismales			
coalición			
disyuntiva			
confrontación			
solventar			
escepticismo			
sucumbirán			
trastocada			
periféricos			
insertará			

2. De acuerdo con el contenido del capítulo analiza los siguiente textos periodísticos. Toma en cuenta:

   a) las preguntas básicas,

   b) género,

   c) características,

   d) lenguaje,

   e) estructura.

La Jornada, lunes 23 de julio de 2001

Claudica la Comisión Taurina del DF ante la empresa de la Plaza Muerta Toros

En su debut, oreja y lesión para Fabián Barba y vuelta a Víctor Martínez

Por su impotencia se retiró Benavides. El juez Lanfranchi aprobó una vaca de Tienta

Desde que pisó la arena, Víctor Martínez dejó ver la buena hechura, el valor y la clase que tiene. Confirmó todo eso al plantarse en los medios para torear por verónicas, muy quieto, con grácil juego de brazos a Debutante, un capachito que se enroscaba humillando con celo en torno de él, y que luego le fue muy bien en una bella tanda de chicuelinas.

Con esas cartas de presentación, de grana y oro vestido, el joven capitalino de 25 años de edad y 38 novilladas en su expediente, cogió estoque y muleta, brindó a los 528 espectadores que se asoleaban ayer en la Monumental Plaza Muerta, y en los medios, de nuevo, se reunió con el capachito en tres ocasiones sin menearse, como lo exige la suerte de estatuario.

Y de allí p'al real. Martínez deleitó a la clientela en derechazos y naturales en redondo, con gran sentido de la distancia, y la habilidad necesaria para improvisar en la cara. Mató de estocada entera, al cabo de dos pinchazos, recibió petición de oreja y fue sacado a agradecer. Con su segundo, Consentido, refrendó sus buenas maneras, aunque con menos lucimiento, y fue premiado con una merecida vuelta al redondel.

El gris verano que padecemos los chilangos se quitó para desplegar un cielo magnífico e iluminar la segunda novillada de la temporada más chica.

Tercer espada, de azul caribe y oro, primer mexicano egresado de la Escuela Taurina de Madrid, Fabián Barba, de sólo 19 años, encantó igualmente al público (y también a los conocedores), con el manso San Juanero, que no se dejaba torear. Ya con la muleta, muy cerca de tablas, porfió en varias tandas por la derecha y por la izquierda sin éxito. Pero luego de un respiro, desengañó al animal con el pase de la fedayina para mandarlo hasta allá y recogerlo con la muleta bien planchada en una soberbia serie de derechazos, templando al furioso viento de febrero que soplaba en la tarde de julio. Y habiendo cuajado más al público que a la res, entró a matar de frente con una resolución absoluta, y hundió la espada en todo lo alto pero al chocar con el testuz se dislocó el codo izquierdo. Los médicos le auguran ocho semanas de reposo como mínimo.

Lumbrera Chico

La Jornada Semanal, 20 de julio de 2001

¡Viva Mécsicou! (III)

El domingo pasado hablaba de tres motivos para incordiarse. El primero es eso que podía llamarse "síndrome *Titanic*": sentirse bien por el mero hecho de que los gringos vengan a filmar a México. El segundo es advertir que para mucha gente pasó inadvertida una de nuestras mejores películas recientes. Desde luego, *Bajo California, el límite del tiempo* no es la única cinta mexicana contemporánea que presenta dichas características. Más o menos lo mismo puede afirmarse de *Amores perros* y *Perfume de violetas*, por mencionar sólo dos ejemplos. A diferencia de las dos últimas, la *opera prima* de Carlos Bolado tiene como uno de sus principales afluentes temáticos el nacionalismo. Para decirlo sin riesgo de que se piense en himnos patrioteros y poesías de arrebatada cursilería cívica, en *Bajo California*... hay un discurso visual, anecdótico e inclusive léxico que manifiesta un personalísimo y profundo sentido de lo nacional, entendiendo éste más a la manera lopezvelardeana de "La suave patria" que a la del "México, creo en ti". Bolado no se propone hablar bien del país; tampoco mal. De hecho, no parece proponerse hablar del país en absoluto, y sin embargo la conjunción de su protagonista (un norteamericano de origen mexicano), su coprotagonista (un bajacaliforniano que jamás ha salido del terruño), el motivo de este *road movie* (la búsqueda que el protagonista hace tanto de sí mismo como de sus raíces), el recorrido efectuado (desde San Diego, California, hasta las pinturas rupestres en Baja California), así como la constelación de anécdotas, leyendas y mínimos incidentes que nutren a la trama principal, dieron como resultado una película que resulta imposible ver sin sentir que ahí hay algo que nos pertenece, algo de lo que podemos sentirnos genuinamente orgullosos, y que por ponerle un nombre llamamos lo mexicano, insisto, sin que eso tenga nada que ver con la idea que sustenta el homenaje a la bandera que se lleva a cabo todos los lunes en todas las escuelas.

Si hablo tanto de una película que hace mucho dejó de estar en cartelera es porque no encuentro un mejor ejemplo reciente que oponer a las películas-*burrítous*, el tercer motivo al que me referí en la entrega pasada.

La costra porosa del Taco Bell

Es muy grueso el pincel hollywoodense con el que se dibujan personajes y tramas, del tipo que sean. Por eso, cuando les da por ambientar uno más de sus productos de consumo en México, o darle volumen con algo mexicano, el resultado es equivalente a lo que se ofrece en cualquier Taco Bell: no se sabe si aquello es un taco tieso, una tostada enrollada, un sope sin salsa o la más delgada de las memelas. Le dan una cosa por otra, y aunque se supone que se trata de algo mexicano, cualquier connacional sabe que eso es cualquier cosa, menos un taco.

Como recién salido de un Taco Bell me sentí luego de ver varias películas: *Del crepúsculo al amanecer* (*From Dusk Till Down*, 1996), *El mariachi* (1993), ambas de Robert Rodríguez; *La máscara del Zorro* (*The Mask of Zorro*, 1998), de Martín Campbell; *La mexicana* (2000), de Fulano Mengánez, o cosas peores, como aquel bodrio inenarrable titulado *Mambo Café*, que por más señas tuvo a Talía como protagonista.

Habrá quien piense que la condición de chicano de Rodríguez lo acerca a cierta sensibilidad mexicana y que eso le permite filmar lo que filma con cierto conocimiento de causa. Descartando que no se trata de "permitirle" o "impedirle" a él o a nadie filmar lo que se le dé la gana, incluyo casi toda su filmografía en el género películas-*burrítous* no por lo que él haga o deje de hacer, sino porque su actividad genera de este lado de la frontera: el "síndrome *Titanic*"; el tropel de medios de comunicación que se vuelcan sobre él y su reparto para oírlos decir, una vez más, lo bonito que es filmar en México, y quizá lo más chocante de todo: que haya quien piense y se atreva a decir que esa pedacería de imágenes, palabras o frases sueltas

279

en español perdidas en un mar de diálogos lógicamente en inglés, más el montón de extras prietitos, pueden hablarle de México a quien vea la película en cuestión, ya se trate del Zorro, del Mariachi, del Desperado o del montón de pochas que Salma Hayek ha encarnado.

Así como hace algunos meses muchos "descubrieron" que en México existe un lugar llamado Real de Catorce porque allí se filmó una película estadounidense (*La mexicana*), recientemente hubo gran movimiento en San Miguel de Allende debido al rodaje de *Érase una vez en México*. En el primer caso le tocó a Julia Roberts hablar bien de este país; en el segundo, a Antonio Banderas, que dio la nota de ocho planas para las secciones de espectáculos y las revistas especializadas o no en cine, con dos amenazas, dos: que Steven Spielberg "está planeando rodar aquí la segunda parte de El Zorro el próximo verano", y que el anunciante de la cubanderas está "en contacto muy serio con Gregory Nava para interpretar a Emiliano Zapata, personaje muy importante en la vida política y social de este pueblo". Zas.

Por supuesto, lo mismo le hubiera dado si estuviera filmando en Nicaragua y no se tratara de Zapata sino de Sandino. Lo que no debería darse por supuesto es que a él se le haga tanto ruido porque quizá represente a un personaje histórico mexicano en un película cuyo guión muy posiblemente adolezca de todos los defectos que tendría, por ejemplo, una historia que hablara de la inmigración holandesa en la costa este de Norteamérica, basada en un guión de Vicente Leñero. Tampoco debería darse por supuesta la complacencia de propios y extraños que ven una película-*burrítou* y se la comen pensando que qué rico taco.

Luis Tovar

Reforma, 26 de julio de 2001

Saurita la del barrio

Aclaración a modo de Introito: yo no soy el Presidente de México y no siento que cargo a la Patria sobre mis exiguos lomos; es más: si yo fuera Presidente y sintiera que soy el tameme de la Patria, sería un pésimo Presidente, un Presidente paralizado.

Propuesta virtual: si a mí me tocara tomar la decisión, yo, sin pestañear, entambaba a las 20 ratas mayores de este país. Me refiero a las ratas vivas. Ése sería el acto de mínima justicia y coherencia que estamos esperando del foxismo. Ahí estaría el aval moral indispensable para sentarnos a discutir la reforma fiscal. Mientras esto no suceda, ¿cómo se atreven a pedirnos más dinero si no han hecho el menor esfuerzo tangible por recuperar aunque sea en parte, los millones de millones que nos han robado? Sospecho una coartada: es que esas 20 ratas, de una manera u otra, están adscritas o vinculadas al PRI (¡sorpresas te da la vida!) y si ahorita molestamos a los sobrevivientes, no nos apoyan con lo de la reforma fiscal. Este argumento es de una ingenuidad conmovedora. Entamben a los 20 y tengan preparados los expedientes e historiales minuciosos de los actuales tribunos priístas. No pretendo decir que todos traigan cola (siempre se cuela algún decente); lo que afirmo es que se generaría la suficiente masa crítica, apoyadora y entusiasta, como para no hacerle los ascos que le hacen a cuanta iniciativa del Ejecutivo les proponen. No sé si ya lo detectó el Presidenchente, pero ya llegamos al punto de me friegas o te friego. ¿Tons?

La triste historia del huerfanito: chinchupadre y chinchumadre el desplegado se publicó. Vinieron luego los raudos y apenados deslindes. ¿Alguien se los creyó? El mensaje estaba enviado; el vidrio estaba roto y no hay nada más sencillo que reunir a una rondalla priísta (los cadetes del Anáhuac) que cantar a 15 voces "Si te vienen a contar...".

Clímax telenovelero pero previsible (después de niño desahogado, abran más pozos): Pancho Barrio, nuestro fiscal de hierro (colado) y Santiago Creel, ¡dos Secretarios de Estado, dos!, se presentan en la intendencia del parque jurásico (antes PRI) para explicarles (???) a los administradores de las ruinas, los intríngulis de la lucha contra la corrupción (es algo así como ir con el coronel Sanders a explicarle cómo se prepara el crujipollo). Hubiera sido mejor y más digno que nos explicaran a nosotros. Para los priístas fue como la visita de los Reyes Magos. A Barrio lo aplacaron rápido y Creel se fingió muerto en la guerra cristera, aunque luego declaró que cualquier ilícito se "desahogaría" por la vía legal. La rutilante estrella de la sesión (la concesión) fue Saurita la de Barrio. Tomó el micrófono con sensual gesto y luciendo su infaltable atuendo rojo de jitomata giganta interpretó el gustado bolero "Yo del pasado no me arrepiento" cuyas líricas estrofas conmovieron a sus incondicionales. Todo era trópico y erotismo. ¡Díles más! coreaban acezantes los tricolores. Saurita, siempre atenta y complaciente, se le quedó viendo muy fijo a Don Pancho, apachurró el micrófono con gesto equívoco y preguntó: ¡¿Me estás oyendo, inútil?!

Germán Dehesa: Gaceta del Ángel

LA OTRA HISTORIA DE MÉXICO

Gracias, señoras, gracias

El imperio

Corrían las horas de aquel día 16 de junio de 1867. Eran las 12 del mediodía; a las 3 de la tarde serían ejecutados Maximiliano, Miramón y Mejía. En su celda del convento de las Capuchinas, acompañado por su esposa Conchita, Miramón no pensaba en sí mismo sino en la soledad de Maximiliano, que ni siquiera sabía quién se ocuparía de recoger su cadáver. Miramón pidió a Concha que fueran los dos a visitar en su celda al desdichado emperador caído.

Maximiliano estaba intensamente pálido. Sus rubios cabellos y su barba eran marco de un rostro que tenía la blancura de la nieve. Sin embargo, el emperador estaba absolutamente tranquilo. Su voz al saludar a Miramón y a su esposa sonó clara y firme.

Tomó por las manos a Concha y le pidió perdón por el sufrimiento que sin querer le causaba al ser el responsable de la muerte de su esposo. Conchita lo tranquilizó; le dijo que no debía sentir esa responsabilidad: la muerte de su marido la decidía el sobrehumano poder de Dios.

Maximiliano quiso decir palabras de consuelo a Conchita. Le manifestó que la dejaba muy bien recomendada, pues la había encargado tanto a sus colaboradores en México como a su familia en Viena. Todos velarían por ella y por el porvenir de sus hijos.

Miramón y Maximiliano cambiaron palabras amistosas, llenas de mutuo afecto, y luego se hizo una pausa de silencio que el archiduque rompió apesadumbrado.

—Me causa inmensa pena —dijo con la mirada baja— no tener cerca de mí a algún pariente, a un fiel amigo que se encargue de recoger mi cadáver de modo que no sea profanado por mis enemigos.

—¡Señor! —exclamó Concha con vehemencia al escuchar aquello—, ¡aquí estoy yo! ¡No sufra usted, yo recogeré su cadáver igual que recogeré el de mi pobre marido! Por favor, dígnese darme una orden para que quede yo autorizada a recoger su cadáver y que Escobedo no me ponga ninguna dificultad.

Se conmovió Maximiliano con el ofrecimiento de Conchita y respondió muy emocionado:

—¡Gracias, señora, gracias!

Hubiese querido Concha permanecer con su esposo al lado del emperador, pero otro grave pendiente la reclamaba: había pedido a su tío, don Agustín Corral, que llevara un sacerdote para que confesara a Miramón y le administrara los últimos sacramentos. Fueron a la celda, pero el sacerdote todavía no llegaba. Miramón, siempre en perfecta calma, dijo a su mujer:

—Ven, Concha, vamos para que te despidas del general Mejía.

Don Tomás acababa de pasar hacía unos instantes por un momento muy doloroso: le habían llevado a un hijito suyo nacido unos días antes. Aquel penoso trance hizo que arreciaran los dolores que padecía; se veía que estaba sufriendo intensamente.

Sin embargo, el noble indio abrió los brazos para estrechar a Miramón y a Concha en un fuerte abrazo.

El tiempo iba corriendo cada vez más de prisa. Eran ya las dos de la tarde. A Concha le angustiaba que su esposo fuera a morir sin recibir auxilio espiritual. Pero en eso llegó don Agustín.

Venía casi corriendo y llevaba con él al padre confesor, el sacerdote Pedro Ladrón de Guevara, quien era canónigo de la catedral de Querétaro.

Mientras tanto Miramón había entrado nuevamente en la celda del emperador para darle su compañía. Allá fue a buscarlo Concha.

El Norte

Armando Fuentes Aguirre

El Norte, viernes 20 de julio de 2001

Crea Armada flota contra el narco

El Norte/Redacción/El Norte

Implementa Armada de México con 4 mil efectivos Fuerza Naval del Pacífico para combatir flujo de enervantes

Manzanillo, México.- Ante el crecimiento de la actividad del narcotráfico por ruta marítima, la Armada de México creó la Fuerza Naval del Pacífico, integrada por 4 mil efectivos, y que oficialmente entrará en operación el miércoles próximo en este puerto.

La fortaleza antinarco estará equipada con al menos 18 embarcaciones, entre fragatas destructoras, unidades interceptoras, buques de desembarque, remolcadores, unidades de élite para operaciones antiterroristas, así como de las nuevas Fuerzas de Reacción Anfibia.

Según el nuevo esquema del Secretario de Marina, Almirante Marco Antonio Peyrot, la comandancia tendrá una flotilla de buques logísticos y de apoyo, así como un escuadrón de helicópteros artillados y embarcados.

Autoridades navales en Manzanillo afirmaron que la base naval también tendrá como objetivo adiestrar y capacitar a marinos en un campo de 6 mil hectáreas, ubicado al sureste del municipio de Colima, en los límites con Jalisco y Michoacán.

Al mando de la Fuerza Naval del Pacífico estará el Almirante Casimiro Martínez Pretelín.

El Gobierno de Colima consideró que la presencia de la Marina servirá como "sellamiento" al tráfico de enervantes. También el comandante del Sector Naval de Manzanillo, Óscar Antonio González García, coincidió en que la base del Pacífico servirá para combatir el narcotráfico.

"Las funciones de la Armada en el aspecto del combate al tráfico de drogas son institucionales, yo le llamaría así, todos entramos en eso, todo mundo estamos involucrados en eso", expresó.

"Es una prioridad del Secretario de la Marina, una orden muy clara en la que tenemos que participar al máximo de nuestro esfuerzo."

Colima, la segunda entidad más pequeña de México, cuya población es apenas de 488 mil habitantes, tendrá ahora un "ejército" para combatir al narcotráfico, integrado por 4 mil marinos adicionales, mil 200 militares, 68 efectivos de la Policía Federal Preventiva y 40 agentes de la PGR.

A partir de 1998, el cerco antinarco en el Caribe mermó el tráfico de drogas en el Golfo de México y lo movió hacia el Pacífico.

Este movimiento del narco fue confirmado en junio por el Capitán César Carlos Preciado, jefe de la Sección de Operaciones de la Sección Tercera del Estado Mayor Presidencial.

"Lógico es que están (los narcos) ocupando el Pacífico, con un territorio de miles de millas para navegar", aseguró entonces el Capitán Preciado.

La base naval de Manzanillo será la segunda de su tipo en el país, después de la ubicada en Tuxpan, Veracruz, que vigila el Golfo de México.

Reforma, 20 de julio de 2001

Advierte Monsiváis 'libertad mental'

Cd. de México, México

Probablemente ésta sea la primera generación de periodistas que como nunca antes gozan de una mayor "libertad mental", opinó el miércoles Carlos Monsiváis.

"Con casi todas las jerarquías abolidas, los periodistas tienen actualmente una mayor libertad mental para trabajar sin el fantasma de la censura como factor externo, al menos no como ese monstruo que actuaba con impunidad", explicó el escritor, durante la presentación del libro *Días de furia* del cronista e investigador Marco Lara Klahr.

El autor coincidió con Monsiváis, pero precisó que en contraste con los periodistas que han cambiado la relación que mantenían tanto con las instituciones oficiales como con las empresas mediáticas donde laboran, éstas siguen siendo conservadoras y oficiosas, y carecen de vocación democrática y creatividad para hacer frente a las crisis del país y a las de su propia empresa.

"Los periodistas no necesariamente son ya funcionales a sus medios, y bajo ninguna circunstancia están dispuestos a jugar el papel histórico de amanuenses que tenían destinados para sí los reporteros y editores. Conciben a la ética como requisito, son capaces de dominar sus propios ímpetus, y no se circunscriben a la receta de la filtración o al contacto de alto nivel."

Los medios, en cambio, añadió, preservan el modelo decimonónico de periodismo partidista, sectario y oficioso.

"Pasaron del 1 al 2 de julio a ser foxistas, derechistas, corporativistas, ultraclericales y neoliberales", afirmó el periodista en la presentación realizada en el Palacio de Medicina.

Entre quienes se empeñan en privilegiar la letra impresa ante el "auge imperialista de la imagen" se encuentra Lara Klahr, expresó Monsiváis, pues aunque su libro forma parte de la literatura bajo prisa, se da el tiempo para novelar la realidad, y con ello logra que su periodismo sea perdurable.

El suyo es un reportaje de investigación que no busca sólo el escándalo o complementar la fuerza de las imágenes, ya que se aparta de las intenciones de presentar una caricatura de los protagonistas o de los hechos, pero no por eso deja de provocar o inquietar con sus narraciones que plasman la barbarie y la violencia del país, coincidieron los presentadores, entre quienes se encontraban Humberto Musacchio, autor de *Milenios de México* y la conductora de radio Fernanda Tapia.

Días de furia es una reunión de los horrores captados con la mirada precisa que es como la prensa un espejo de las miserias humanas, pero Lara Klahr va más allá de lo dicho por el gremio, advirtió el columnista de *REFORMA*, incluso cuando aborda temas tan llevados y traídos como el zapatismo.

Su obra abarca géneros distintos como la investigación profunda, el reportaje clásico o la reconstrucción autobiográfica, comentó Monsiváis, quien se vio interesado en el relato de las fiestas organizadas por Raúl Salinas de Gortari en el rancho Las Mendocinas, como sitio de reunión de los narcotraficantes Juan García Ábrego, los hermanos Arellano Félix, y el mismísimo Señor de los Cielos, Amado Carrillo Fuentes, y cuya trama resulta mejor que el guión cinematográfico de la película *Traffic*.

Musacchio criticó cierta imparcialidad evidente en el libro que reúne parte de la labor periodista del reportero, puesto que se concentra en las minorías religiosas dejando de lado aspectos que han implicado al catolicismo en el asunto de las narcolimosnas, de la vinculación del narcotráfico en el asesinato del Cardenal Jesús Posadas Ocampo, o los "exámenes orales" que practicaba el padre legionario, Marcial Maciel, a los niños y jóvenes bajo su custodia.

Julieta Riveroll

La Jornada, 23 de julio de 2000

El vigilante

¿Cuántas veces al salir con las prisas mañaneras o al regresar por las noches, con el portafolio lleno del cansancio del día, reparamos en esa sonrisa mecánica que nos saluda al abrir la puerta o bajar la cadena, o le dedicamos siquiera un minuto de nuestros pensamientos al silbato que arrulla nuestro sueño por las noches? ¿Cuántas veces intentamos penetrar en la vida de esos anónimos vigilantes que en cualquier ciudad y en cualquier colonia parecen pertenecer más al mobiliario urbano que a los habitantes humanos que tienen a su cargo?

Felipe Montes, el autor de *El vigilante*, penetra precisamente en ese mundo oscuro e inexplorado de los cuidadores nocturnos, en esos vecindarios de la noche tan distintos a los que se nos presentan en el día. Entre ronda y ronda, un vigilante de un barrio en Monterrey revive su infancia ya casi olvidada, su juventud perdida, un primer y único amor que nunca se decidió a conquistar; y entre las curvas y las esquinas de las privadas le esperan, listos para asaltarlo, el recuerdo de su madre, el asesinato de su padre y el accidente que terminó con la miserable vida de su abuelo convertido en limosnero. Jornada tras jornada se presentan en apariencia iguales, tan rutinarias como la disciplina que él mismo se ha impuesto para mantener en forma su cada vez más cansado cuerpo; sin embargo, uno nunca sabe cuándo hay una desviación escondida en la carretera más recta: la linealidad de esa rutina se rompe el día en que un crimen siega la vida de una niña... y amenaza con desmoronar al supuestamente sólido vigilante.

El vigilante de esta primera novela de Montes se nos presenta como un símbolo de seguridad, como el eje en torno al que gira la maquinaria del Barrio de los Nogales, como ese tornillo sin el cual nada podría funcionar. Pero lejos de representar a un hombre duro y sin sentimientos, el autor nos muestra a un ser extremadamente sensible debajo de esa coraza de piel curtida por el clima, de músculos endurecidos por el ejercicio; un anónimo que se vuelve entrañable conforme nos adentramos en su historia. En su ensayo titulado *Tres géneros narrativos*, Mario Benedetti explicaba, a propósito de la novela, que "el protagonista siempre se halla rodeado (aunque sólo sea de su propia soledad), siempre existe en un mundo (aunque ese mundo menosprecie su existencia)". Felipe Montes ejemplifica esta teoría con su solitario personaje siempre rodeado por los ausentes habitantes, existente en un mundo dormido que ni siquiera aparece en los sueños de los vecinos.

Algo que resulta una afortunada contradicción, pero en lo cual se basa buena parte del éxito de la novela, es el hecho de que el título, El vigilante (y en sí el único nombre del personaje), se oponga al estado de ensoñación, de inmersión en las profundidades del recuerdo por el que transcurre la novela... hasta que una pesadilla dibujada en los cuerpos oscuros y sin rostro de seis violadores acaba con la placidez de ese sueño. Y como en un sueño, el recurso de un estribillo remarca la idea de repetición, de enfrentarse siempre a aquello que más se teme.

Además de una unidad de impresión bien mantenida a lo largo del relato, una virtud más de la novela de Felipe Montes es la maestría con la que sostiene el narrador en segunda persona plena que eligió. Un narrador que nunca descubre su circunstancia ni su relación con el protagonista, que se dirige a él y lo increpa, que actúa como una voz de conciencia que confiesa cosas que el personaje intenta olvidar y cuenta su historia en partes, pero que, hablando desde el punto de vista del escritor, es especialmente difícil de mantener por cuestiones estilísticas y fonéticas. Pese a estas dificultades "técnicas" y a las limitaciones que impone la propia estructura temporal de la novela (durante sólo cuatro noches de vigilancia, el lector puede adentrarse en todos los años de la vida del cuidador), Montes sale victorioso del reto de El vigilante, que, como adecuadamente apunta David Toscana en su comentario al libro, es una "obra extraña y fascinante; un duro poema épico (en prosa), mezcla de violencia y de melancolía".

Gabriela Valenzuela Navarrete

Fernando Alegría conversa con Jorge Ruffinelli sobre su libro

NUEVA HISTORIA DE LA NOVELA HISPANOAMERICANA

—Mi *Nueva historia* es, en realidad, un libro "nuevo". En común con el de 1959 tiene poco. Se mira una historia diferente y quien la mira es otra persona.

—¿Consideras que las novelas hispanoamericanas del sesenta despertaron la atención sobre una narrativa ya entonces rica, o bien modificaron la fisonomía de la literatura escrita hasta esa fecha?

—Las grandes novelas del sesenta representan el epicentro de un vasto y hondo proceso que se empieza a manifestar ya en los años treinta. Es pueril seguir pensando que los escritores del sesenta inventaron una forma de novelar... Que las novelas de un autor como Juan Emar, por ejemplo, permanezcan hoy totalmente desconocidas para el gran público lector no es un hecho que atañe a su índole de creador, sino de vendedor.

—Muchas novelas (como *Rayuela* o *Cien años de soledad*) fueron escritas fuera de los países de origen de sus autores. ¿Crees que la extraterritorialidad es un signo de nuestra novelística?

—Sí. Es el signo de la época que nos tocó vivir, la de los "peregrinos inmóviles" en que nos fue necesario aceptar el exilio no como un lugar donde se pena, sino como el centro donde nos encontramos con nuestra realidad, la reconocemos y la escribimos... El internacionalismo de la literatura latinoamericana actual es resultado de confrontaciones y resistencias dolorosas, pero también de su compensación: la solidaridad sin fronteras que nos sostiene y no nos permite olvidar la hora del regreso. Esas novelas escritas fuera de la patria chica nos abrieron las ventanas para que entraran vientos contrarios, saludables y reconstituyentes. Por lo demás, las novelas del exilio han sido profundos escarceos en la más íntima de nuestras realidades: signos también de intraterritorialidad.

Brecha **(Uruguay)**

MIL AÑOS

Un científico español asegura que el próximo siglo los seres humanos podremos vivir mil años en virtud de que ya se descifrará todo lo relacionado con el DNA y, por lo tanto, el ser humano ni se enfermará, ni envejecerá.

Esta columna rastreará la información hasta sus orígenes y de confirmarla como verdadera, iniciará *ipso facto* un movimiento para abolir el matrimonio "para toda la vida". ¡Imagínese vivir con el mismo individuo (y él vivir con la misma individua) mil años! Yo paso. Si veinticinco... y eso que el galán es buena onda. El científico español no dice si junto a esa cuasi-inmortalidad se dará un aumento en los crímenes. Porque si no se deroga el matrimonio "hasta que la muerte nos separa", el siglo XXI será el de los autoviudos y autoviudas. Y como tampoco existirá la cadena perpetua (le costaría demasiado al Estado), también deberá cambiar la legislación.

Según Rousseau, el hombre es un animal de hábitos: a todo se acostumbra. ¿Podremos acostumbrarnos a vivir mil años?, de ser así, ¿cuánto durarían los ciclos escolares? Porque no me diga que se seguirán graduando jovencitos a los 21 años para pasar 979 más ejerciendo su profesión. Si ahora el promedio de vida es más o menos 75 años y como la tercera parte de ellos se estudia formalmente, en mil años las carreras se acabarían como a los trescientos años. Y la escuela de adulto empezaría con puros estudiantes de 500 años más o menos. ¡¿Cuánto duraría la adolescencia?! Entre 200 y 250 años. ¡Nooooooooooo!

¿Se imagina usted cuántas casas se necesitarían para dar techo a una población en la cual nadie muere? Los hospitales se podrían utilizar como departamentos puesto que ya no habría enfermedades y a los doctores los pondríamos a...¿a qué, si ya no habría enfermos?

Un ama de casa, si cocina tres comidas al día, guisa 1,095 comidas al año. Eso por 30 años da un total de 32,850 menús preparados. Quítele usted días festivos, días de rebeldía, flojera, festejo del día de la madre o lo que sea y déjelo en 30,000. La pobre señora que vaya a vivir mil años deberá cocinar del orden de diez millones de menús que por más internacionales que sean, aburrirán a cualquiera. A menos, claro, que para esas épocas la gente ya no coma y nada más se tome una pastillita como los astronautas, para satisfacer sus necesidades nutritivas.

¿Es usted capaz de concebir el terror de vivir 166 elecciones presidenciales, de las cuales 163 serán responsabilidad suya como ciudadano con derecho a voto? ¿Se cambiaría la mayoría de edad y la duración del periodo presidencial? Tiemblo nada más de pensar en que los sexenios pudieran pasar a ser, por ejemplo sexlustrenios, es decir, que cambiáramos presidente cada treinta años. Las patadas de esta época pre-sucesor, se convertirían en coces galácticas. Y el enriquecimiento inexplicable de los funcionarios en turno se volverían inimaginables cantidades de dinero. ¿Pero sabe usted cuál sería en horror de los horrores? La miscelánea fiscal. Mi espina dorsal se vuelve estalactita nada más de pensar en vivir 900 misceláneas fiscales diferentes.

Pero, claro, peor aún sería escuchar a la tatatatatatatarieniítitítitítita de Angeliquita Vale —que seguramente habría heredado la insólitamente pesada sangre de su antepasada— y nos cantaría a coro con toda su parentela porque todas heredarán (bu bu sniff sniff) el "talento (sic) de la hija de la novia de México" y como ninguna se moriría, estarían cantando a coro y bailando a la usanza de la época y del pasado (que es nuestro hoy).

¿No podrían los científicos ocuparse de cosas más útiles que lograr que las mujeres menopáusicas nos podamos embarazar (¿a quién le preguntaron?) y de que vivamos mil años? Con Raúl Velasco 50,000 domingos al hilo y una telenovela que dura 110 años, yo, que amo tanto la vida, me suicido.

Rosaura Barahona

El Porvenir

MEMORIAS DE AEROPUERTO, I (fragmento)

Lo cosmopolita del caso es que yo no tenía nada que hacer ahí. No a esa hora al menos. El viaje para acceder al aeropuerto había sido, como de costumbre, atípico. No es un lugar al que viajeros ni receptores acudan vía Metro, por más que éste recale a pocos pasos de la llegada de vuelos nacionales, Sala A por engorroso orden alfabético. Se nota en los pasajeros (de Metro), que no tienen cara ni modo ni equipaje ni, con perdón, clase de aeropuerto. Se ven diatiro del diario. Hay lugares que se reflejan en el Metro, el bosque de Chapultepec, C.U., el Politécnico, La Villa, San Lázaro, Tacuba. Hay lugares que no, como el aeropuerto. De eso se da uno cuenta nomás sale de la Terminal Puerto Aéreo, cuando del cielo retumban y caen aviones y uno encuentra el Boulevard atestado de taxis peleándose el paso, agandallando como en cualquier base de peseras. Y es que una primera característica del público aeroportuario es que sobre tierra se mueve en carro, propio, prestado o alquilado. Si acaso mozos, meseros, dependientes, cajeros, vigilantes y chalanes llegan por vía subterránea. Ellos se encargan del servicio de valet.

Llegar o dejar atrás la ciudad, o el avión, según el orden de los factores, exige transporte terrestre. La gracia del aeropuerto es que recibe y despide puro transporte extraterrestre. No es hora de acordarse de Santos Dumont, ni de andarse maravillando. Uno siempre llega a la carrera, por más que intente adelantarse.

Pero esa noche de domingo tenía ante mí un tiempo figaresco para la contemplación de ese mundo aparte, surcado por idiomas extranjeros y especímenes humanos diversos llenos de lastres e impaciencia. Muchos con cara de dueños, y maneras que lo confirma. Volar es un asunto de lana, la mayoría de las veces. O sea, se necesita poder adquisitivo, de preferencia en dólares.

Eso no quita el lado humano del asunto. Todo el tiempo alguien llora, porque llegó o porque se fue o porque se está tardando tal o cual persona. También se repiten escenas de alegría apoteótica o íntima. Muchos viajeros y viajeras (y en esto los nacionales predominan) lucen satisfechos. Su estado social admite, exige o regala oportunidades de avión y aeropuerto, algo que no cualquiera.

Las damas lucen exageradamente sus piernas, igual que las meseras del Wing's pero sin ridículas calcetas verdes encima de las medias. Los caballeros saco sport y un look de quien trae encima loción y *credit cards*. Los niños patinan sus trajecitos de casimir sobre el mosaico espejante y las niñas al reír echan al aire los resplandores alumínicos del freno.

Y "taxi, taxi, taxi" dicen unos hombres oscuros con cara de estar haciendo algo incorrecto. Unos pocos venden flores. El andén está permanentemente repleto de gente apresurada o despistada que mira a los lados y hacia arriba buscando indicios, señales, distracciones. (...)

Herman Bellinghausen

3. En una dinámica de grupo elabora un esquema de la estructura de un periódico. El maestro proporcionará uno diferente para cada equipo (trabajo colaborativo).

Etimologías

Esquema 13

PREFIJO	ORIGEN	SIGNIFICADO	EJEMPLOS
pan-	griego	todo	panteón, panacea
re-	latino	repetición, muy	reasumir, recóndito
res-, rei-	latino	cosa	república, real
se-	latino	separación	selecto, secesión
sex-, se-, si-	latino	seis	siesta, semestre, séxtuplo
para-	griego	junto a, al lado de, fuera de, contra	paradoja, paralelo
parti-	latino	parte	partícula, partida
sema-	griego	signo	semáforo, semántica
penta-	griego	cinco	pentaedro, pentateuco
os-	latino	hueso	óseo, osamenta
tri-	griego	tres	trilogía, tríada

SUFIJO	ORIGEN	SIGNIFICADO	EJEMPLOS
-forme	latino	molde, modelo	cuneiforme, uniforme
-gero	latino	llevar a contener	alígero, flamígero
-fugo	latino	huir	vermífugo, prófugo
-ión	latino	acción del verbo del cual deriva el sustantivo	confusión, opinión
-teca	griego	caja, estante	fototeca, pinacoteca
-stre	latino	referente a	lacustre, ecuestre, silvestre

4. Estudia los significados de los prefijos y sufijos del esquema etimológico anterior. Elabora un crucigrama con las palabras que aparecen en la columna de los ejemplos.

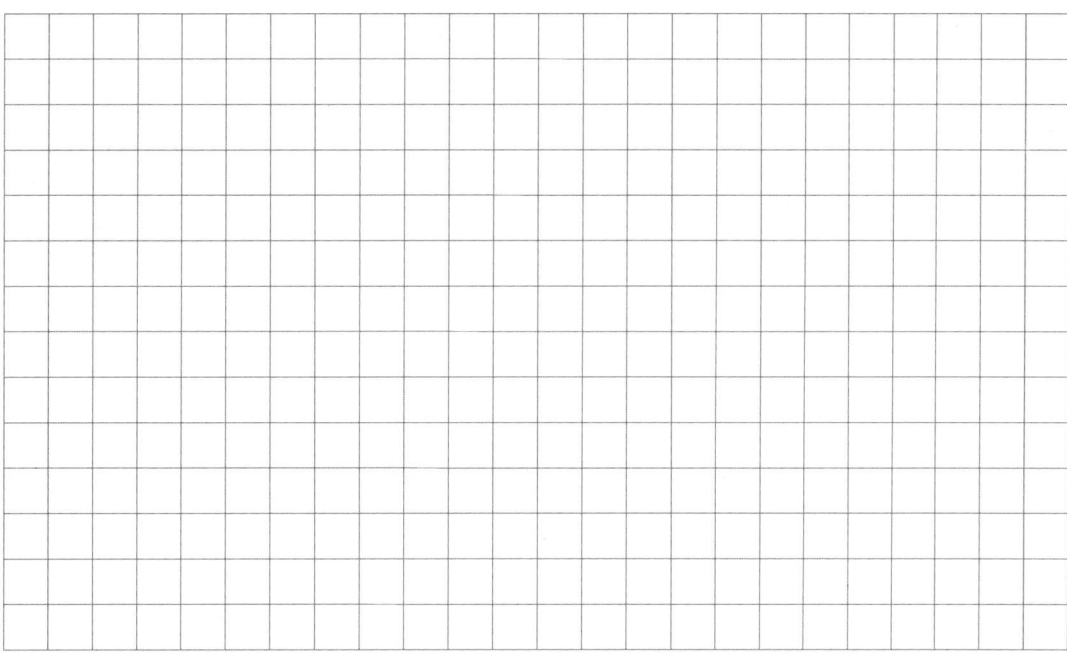

Significados

pan-

re-

res-, rei-

se-

sex-, se-, si-

para-

parti-

sema-

penta-

os-

tri-

-forme

-gero

-fugo

-ión

-teca

-stre

PARÓNIMOS

> Vocablos que son semejantes porque tienen todas
> o casi todas las letras iguales,
> aunque sus significados son diferentes.

Ejemplos:

ágora: plaza pública.	**Angora:** capital de Turquía, ciudad de los famosos gatos, actualmente Ankara.
invectiva: discurso violento.	**inventiva:** capacidad para inventar.
tenáculo: instrumento quirúrgico.	**tentáculo:** apéndice móvil de animales invertebrados.
jalea: conserva de frutas.	**jaleo:** baile andaluz, alboroto, pendencia.
algarada: gritería grande.	**algarrada:** fiesta en que se corre un toro. Antigua máquina de guerra para lanzar piedras.
reverter: rebasar algo sus límites.	**revertir:** volver una cosa al dueño que antes tuvo.
azafata: criada que servía a la reina. Empleada a bordo de un avión.	**azafate:** canastilla de mimbre de poca altura.
cítara: instrumento musical antiguo.	**citara:** pared con sólo el grueso del ancho del ladrillo. Conjugación del verbo citar.
garito: casa donde juegan los tahúres.	**garlito:** celada para perjudicar a alguien.
infligir: imponer penas corporales.	**infringir:** quebrantar leyes.
paráfrasis: interpretación amplificada de un texto.	**perífrasis:** rodeo de palabras para decir algo que hubiera podido decirse brevemente.
flagrante: que se está ejecutando actualmente.	**fragante:** que despide olor delicioso.

vagido: llanto del recién nacido.	**vahído:** desvanecimiento.
literal: conforme a la letra del texto.	**litoral:** costa de un mar.
ábside: parte abovedada que sobresale de la fachada posterior de un templo.	**ápside:** cada uno de los dos extremos del eje mayor en la órbita de un astro.
solevantar: levantar una cosa empujando de abajo hacia arriba.	**soliviantar:** inducir a otro a rebelarse.
ampón: abultado.	**hampón:** valentón.
laxo: que no tiene la tensión que naturalmente debe tener.	**lazo:** nudo de cintas. Cuerda larga. **laso:** débil.
absorción: acción y efecto de absorber.	**adsorción:** adhesión o concentración de sustancias disueltas en la superficie de un sólido.
esotérico: oculto, secreto.	**exotérico:** común, externo.
advenimiento: venida o llegada.	**avenimiento:** concordancia de las partes discordes.
infestar: causar estragos. Invadir los tejidos con parásitos que no sean bacterias.	**infectar:** invadir los tejidos con microorganismos vivos.
mistificar: embaucar, engañar.	**mitificar:** hacer un mito, imaginar un futuro ficticio.
desbastar: quitar las partes bastas a una cosa o a una persona rústica.	**devastar:** arruinar, destruir, o asolar territorios o cosas.
absorber: atraer un cuerpo y retener entre sus moléculas las de otro en estado fluido.	**absolver:** dar por libre de algún cargo u obligación. Perdonar los pecados.
estático: que permanece en un mismo estado.	**extático:** que está en éxtasis.

Lectura 14

CONTRACULTURA (fragmento)

Hay muchas maneras de entender el concepto de contracultura, según sea la posición que se tenga ante ella, según se simpatice o se discrepe. Aunque se tomaron en cuenta las ideas y puntos de vista de Fernando Savater, Luis Antonio de Villena, María José Ragué, Luis Brito García, Carlos Monsiváis, Parménides García Saldaña, Óscar Collazos, Theodore Roszak, Nathan Adler, Daniel Bell, Fred Davis, Frank Musgrove, Milton Yinger, Kenneth Westhues y otros pesos pesados, en este libro la contracultura abarca toda una serie de movimientos y expresiones culturales, usualmente juveniles, colectivos, que abarca toda una serie de movimientos y expresiones culturales, usualmente juveniles, colectivos, que rebasan, rechazan, se *marginan*, se enfrentan o *trascienden* la cultura *institucional*. Por otra parte, por cultura institucional me refiero a la dominante, dirigida, heredada y con cambios para que nada cambie, muchas veces irracional, generalmente *enajenante*, deshumanizante, que consolida el status quo y *obstruye*, si no es que destruye, las posibilidades de una expresión auténtica entre los jóvenes, además de que aceita la opresión, la represión y la explotación por parte de los que ejercen el poder, naciones, *corporaciones*, centros financieros o individuos.

En la contracultura el rechazo a la cultura institucional no se da a través de *militancia* política, ni de doctrinas ideológicas, sino que, muchas veces de una manera inconsciente, se muestra una profunda insatisfacción. Hay algo que no permite una realización plena. Algo, que anda muy mal, no deja ser. Es lo que expresa la canción "Satisfacción", de los Rolling Stones, que no por nada es un cuasihimno en la contracultura y en la que por una cosa o por la otra no se puede estar satisfecho. Ante esta situación la contracultura genera sus propios medios y se convierte en un cuerpo de ideas y señas de identidad que contiene actitudes, conductas, lenguajes propios, modos de ser y de vestir, y en general una mentalidad y una sensibilidad *alternativas* a las del sistema; de esta manera surgen opciones para una vida menos limitada. Por eso a la contracultura también se le conoce como culturas alternativas o de resistencia. No se trata de una subcultura, pues ni remotamente está por debajo de la cultura; podrá no conformarse con ella pero siempre se trata de fenómenos culturales.

Por lo general, se tiende a relacionar a la contracultura con los movimientos de rebeldía juvenil de los años sesenta, quizá porque al sistema le gustaría restringir ese tipo de acontecimientos a un área específica del tiempo. Eso ocurrió una vez y nada más. Mientras más rápido lo olvidemos, mejor. Sin embargo, es evidente que las manifestaciones contraculturales se pueden *rastrear* desde mucho tiempo antes y que aparecen desde antes de los sesenta y continúan después en México y en numerosas partes del mundo. Por lo general se debe tener en mente que a la cultura institucional le *repele* profundamente todo lo que sea contracultura, porque ésta muestra carencias evidentes y denuncia, a pesar de que a veces no se lo proponga, la enfermedad cada vez más grave de las sociedades manipuladas y sojuzgadas por centro de poder económico, político y cultural en todo el mundo. Por esta razón, desde siempre, la contracultura ha generado incomprensión y *represión* franca en la mayoría de los casos. La contracultura es un fenómeno político.

Es un hecho que la contracultura surge cuando aumenta la *rigidez* de la sociedad y las autoridades *pregonan* que todo está bien, de hecho, casi inmejorable, porque para ellos, en la apariencia, así lo está. Sin embargo, el desfase, la verdadera *esquizofrenia*, entre el discurso y la realidad es tan *abismal* que consciente o intuitivamente mucha gente joven lo percibe y, por tanto, desconfía de las supuestas bondades del mundo que ha heredado. Descree de las promesas y las metas de la sociedad y se margina, se apoya en jóvenes como él que viven las mismas experiencias y crea su propia nación, empieza a delinear modos distintos de ser que le permitan conservar vivo el sentido de la vida.

El sistema diagnostica todo esto como "romanticismo que pasa con el tiempo", pero, de cualquier manera, no deja de apretar tuercas. Como piensa que ser joven equivale casi a ser retrasado mental, no escucha razones ni planteamientos que se le hacen y en cambio, sin soltar el garrote, presiona para que el muchacho acepte acríticamente lo que se le dice, para que sea dócil y se deje encauzar por los bien pavimentados carriles de la carretera de las ratas. Si el joven no acepta, entonces se le regaña, se le desacredita, se le sataniza y se le reprime, con una *virulencia* que varía según el nivel de pobreza e indefensión. La de la contracultura es una historia de incomprensiones y represiones.

José Agustín

Nota: Se sugiere relacionar el contenido de esta lectura con la de "Los jóvenes en cuestión" para que se trabaje el tema de los valores. También es conveniente que el estudiante complemente ambos temas con información de medios electrónicos y escriba un texto. Esta sugerencia se relaciona con la actividad Núm. 3 de este capítulo.

Ejercicios

1. Enlista en la primera columna del siguiente cuadro, las palabras que aparecen en letra *cursiva* en la lectura anterior. Complétalo según las indicaciones. Para ello deberás leer detenidamente y tomar en cuenta el ejemplo que se da.

PALABRA	SIGNIFICADO POR CONTEXTO	SIGNIFICADO POR DICCIONARIO	SINÓNIMOS	RAÍZ(CES)	DERIVADOS	ANTÓNIMOS (SI EXISTE)
discrepe (discrepar)	No estar de acuerdo	Estar en desacuerdo	divergir distanciar dificultar discutir disonar	(del latín) *discrepare,* derivado de crepare (dar un chasquido)	discrepancia discrepante	concordar, estar de acuerdo, armonizar, coincidir, convergir, confluir

2. Busca en algunos periódicos locales ejemplos de: crítica, reseña, comentario y noticia. Analiza el manejo del lenguaje y las características de cada género. Discútelo en clase.

3. Redacta un ensayo breve a partir de la lectura anterior. Deberá tener las siguientes características:

a) utiliza todos los pasos del modelo del escarabajo,

b) escrito a máquina,

c) extensión mínima una cuartilla,

d) estructura IDC.

4. Elabora una reseña de cualquiera de los siguientes acontecimientos:

a) una lectura reciente,

b) una película,

c) un espectáculo u otro evento.

5. Analiza tres editoriales de publicación reciente.

6. En un trabajo de equipo realiza una entrevista a un personaje importante de la comunidad.

7. En un trabajo de equipo elabora un pequeño periódico donde se incluyan la mayoría de los géneros que se estudiaron en este capítulo. Se deberá incluir sólo material escrito por los integrantes del grupo.

8. Busca un ejemplo de cada uno de los tipos de crónica (periodística, literaria, histórica, deportiva) y analízalos en clase.

Etimologías

Esquema 14

PREFIJO	ORIGEN	SIGNIFICADO	EJEMPLOS
macro-	griego	largo, grande	macrocosmos, macroeconomía
septem-	latino	siete	septentrión, semana, septiembre
multi-	latino	muchos	multiforme, multíparo
ne-	latino	negación	nefasto, negocio
trans-	latino	de un lado a otro, a través de	transoceánico, transeúnte
male-	latino	mal	malevolencia
mega-	griego	grande	megalítico, megalomanía
meso-	griego	puesto en medio	mesocracia, mesozoica
epi-	griego	sobre, después de, por encima de, en	epiceno, epílogo, epidermis

SUFIJO	ORIGEN	SIGNIFICADO	EJEMPLOS
-nauta	griego	navegante	astronauta, aeronauta
-udo	latino	abundancia	barbudo, velludo
-fonía, -fono	griego	sonido, voz	afonía, homófono
-voro	latino	devorar, destruir, consumir	carnívoro, omnívoro, insectívoro

9. Redacta un escrito coherente, con estructura IDC, en donde incluyas las siguiente palabras:

> macrocosmos, nefasto, transoceánico, astronauta, epílogo, afonía, omnívoro, mesozoica, velludo, malevolencia.

I _____

_____

_____

_____

_____

D _____

_____

_____

_____

_____

C _____

_____

_____

_____

_____

ALGUNAS ACLARACIONES SOBRE EL LENGUAJE ESCRITO

Adolecer: Con frecuencia se usa como carecer, necesitar, faltar. Lo correcto es usarlo como sinónimo de *padecer*. Ejemplos: *adolece de reuma, adolece de ser necio*. Y no: *adolece de seguridad o adolece de recuerdos*.

Bajo la base de: Se utiliza comúnmente; sin embargo, la expresión más correcta es *sobre la base de y con base en*. Deben omitirse: en base a, bajo la base de: Ejemplos: *Con base en lo leído* y no, *bajo la base de lo leído*.

Casual: Que sucede por casualidad, por lo tanto, no tiene el significado de informal (anglicismo) que se le da con frecuencia. Ejemplos: *esta ropa es informal* y no, *esta ropa es casual*.

Contemplar:
(anglicismo)
to contemplate

Se utiliza con bastante frecuencia. En su lugar se puede utilizar *considerar, prever*. Ejemplos: *Se considera la posibilidad* y no, *se contempla la posibilidad*.

Cualesquier(a):

Singular masculino: *cualquier*.
Plural masculino: *cualesquier*.
Singular femenino: *cualquiera*.
Plural femenino: *cualesquiera*.

Ejemplos: *cualquier hombre, cualquiera hoja, cualesquier de los tres, cualesquiera de las películas*.

Desapercibido:

Generalmente se usa en ejemplos como: *me pasó desapercibido*. Lo más correcto es *inadvertido*, porque desapercibido supone lo contrario de apercibido que quiere decir prevenido.

El (La) orden del día:

Aunque orden es un sustantivo ambiguo se recomienda utilizar *el orden del día* porque su sentido está más próximo a: colocación, serie, sucesión.

Financío:

Lo correcto es *financio*, sin acento escrito. Están en el mismo caso: *evidencio, diferencio, distancio* (sin hiato).

Forzo:

Por la irregularidad, lo correcto es hacer el diptongo: **fuerzo**, así como el soldar, sueldo. Ejemplos: *fuerzo la cerradura; sueldo la pieza de metal*.

Implementar:
(neologismo)

Puede usarse mejor *organizar, preparar, realizar, ejecutar, cumplir*.

Licuo-Licúo:

Se aceptan las dos formas.

Moliner recomienda, contra la regla, las pronunciaciones licúo y evacúo. Reconoce asimismo la libre alternativa de evacuo y evacúo. En México se da también la alternancia adecuo y adecúo, quizá con predominio de la segunda. *Minucias del lenguaje*, edición 1987, p. 28, *evacuar: evacúo, evacuo; adecuar: adecúo, adecuo*.

Se escribe sin acento el presente de los verbos terminados en *guar: aguo, desaguo, apaciguo, santiguo, atestiguo, menguo*.

En los verbos no terminados en *guar* ni en *cuar*, si se sigue la regla, deberá acentuarse la u. Ejemplos: *valúo, efectúo, continúo, sitúo, exceptúo, desvirtúo*.

Membrecía:
(membership)

Anglicismo adaptado al español. Aunque también se encuentra con frecuencia escrito con **s**, lo más correcto, por analogía, es escribirlo con **c**.

Venimos-Vinimos:

Con frecuencia se confunden estos dos tiempos verbales. Ejemplos: *Vinimos* a ver al maestro (pretérito). *Venimos* a ver al maestro (presente).

Cassette:
(del francés)

Se puede usar *casete* en español actual.

Formas Correctas:

	Singular	Plural
Memorándum: (del latín)	*memorándum* *memorando*	*memoranda* *memorandos*
Currículum: (del latín)	*currículum* *currículo*	*currícula* *currículos*

Élite:

Del francés *élite*. De acuerdo con el diccionario en español se usa *elite*, sin acento escrito. Actualmente ambas formas son correctas.

Gente:

Aunque el diccionario indica que es un grupo de personas, en México se usa como singular, por ejemplo: *Juan es linda gente, Laura es una gente muy extravagante.*

Optimizar:

Se acepta también *optimar*, esta última parece ser la más recomendable.

Por qué:

Preposición más pronombre interrogativo. En este caso son dos palabras. Ejemplos: *¿Por qué no estudiaste?*

Porque:

Conjunción subordinante causal. Una sola palabra. Ejemplos: *¿Por qué no estudiaste? Porque no tuve tiempo.*

Porqué:

Una sola palabra aguda con acento ortográfico en la e. Sustantivo masculino que equivale a una causa. Ejemplo: *No sé el porqué de tu enojo.*

Prever:

Actualmente se utiliza *prever*. Pasado *previó*.

Proveer:

Se conserva igual. Pasado *proveyó*.

Verter:

La forma más común en América es *vertir*.

8

El texto literario

Es inconcebible que habiendo ya iniciado un nuevo siglo, muchos seres humanos aún sigan pensando que leer, escribir o estudiar literatura es algo inútil e improductivo. A menudo escuchamos por ahí: "La literatura no sirve para nada", ¿a quién le importa si la primera edición de *Señas de identidad* de Goytisolo es diferente a las posteriores? ¿Qué más da que el chileno Jorge Edwards haya recogido sus experiencias como diplomático en la Cuba castrista?

Realmente es triste que en este momento de la historia todavía el arte y el desarrollo tecnológico tengan que caminar por rumbos separados cuando deberían nutrirse el uno del otro. La literatura se hace con lenguaje. Su materia prima es la vida; ese lugar común donde habitan los misterios de ser, pensar y sentir. Universo de sensaciones, emociones y valores —positivos o negativos— en el que la tríada autor-narrador-personaje construye su historia y la hace decir a través de la escritura y la lectura.

La literatura es la realidad representada en el texto, suma de lecturas que configuran un sistema de signos y un sistema axiológico donde los más variados, extraños e increíbles aspectos de la sociedad y la cultura se entrecruzan, se entrelazan y se encuentran.

No cabe duda que la lectura, y en particular la literaria, nos sensibiliza, fortalece nuestro espíritu y nos ayuda a comprender hasta lo más insignificante del mundo. Nos hace pensar, sentir, disentir, discutir, reflexionar, argumentar y encontrar respuestas a muchas cosas que el extraordinario universo de la informática y la cibernética jamás responderán.

Sin lenguaje el hombre no sería nada, sin signos para comunicarse no hubiese llegado a los avances tecnológicos y científicos de hoy. Quizá por esto consideramos de importancia exponer algunos aspectos sobre el texto literario que nos facilitarán la valoración del mismo como un reflejo del medio que lo produce.

Durante años se ha dicho que la literatura es la expresión de la belleza a través de la palabra, definición hasta cierto punto valiosa pero muy cuestionable e inoperante en nuestros días porque anula la posibilidad de entender la obra como una suma de valores. A diferencia del texto científico, el literario se centra en la palabra, la moldea, la extiende, la reduce, la trabaja y la transforma en el juego de imágenes que reconstruye el espacio textual donde no sólo los personajes hablan sino también los signos de la escritura.

La obra literaria se forma de **valores internos** (lenguaje, metáforas, imágenes, comparaciones y otros recursos estilísticos) y de **valores externos** o extraliterarios (historia, sociología, ciencia, filosofía, etcétera) que se integran en un todo:

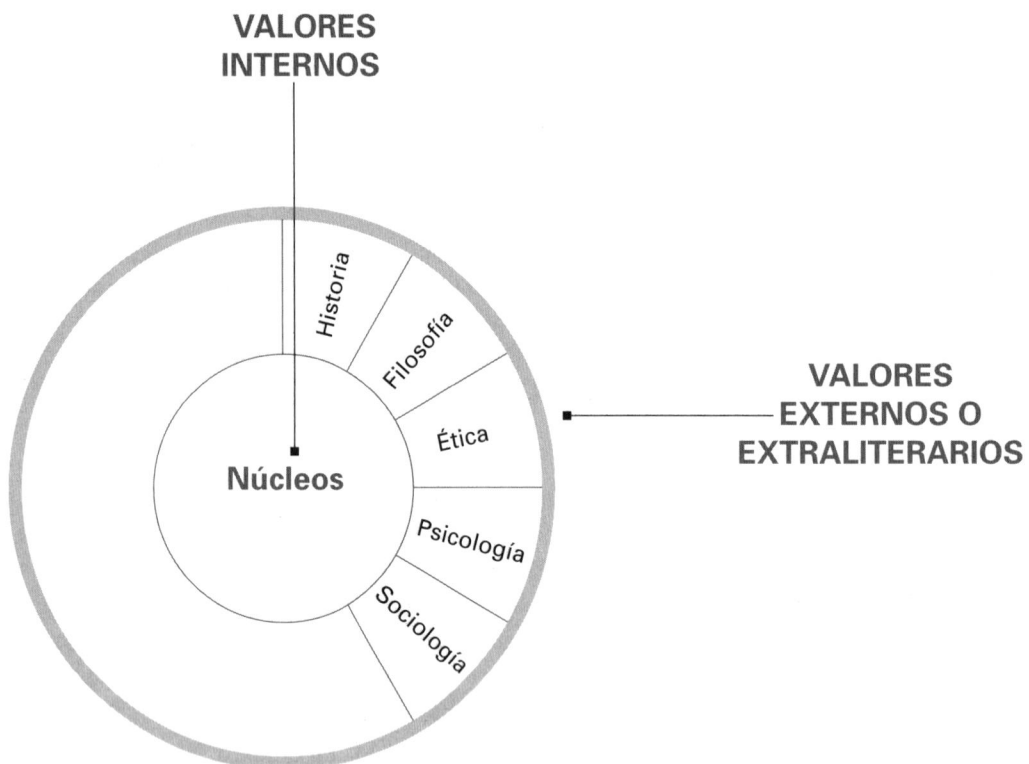

Para entender mejor el proceso creativo en la literatura, analizaremos el siguiente modelo:

MODELO DEL PROCESO CREATIVO EN EL ARTE

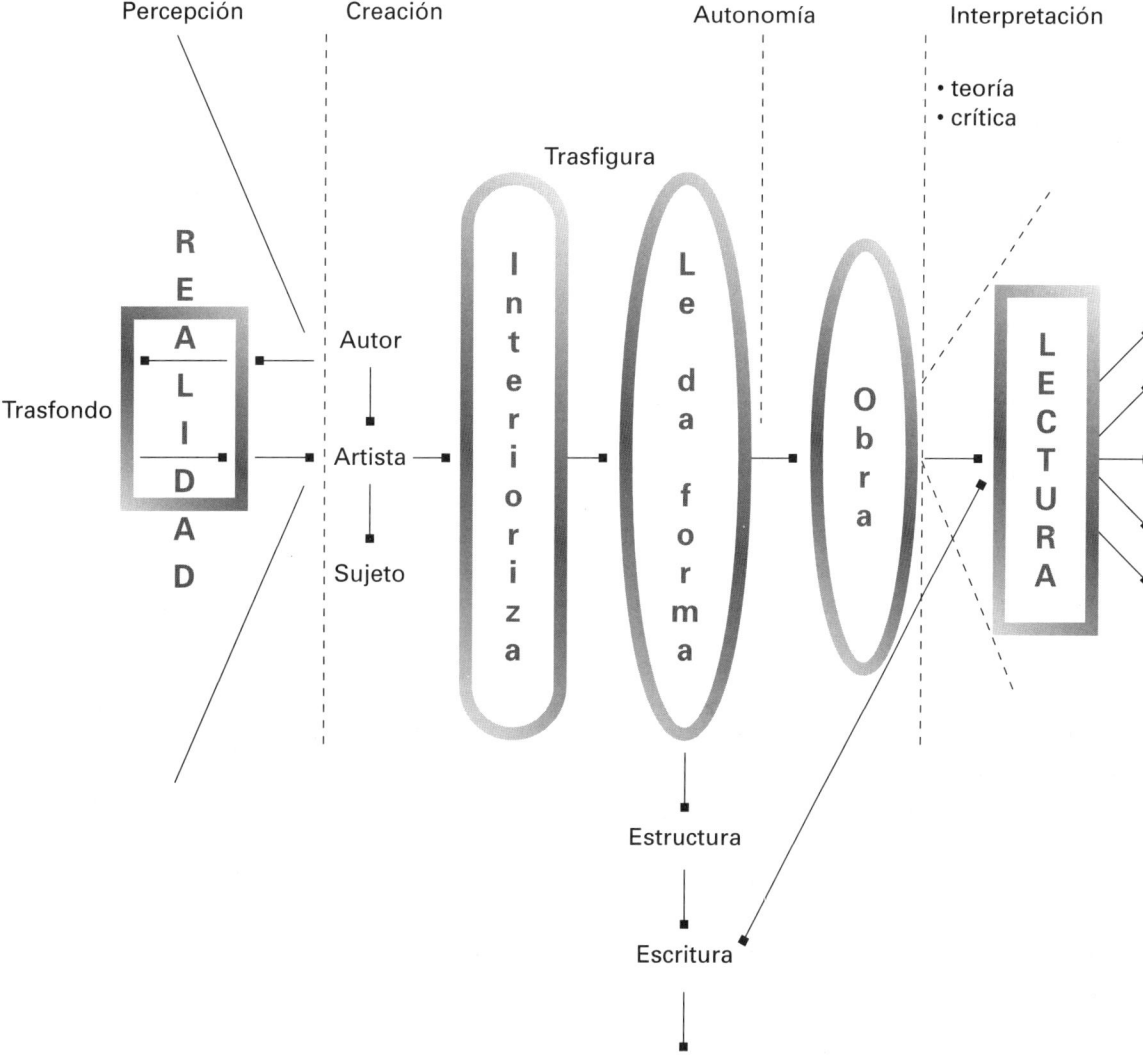

El modelo tiene dos finalidades fundamentales. La primera, aproximarnos a la realidad representada en el texto artístico y la segunda, entender los preconocimientos, las marcas internas y los signos sociales que se reflejan en el significado de la obra.

El modelo parte de la premisa de que es imposible crear de la nada. Hace énfasis en la realidad como punto de partida del proceso creativo y en la percepción que de ésta tiene el artista.

El artista es un ser hipersensible, que posee la capacidad de acumular vivencias y ver más allá de la realidad aparente. El artista es el gran observador cuyos ojos atraviesan la barrera de la forma para llegar al trasfondo. El artista es el ser donde se reúnen todos los tiempos. El ayer, el hoy y el mañana están en la conciencia de ser, permanecer y hacer.

En toda creación artística se da un doble proceso comunicativo. El primero, del emisor al mensaje y segundo, del mensaje al receptor. En el primer estadio el emisor es receptor y lector de su propio mensaje porque el discurso aún no se libera, no se expone al receptor.

En el segundo estadio el mensaje-obra se expone al receptor, lector o descifrador para que éste lo capte, valore, interprete o critique. Ambos estadios están ligados por la dualidad discurso-lectura. El primero es necesario para expresar (codificar) y la segunda para descifrar.

El autor, artista o sujeto percibe a través de sus sentidos la realidad. Capta el fragmento de realidad que le interesa y es capaz de ver en su trasfondo. Tratar de ver una realidad en forma amplia y totalitaria es como caer en un mar de filosofías intemporales donde nunca se toca fondo y donde no se nada.

El artista trabaja con vivencias. Su universo sensorial se centra en el aspecto o aspectos que su percepción escoge para llegar al trasfondo, a lo que hay detrás, a la materia significante que le servirá para construir el juego de significaciones.

Una vez que el sujeto capta aquella parte de la realidad que le ha impactado, la interioriza, la hace propia, la pasa por su tamiz interno para finalmente transfigurarla y plasmarle la voluntad estructurante que configura la obra.

El creador imprime en los signos que son reflejo de una realidad externa, su propia realidad. Así le da cuerpo y alma al informe vivir psíquico que integra en un discurso donde se resumen signos que son parte de sus habilidades y conocimientos.

La obra, en su autonomía, se expone al lector, se libera del hacedor y empieza a vivir a través de sus múltiples lecturas. En este inicio hermenéutico se abre un abanico de posibilidades que a la luz de la teoría y la crítica, permiten interpretar y valorar el texto como una realidad representada. Allí los ejes discursivos e ideológicos y el sistema de valores, se cruzan tendiendo redes con palabras, colores, letras, movimientos, volúmenes, gestos, espacios, funciones, imágenes, voces o sonidos en el grado cero de un lenguaje que es la suma de otros lenguajes, que a veces lo significa todo y en ocasiones no dice nada. Es el grado cero donde los signos se desplazan con significados diacrónicos y sincrónicos en lo simple o complejo, en lo abstracto y lo concreto, en lo simbólico o lo diciente, en el *Aleph* y el tomo borgianos donde se resumen todos los puntos y textos del universo.

Las nueve tendencias de la teoría literaria enfocan a la literatura como comunicación, bipartiendo el modelo convencional emisor-mensaje-receptor en dos momentos que incluyen la escritura y la lectura. El escritor-emisor es el primer receptor-lector de su mensaje. El mensaje-obra escrita, se convierte en emisor y llega al receptor a través de la lectura:

MODELO DE LA LITERATURA COMO COMUNICACIÓN

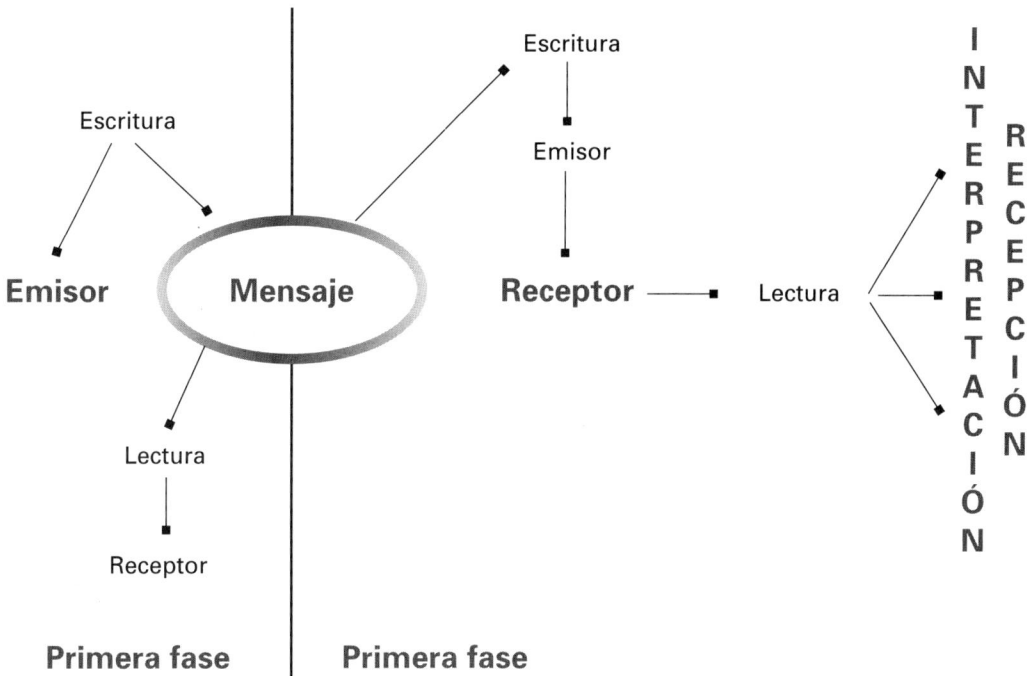

En literatura podemos distinguir tres **géneros** fundamentales: **épica**, **lírica** y **dramática**. La **épica** es la narración de acontecimientos en su desarrollo, a través de una visión objetiva de la realidad. Con esta concepción la épica no supone estados de conciencia, por lo tanto el narrador se ubica fuera del universo que narra.

La **lírica** se clasifica como un género subjetivo porque supone estados de conciencia. Existe una identificación entre el sujeto y el objeto.

La **dramática** imita las situaciones de la vida a través del diálogo y los personajes que la representan.

Sin lugar a dudas esta división que viene desde la antigüedad clásica es muy restringida porque en los tres géneros se pueden dar ambas posturas: la objetiva y la subjetiva, además de todos los cambios que los mismos han sufrido.

En la narrativa contemporánea existen innumerables ejemplos donde el narrador es subjetivo y muestra estados de conciencia al igual que un poeta es objetivo y se distancia del objeto que poetiza. En el teatro sucede exactamente lo mismo.

En la actualidad se puede hablar de una fusión e hibridación de géneros: **poema dramático, drama épico, poema en prosa, novela lírica, teatro poético** y otras combinaciones. También es interesante considerar algunas incorporaciones como **la crónica, el género fantástico, el género policial, la novela rosa** y **el testimonio,** por citar algunos.

Por otra parte están las asimilaciones que la literatura hace de otros elementos extraliterarios para darles una nueva prestancia en el texto: **lo mítico, lo popular, lo histórico, la oralidad, los medios**

de comunicación y muchos más que indudablemente le han dado un nuevo giro a esta actividad creativa.

Para poder diferenciar el lenguaje literario del lenguaje estándar es conveniente aclarar que existen diferentes **formas de narrar**:

Relato en primera persona: **Yo** (mi único cuidado es no dejarle ni tijeras ni cuchillos...).

Segunda persona: **Tú** (tu único cuidado es no dejarle ni tijeras ni cuchillos...).

Tercera persona: **Él** (su único cuidado es no dejarle ni tijeras ni cuchillos...).

Nosotros (nuestro único cuidado es no dejarle ni tijeras ni cuchillos...).

El **punto de vista** es el ángulo o enfoque desde donde se cuenta. Óscar Tacca escribe:

1. "El narrador está fuera de los acontecimientos narrados: refiere los hechos sin ninguna alusión a sí mismo (es el clásico relato en tercera persona).

2. "El narrador participa en los acontecimientos narrados. Dicha participación puede asumir: a) un papel protagónico; b) un papel secundario; c) el papel de mero testigo presencial de los hechos. En estos casos, el narrador se identifica con un personaje. (Es el relato en que el narrador se sitúa, habla de sí.) (...) El narrador, que no es simplemente el autor ni tampoco un personaje cualquiera, puede resultar una entelequia *inasible* y *huidiza*, su entidad pronta a confundirse o perderse entre las otras instancias de la novela requiere ser determinada con cierta simplificación ideal."

La perspectiva de lo que se cuenta o **punto de vista** la determina la visión del narrador. Se pueden considerar tres tipo: **omnisciente** (el narrador sabe más que sus personajes). **Equisciente** (el narrador sabe lo mismo que sus personajes). **Deficiente** (el narrador sabe menos que su personaje o personajes).

Kayser expresa: "Se ha intentado tipificar las posibles actitudes del narrador, y se ha llegado incluso a establecer una tipología de la novela desde este punto de vista. El anglista Stanzel presenta tres tipos:

1. **La novela autorial**, [...] el narrador está dotado de omnisciencia olímpica.

2. **La novela personal**, [...] la narración se desarrolla desde la perspectiva de uno de los personajes de la novela. El narrador renuncia a su absoluto dominio y superioridad.

3. **La novela en primera persona**, [...] aquí habla permanentemente un personaje de la novela.

Para poder construir un relato es necesario tomar en cuenta los siguientes elementos: el personaje, el acontecimiento, el espacio y el tiempo dentro de una estructura que puede ser: **lineal, lineal con regresiones, de paralelos o circular**. En la primera, los sucesos ocurren en forma cronológica. En la segunda, hay fragmentación por los rompimientos de tiempo —retrocesos o adelantos—. En la tercera las historias transcurren en forma paralela y en la circular, se vuelve al inicio del relato. Gráficamente tenemos:

ALGUNAS ESTRUCTURAS NARRATIVAS

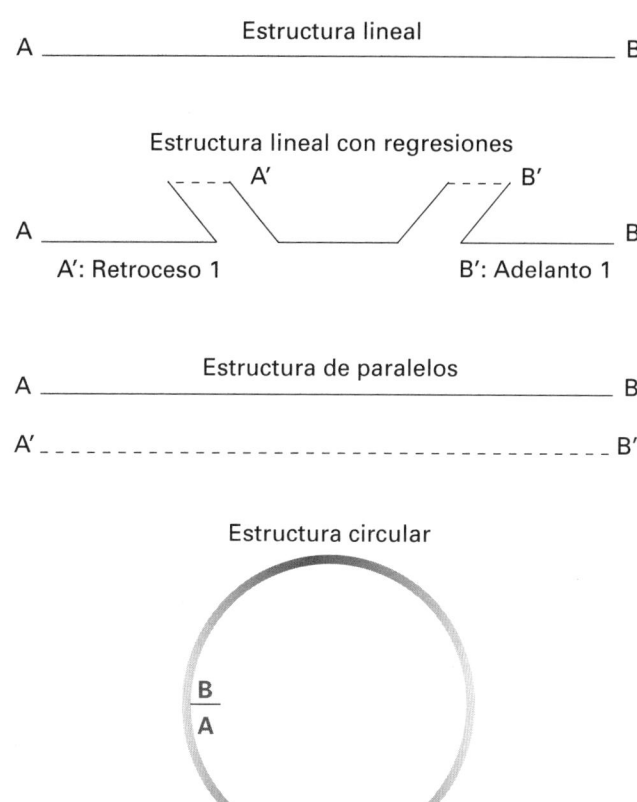

E. M. Foster define el relato como "una narración de acontecimientos dispuestos en un orden temporal. Una trama es también la narración de acontecimientos, pero el hincapié se hace en la causalidad. **El rey murió y luego murió la reina**, es un relato. **El rey murió y luego la reina murió de pesar**, es una trama. Se preserva la sucesión en el tiempo, pero el sentimiento de la causalidad la eclipsa. O también: **La reina murió, nadie sabía por qué, hasta que se descubrió que había muerto de pesar por la muerte del rey**. Ésta es una trama con un misterio, una forma capaz de elevado desarrollo. Suspende la sucesión en el tiempo, y se aleja del relato tanto como se lo permiten sus propias limitaciones. Considérese la muerte de la reina. Si ocurre un relato decimos **¿y luego?** Si se presenta en una trama preguntamos **¿por qué?** Ésta es la diferencia fundamental que existen entre estos dos aspectos de la novela. Una trama no puede contarse a una audiencia boquiabierta de hombres de las cavernas, ni a un sultán tiránico, ni a su descendiente moderno, el público del cine. Sólo se les puede mantener despiertos con un **y luego, y luego**. Sólo pueden proporcionar curiosidad. Pero una trama exige también inteligencia y memoria".

Las formas narrativas guardan estrecha relación con las personas gramaticales y los puntos de vista que le dan una estructura a lo que se cuenta. Los recursos más conocidos: **narración directa** e **indirecta, diálogo, monólogo interior** y **corriente de conciencia**, entre otros.

El manejo del lenguaje y los recursos de estilo nos acercan a la amplitud y precisión del vocabulario así como al lenguaje figurado, la comparación o símil, la metáfora y muchos otros recursos valiosos.

En una forma más sencilla se puede decir que a través de cualesquiera de los géneros: épica, lírica y dramática se representa una realidad. En la épica se amplía mediante la narración. En la lírica se concreta y se poetiza, en la dramática se imita.

LA REALIDAD EN LA CREACIÓN LITERARIA

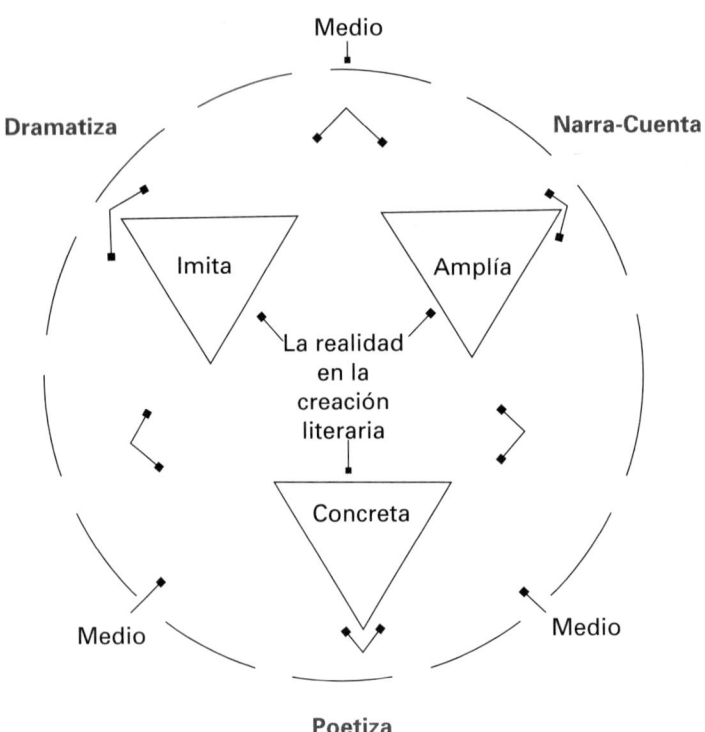

Medio: Aspectos ideológicos que influyen en la realidad representada.

Algunas formas de la épica:	cuento, novela, ensayo, relato, leyenda, crónica, epistolario.
	Elementos estructurales: personaje, acontecimientos, espacio, acción, tiempo, punto de vista, trama.
Algunas formas de la lírica:	todas las estructuras estróficas conocidas. Verso rimado o libre (soneto, redondilla, lira, madrigal, romance, etcétera).
	Elementos estructurales: rima, ritmo, métrica, etcétera.
Algunas formas dramáticas:	auto, paso, entremés, tragedia, drama, comedia, farsa, monólogo, tragicomedia, etcétera.
	Elementos estructurales: diálogo, personaje, acción-tensión, conflicto, tiempo, espacio.

El siguiente esquema de las **funciones de Jakobson** nos ayudará a establecer diferencias entre el lenguaje literario y el estándar.

Función **referencial o informativa**: consiste en la transmisión de un saber, de un contenido intelectual acerca de aquello de lo que se habla.
"La República Mexicana tiene límites fronterizos en su porción sureste, con Guatemala y Belice."

Función **emotiva o expresiva**: el emisor le imprime al mensaje una cierta emoción, fingida o verdadera. Frecuentemente lleva interjecciones.
"¡Ah, qué bueno que llegaste!"

Función **apelativa**: el *emisor* intenta influir en el pensamiento y comportamiento del *receptor*. Su expresión lingüística más pura se halla en el imperativo y en el vocativo.
"Acude hoy mismo a la sucursal de tu preferencia y con un depósito inicial mínimo obtendrás tu tarjeta BANSOL, el acceso directo a tu inversión."

Función **fática**: tiene por objeto "establecer, prolongar o interrumpir la comunicación".
"A poco, pero cómo, ah... me oyó, ajá, bueno..."

Función **metalingüística**: se realiza "cuando el *emisor* y/o *receptor* necesitan averiguar si ambos usan el mismo código".
"La semántica es la parte de la lingüística que se ocupa de la significación de las palabras y de sus cambios."

Función **poética**: el *emisor* centra la atención en la manera de expresar el mensaje.
"Se ha asomado una cigüeña a lo alto del campanario." (Antonio Machado.)
"¡Oh, inteligencia soledad en llamas...!" (José Gorostiza.)

"Yo camino en silencio por donde lloran piedras que quieren ser palomas, estrellas o canarios: voy entre campanas.

Escucho los sollozos de los cuervos que mueren, de negros perros semejantes a tristes golondrinas". (Efraín Huerta.)

"El sol denso, inmóvil, imponía su presencia; la realidad estaba paralizada bajo su crueldad sin tregua. Flotaba el anuncio de una muerte suspensa, ardiente, sin podredumbre pero también sin ternura. Eran las tres de la tarde." (Inés Arredondo.)

LECTURAS LITERARIAS
PROSA
(fragmentos)

Los sueños vanos, los ángeles curiosos "A uno le pasan cosas muy raras"

A cada hijo de vecino le pasan cosas muy raras y, claro es, cada cual sabe de las suyas. En cierta ocasión les hablaba a ustedes de la doble vida de un señor que se convirtió en señora; todos tenemos nuestra doble vida, aunque no sea tan espectacular y melodramática como la de la señora que fue señor, circunstancia que ni detesto ni envidio, porque me falta experiencia, pero que me produce un evidente estupor ante la que me imagino difícil lidia amorosa con el converso; esta posibilidad, al menos por ahora, no se me ha presentado, quizá gracias sean dadas a Dios y a Nuestro Señor el Apóstol que esto nunca se sabe. ¿Se imaginan ustedes lo duro que debe resultar quedar bien —camastris causa— con una señora que se sabe, al dedillo y ce por be, todas las quiebras y puntos flacos de los caballeros, porque de caballero (es un decir) ejerció hasta el arrepentimiento y el dolor de corazón contrito? Yo no he conocido nunca —digamos, bíblicamente— a ninguna señora que antes hubiera sido recluta, cosa que declaro no sin cierto rubor, porque ahora se estilan actitudes más modernas y europeizantes: tanto que hasta les puede caber por el sieso el Mercado Común, al público decir de un político (?) indígena contemporáneo. En fin, tampoco me quejo, porque en la ría de Arosa, en estos menesteres, somos más bien clásicos y consuetudinarios, y tampoco nos va mal.

Camilo José Cela

Rayuela (capítulo 32)

Bebé Rocamadour, bebé bebé. Rocamadour:
Rocamadour, ya sé que es como un espejo. Estás durmiendo o mirándote los pies. Yo aquí sostengo un espejo y creo que sos vos. Pero no lo creo, te escribo porque no sabés leer. Si supieras no te escribiría o te escribiría cosas importantes. Alguna vez tendré que escribirte que te portes bien o que te abrigues. Parece increíble que alguna vez. Rocamadour. Ahora solamente te escribo en el espejo, de vez en cuando tengo que secarme el dedo porque se moja de lágrimas. ¿Por qué, Rocamadour? No estoy triste, tu mamá es una pavota, se me fue al fuego el borsch que había hecho para Horacio; vos sabés quién es Horacio, Rocamadour, el señor que el domingo te llevó el conejito de terciopelo y que se aburría mucho porque vos y yo nos estábamos diciendo tantas cosas y él quería volver a París; entonces te pusiste a llorar y él te mostró cómo el conejito movía las orejas; en ese momento estaba hermoso, quiero decir Horacio, algún día comprenderás, Rocamadour.

Julio Cortázar

Paseo en trapecio

La camioneta por avenida Juárez, rodando lentamente frente a los árboles de la Alameda... Aquellos árboles gigantescos que no podía ver sin que su infancia afluyera a la memoria...

Aunque no eran tal altos, sofocados por la contaminación, sucios de tierra y gases de automóviles, incluso hasta fulminados por rayos...

Pero eran altísimos porque los había visto de niño todos los días porque vivía enfrente, en avenida Juárez 18, en la portería...

Y pocas cosas eran tal altas como un árbol cuando se tienen cinco o seis años de edad...

Aunque no eran tan altos después de todo y el polvo los castigaba con intensidad, con demasiada intensidad, o con mediana intensidad...

Con excesiva fuerza (con débil fuerza)...

Y por un momento quitó de en medio los árboles y entonces el polvo se abatía con fuerza contra un paisaje árido, o casi sin fuerza, sin sacudir nada, ensuciando los mármoles del Hemiciclo a Juárez...

Y en eso su hermano con dejo despreocupado recitó:

—Me pareció ver a tu ex-esposa con él, sí... Y se ve muy bien, eh.... Se cuida muy bien ¿verdad? ¿Tú crees que esté saliendo con él?...

En ese instante un como soplo repentino agitó los álamos y barrió el polvo del piso del Hemiciclo, emborronó el paisaje, desordenó las ropas de algunos de los peatones, e incluso dentro de la camioneta, levantó sus cabellos, como si su ex-esposa estuviera tras él...

—*Aquí estoy... ¿No me sientes?*

El calor de su aliento rozando su nuca, como si hubiera estado agazapada tras el asiento y se levantara de pronto, bruscamente y sonriendo con malicia...

Gustavo Sainz

El espejo que no podía dormir (cuento)

Había una vez un espejo de mano que cuando se quedaba solo y nadie se veía en él se sentía de lo peor, como que no existía, y quizá tenía razón; pero los otros espejos se burlaban de él, y cuando por las noches los guardaban en el mismo cajón del tocador dormían a pierna suelta satisfechos, ajenos a la preocupación del neurótico.

Augusto Monterroso

San Avilán (relato)

El olvido en que suele tenerse a San Avilán no impide reconocerlo en la fachada de capillas por costumbre humildes. Una campana a los pies del santo hace segura la identificación.

Se cuenta, y no hay razón para dudarlo, que después del asalto que en el siglo X sufrió la iglesia de Minz, y del asesinato del párroco que intentó protegerla de

Barrabás el Manco, una cuadrilla de demonios se apoderó del templo profanado. Si alguien osaba entrar, los diablos aullaban tan espantosamente que lo obligaban a huir.

Una pareja de enamorados pidió a San Avilán que los casara en esa iglesia. Tres veces, tres días y tres noches el santo se mantuvo en oración y tres veces intentó en vano entrar. Luego ayunó una semana a las puertas del recinto, y estuvo rezando hasta que dos ángeles lo llevaron por los aires a lo alto de la torre. Para no escuchar a los demonios, San Avilán hizo repicar las campanas hasta que el último diablejo salió del lugar.

Es fama que a veces, en noches estrelladas, si dos enamorados pasan por algún templo donde se venera a San Avilán, las campanas tañen suavemente, como si una brisa las hiciera tocar.

Felipe Garrido

La última navidad (relato)

Para nosotros, los últimos eran los peores días del año. Sobraban motivos para temerle a diciembre: la Navidad significaba el horror de ver a mi padre hundirse en una embriaguez que principiaba en brindis amistoso y concluía en largas desapariciones.

En esos periodos de soledad la angustia de mi madre era infinita. Incapaz de olvidarlo y abandonarlo a su suerte, suplicaba a mis hermanos mayores que fueran en busca de mi padre. Ante su resistencia ella repetía los peligros que los acechaban: "¿Qué tal si lo atropelló un coche y está por allí, solo, muriéndose sin que nadie lo ayude?" "Él fuma mucho. A lo mejor se durmió con el cigarro prendido… Dios no permita que se me vaya incendiar." "Ándenle, no sean malos. Búsquenlo. Así como está, cualquiera le da un mal golpe para quitarle el reloj…"

A sabiendas de que no iban a encontrarlo, mis hermanos empezaban un rastreo infructuoso en cantinas, pulquerías, piqueras y casas de mala nota. De sus exploraciones regresaban torvos, silenciosos, violentos.

Mientras tanto, los menores procurábamos ignorar los motivos que volvían trágica la temporada que en otras casas era de fiesta. Mi madre se esforzaba inútilmente por dividirse entre su preocupación y sus deberes para con nosotros. Atenta a los ruidos de la calle, a lo más que llegaba era a decirnos cuando estábamos sentados en la mesa: "Ustedes coman, no se mortifiquen…" Sólo el hambre nos hacía tocar el pan amargo de diciembre, adquirido gracias a préstamos humillantes.

La tristeza de mi madre volvía irrespirable el aire de la casa. Por eso, aunque supiéramos que en la cuadra éramos vistos con lástima, salíamos a divertirnos con los juegos de siempre: "el avión", la "cuerda de carne, chile y mole", "el bote", "las anchuras". No lo confesábamos pero esos momentos eran de falsa alegría. Todo estaba ensombrecido por el temor de que nuestro padre apareciera y atrajese las miradas de burla o desprecio de nuestros amigos. Tan grande era nuestra inquietud que muchas veces rezamos para que Dios nos hiciera un milagro: "Que regrese de noche para que nadie lo vea".

Nuestras súplicas no fueron atendidas. Muchas veces mi padre volvió de tarde, con los bolsillos llenos de chicles, pastillas de menta y monedas. Las repartía entre nuestros compañeros de juego. Ellos, con más o menos disimulo, se alejaban a toda carrera. Nosotros seguíamos a mi padre hasta la casa, que de inmediato se transformaba en una especie de pasadizo negro tachonado de malas palabras, insultos, llanto, súplicas de perdón o promesas hechas ante una Virgen mancillada por la humedad de la pared.

Soportar la furia del recién llegado era menos irritante que enfrentarnos a su sentimentalismo de ebrio. Nos obligaba a que rodeáramos su cama —sucia, con restos de comida, botellas, papeles, cajetillas de cigarros a medio consumir— para hablarnos con voz estropajosa del "Niño Jesús, que aunque iba a ser el Rey de Reyes nació desnudo en un pesebre, y supo que el camino de espinas de la pobreza conduce siempre a la gloria". La realidad nos había enseñado que la miseria es algo enteramente distinto: padecer, anhelar sin esperanza, sentirse solo.

Por lo general, aquellos monólogos didácticos lo llevaban a la euforia amorosa hacia mi madre, que terminaba suplicándonos: "Criaturas, ¿qué hacen aquí encerrados? Váyanse a jugar, diviértanse. ¿No están contentos de que haya regresado su papá?

Aquella maravillosa mujer a quien todos tenían por "una santa", estaba lejos de imaginar que su pudor nos enviaba a un infierno: sentados en la banqueta, mirábamos a los vecinos que iban a las tiendas próximas en busca de pan, los dulces, la fruta o el vino que compartirían durante la cena de Navidad. A cada momento se nos acercaban nuestros amigos para mostrarnos su carta enviada a Santa Clos. Cumplida su misión, y sin saber hasta qué punto los envidiábamos, se iban para no ensuciarse la ropa o llegar tarde: faltas que podían significarles la pérdida de juguetes anhelados durante todo el año.

En el recuerdo, todas las navidades de mi infancia son iguales, excepto una que considero la última, aunque de entonces a la fecha haya visto concluir muchos otros diciembres.

Por la tarde del 24, cuando ya no lo esperábamos, mi padre regresó de su más larga ausencia. No estaba ebrio. Contento, se anunció desde el zaguán entre palmadas y gritos: "¿Dónde está todo el mundo?" De inmediato salimos a su encuentro. Mi madre fue la última en presentarse. Inmóvil, recibió el beso que mi padre depositó en su frente. Él no parecía notar su gesto y se fue directamente al comedor, oscuro y frío: "Bueno, y qué, ¿en esta casa no hay cena de Navidad?" Mi madre no contestó. Nosotros, que habíamos vivido una de las épocas de mayor miseria, permanecimos callados.

Nuestro silencio debió hacer sentir tan culpable a mi padre que volvió a tomar su sombrero, dio media vuelta y de camino hacia la puerta lo oí decir: "Mejor me voy. ¿Quién quiere estar con una mujer tan triste?"

Aquella noche nuestra casa fue la única que permaneció a oscuras en la cuadra y nosotros, los cinco hermanos, perdimos para siempre la dicha navideña.

Cristina Pacheco

Ejercicios

1. Analiza los fragmentos anteriores y establece la diferencia entre el lenguaje estándar y el lenguaje literario.

_____

_____

_____

_____

_____

_____

_____

2. Redacta un texto de creación libre donde intentes manejar el lenguaje literario.

_____

_____

_____

_____

_____

_____

_____

_____

3. Consulta en textos de teoría literario los siguientes conceptos. Discútelos en clase.

- narración
- verso
- monólogo interior

- trama
- rima
- corriente de conciencia

- metáfora
- versolibrismo

- símil
- métrica

4. Redacta un texto con estructura IDC donde expliques por qué la literatura es una forma de comunicación.

_____

_____

_____

_____

_____

_____

_____

_____

_____

_____

_____

_____

5. Busca información sobre los siguientes conceptos y discútela en clase.

- Cuento

- Novela

- Poema

- Drama o pieza teatral

6. Escribe un relato que inicie así: "Esteban debió haberle confiado el secreto a su madre. La mujer de verde que solía ir todos los días a la playa no era la única persona que había presenciado el trágico suceso...

_____

_____

_____

_____

_____

_____

_____

_____

_____

_____

_____

_____

_____

_____

_____

_____

_____

_____

_____

_____

_____

_____

_____

7. Une las siguientes palabras completando con otras el espacio. Cuida la lógica del texto.

Mañana_____

_____había_____

_____miedo_____

_____

_____escalera_____

_____

_____

entrar_____

_____orgullo_____

personalmente_____

_____cabellos.

8. Concluye el relato:

Uno da las buenas noches. Besa a papá. Besa a mamá. Pide un vaso de agua. Que le bajen un libro. Se esconde detrás del sillón. Finge que está dormido. Besa a mamá. Pide otro vaso de agua. Forcejea con papá. Pide que le lean un cuento. Que le desabrochen el cinturón. Dice que ya se va a la cama. Pide que le den un muñeco. Besa a papá. Pide que le muestren las fotografías que vio en la mañana. Quiere salir al patio y ver las jaulas de los canarios. Pide otro vaso de agua. Gimotea un poco. Besa a mamá que ya no quiere dejarse besar. Pide que le presten la cinta para medir. Besa a papá. Promete irse a dormir en cuanto vuelvan a contarle cómo aprendió a caminar.

9. Escribe un texto a partir de cualquiera de los siguientes epígrafes.

a) "¡Todo es espejo!"

b) "¡La vida te da sorpresas, sorpresas te da la vida!"

c) "Serás vagabundo en tu propia tierra y no te dará fruto. Cazarás y antes de que la flecha salga de tu arco tu sombra se habrá extendido por el mundo. Y donde caiga esa sombra, la tierra será ceniza."

10. Escribe un texto donde cada 12 ó 15 palabras vayas incluyendo todas las siguientes.

Respeta el orden.

a) zapatos rojos,

b) conducía velozmente,

c) gesticuló,

d) playa,

e) sabrosa comida,

f) dialogó,

g) fotografía perdida,

h) olvidado,

i) revólver.

11. En una dinámica de grupo practica la creación colectiva de una historia. Toma en cuenta los siguientes datos.

a) París, época contemporánea, invierno,

b) una herencia,

c) un joven escritor,

d) Alicia, joven de 20 años, modelo,

e) un bar,

f) un mapa,

g) una carta comprometedora,

h) un viejo mayordomo,

i) un perro,

j) el ama de llaves,

k) la casualidad,

l) Argentina.

Recomendaciones: Cada grupo trabajará con los mismos datos. Al final de la dinámica se leerán los trabajos con el fin de comparar los resultados de cada equipo.

12. Completa el diálogo.

—Yo no opino lo mismo, doña Elena.

—Nunca lo he necesitado para nada, sola he podido con el rancho.

—No, pues eso sí —Respondió riéndose—. ¡Ah, qué doña Elena!

13. Transforma el siguiente poema.

    a) Primero en prosa.

    b) Después dramatízalo, emplea el diálogo.

Este ir y venir

¿Para qué este ir y venir?
Quién sabe en qué rincón se encontrará la aurora,
y qué santo, o qué idiota
nos vaciará un día equis la cabeza;
y el sueño de un buen Dios
y la tiniebla amorfa
se borrarán de golpe
al entrar a ese ojo que nos acecha fijo,
y al que nos vamos todos
a la señal de un tiempo.

Enriqueta Ochoa

POESÍA
(selección de poemas)

Soneto de la esperanza

Amar es prolongar el breve instante
de angustia, de ansiedad y de tormento
en que, mientras espero, te presiento
en la sombra suspenso y delirante.

¡Yo quisiera anular de tu cambiante
y fugitivo ser el movimiento,
y cautivarte con el pensamiento
y por él sólo ser tu solo amante!

Pues si no quiero ver, mientras avanza
el tiempo indiferente, a quien más quiero,
para soñar despierto en su tardanza.

La sola posesión de lo que espero
es porque cuando llega mi esperanza
es cuando ya sin esperanza muero.

Xavier Villaurrutia

Emiliano Zapata

Lo volvieron calle
lo hicieron piedra

lo volvieron tarjeta postal
discurso de político

lo hicieron película
ingenio azucarero

lo volvieron bigote
traje charro

él ve nada
oye nada

Homero Aridjis

Tú

Algo le falta
a la perfecta música que suena
en esta tarde íntegra.
Algo le falta
a la hora completamente malva
y azul, a la acabada
redondez de la gota que repite
la boca de la fuente
Algo le falta
a lo absoluto, a Dios mismo le falta
algo esta tarde,
porque en Dios, música, hora, tarde y fuente,
tú,
estando junto a mí, no estás conmigo.

Teresa Aveleyra

Estos templos que somos...

Ahora sé por qué me mantuviste en cautiverio,
calcinándome bajo el ojo sin párpado del desierto.
Por qué soltaste dentro de mi cabeza
un viento oscuro que azotaba, soplando sin descanso;
por qué pusiste por nervios, en mi cuerpo,
esta red enfermiza de cristales;
por qué me fui haciendo mínima:
pasita seca en el corazón de la miseria.
Y por qué hoy,
justo antes de partir,
levantas mi castigo
y rompes el sello que invalidaba mi lengua.
Ha sido para que mi esencia encontrara en ti
su fuente de contacto;
para que aprendiera a beberme el mar
en una sola de tus lágrimas;
para que en el dolor te conociera
al conocer la dimensión del hombre
y pudieran, a través de mis labios,
trasminar su agua todos los muros
de estos templos que somos, sin saberlo.
1976

Enriqueta Ochoa

14. Después de leer los poemas anteriores encuentra el sentimiento inicial que da cuerpo a cada uno de ellos.

15. Explica el manejo del lenguaje.

16. Intenta escribir un poema sobre un sentimiento que hayas experimentado: amor, tristeza, angustia, alegría u otro. Puedes utilizar la forma rimada o el verso libre.

TEATRO

Un hogar sólido

PERSONAJES:

Don Clemente . . . . (60 años)
Doña Gertrudis . . . . (40 años)
Mamá Jesusita . . . . (80 años)
Catita . . . . (5 años)
Vicente Mejía . . . . (23 años)
Muni . . . . (28 años)
Eva, extranjera . . . . (20 años)
Lidia . . . . (32 años)

(Interior de un cuarto pequeño, con los muros y el techo de piedra. No hay ventanas ni puertas. A la izquierda, empotradas en el muro y también de piedra, unas literas. En una de ellas, Mamá Jesusita en camisón y cofia de dormir de encajes. La escena está muy oscura.)

Voz de doña Gertrudis.— ¡Clemente, Clemente! ¡Oigo pasos!

Voz de Clemente.— ¡Tú siempre estás oyendo pasos! ¿Por qué serán tan impacientes las mujeres? ¡Siempre anticipándose a lo que no va a suceder, vaticinando calamidades!

Voz de doña Gertrudis.— Pues los oigo.

Voz de Clemente.— No mujer, siempre te equivocas, te dejas llevar por tu nostalgia de catástrofes...

Voz de doña Gertrudis.— Es cierto... pero esta vez no me equivoco.

Voz de Catita.— ¡Son muchos pies, Gertrudis! *(Sale Catita vestida con un traje blanco antiguo, botitas negras y un collar de corales al cuello. Lleva el pelo atado en la nuca con un lazo rojo)* ¡Qué bueno! ¡Qué bueno! ¡Tralalá! ¡Tralalá! *(da saltos y bate las palmas).*

DOÑA GERTRUDIS.— *(Apareciendo con un traje rosa de 1930)* Los niños no se equivocan. ¿Verdad, tía Catalina, que alguien viene?

CATITA.— ¡Sí, yo lo sé! ¡Lo supe desde la primera vez que vinieron! ¡Tenía tanto miedo aquí solita!...

CLEMENTE.— *(Apareciendo en traje negro y puños blancos).* Creo que tienen razón. ¡Gertrudis! ¡Gertrudis! Ayúdame a buscar mis metacarpos, siempre los pierdo y sin ellos no puedo dar la mano.

VICENTE MEJÍA.— *(Apareciendo en traje de oficial juarista).* Usted leyó mucho, don Clemente, de ahí le viene el mal hábito de olvidar las cosas. ¡Míreme a mí, completito en mi uniforme, siempre listo para cualquier advenimiento!

MAMÁ JESUSITA.— *(Enderezándose en su litera y enseñando la cabeza cubierta con la cofia de encajes)* ¡Catita tiene razón! Los pasos vienen hacia acá *(se coloca una mano detrás de una oreja, en actitud de escuchar),* se han detenido los primeros.... a no ser que a los Ramírez les haya sucedido una desgracia...¡esta vecindad ya nos ha hecho llevar muchos chascos!

CATITA.— *(Saltando)* ¡Tú duérmete, Jesusita! A ti no te gusta sino dormir:

Dormir, dormir,

que cantan los gallos

de San Agustín:

¿ya está el pan?

MAMÁ JESUSITA.— ¿Y qué quieres que haga? Si me dejaron en camisón...

CLEMENTE.— No se queje doña Jesús. Pensamos que por respeto...

MAMÁ JESUSITA.— ¡Por respeto! ¿Y por respeto una tal falta de respeto?

GERTRUDIS.— Si hubiera estado yo, mamá..., pero qué querías que hicieran las niñas y Clemente. *(Arriba se oyen muchos pasos que se detienen y después aumentan.)*

MAMÁ JESUSITA.— ¡Catita! Ven acá y púleme la frente; quiero que brille como la estrella polar. Dichoso el tiempo en que yo corría por la casa como una centella, barriendo, sacudiendo el polvo que caía sobre el piano, en engañosos torrentes de oro, para luego, cuando ya cada cosa relucía como un cometa, romper el hielo de mis cubetas dejadas al sereno, y bañarme con el agua cuajada de estrellas de invierno. ¿Te acuerdas, Gertrudis? ¡Eso era vivir! Rodeada de mis niños tiesos y limpios como pizarrines.

GERTRUDIS.— Sí, mamá. Y me acuerdo también de tu corchito quemado para hacerte ojeras; y de los limones que comías para que la sangre se te hiciera agua. Y de aquellas noches en que te ibas con papá al Teatro de los Héroes. ¡Qué bonita te veías con tu abanico y las dormilonas en las orejas!

MAMÁ JESUSITA.— ¡Ya ves, hija, la vida es un soplo! Cada vez que llegaba al palco...

CLEMENTE.— *(Interrumpiendo)*. ¡Por piedad, ahora no encuentro mi fémur!

MAMÁ JESUSITA.— ¡Qué falta de consideración! ¡Interrumpir a una señora! *(Catita, mientras tanto, ha estado ayudando a Jesusita a arreglarse la cofia.)*

VICENTE.— Yo vi a Catita jugar con él a la trompeta.

GERTRUDIS.— Tía Catita, ¿dónde olvidó usted el fémur de Clemente?

CATITA.— ¡Jesusita, Jesusita! ¡Me quieren quitar mi corneta!

MAMÁ JESUSITA.— ¡Gertrudis, deja en paz a esta niña! Y en cuanto a ti, te diré: no es tan malo que mi niña enfermara, como la maña que le quedara...

GERTRUDIS.— ¡Pero mamá no seas injusta! ¡Es el fémur de Clemente!

CATITA.— ¡Fea!, ¡Mala!, ¡Te pego! ¡No es su fémur, es mi cornetita de azúcar!

CLEMENTE.— *(a Gertrudis)* ¿No se la habrá comido? Tu tía es insoportable.

GERTRUDIS.— No lo sé, Clemente. A mí me perdió mi clavícula rota. Le gustaban mucho los caminitos de cal dejados por la cicatriz. ¡Y era mi hueso favorito! Me recordaba las tapias de mi casa llena de heliotropos. ¿Te conté cómo me caí, verdad? La víspera habíamos ido al circo. Todo Chihuahua estaba en las gradas para ver a Ricardo Bell, pero, de pronto, salió una equilibrista, que parecía una mariposa y a la que no he olvidado nunca... *(Arriba se oye un golpe. Gertrudis se interrumpe).*

GERTRUDIS.— *(Continuando)* Por la mañana me fui a las bardas a bailar sobre un pie, pues toda la noche había soñado que era ella...

(Arriba se oye un golpe más fuerte)

GERTRUDIS.— ...Claro, no sabía que tenía huesos. Una de niña no sabe nada. Porque me lo rompí, digo siempre que fue el primer huesito que tuve. ¡Se lleva una cada sorpresa!

(Los golpes se suceden con más rapidez.)

VICENTE.—*(Atusándose el bigote)* No cabe duda, alguien llega. Tenemos huéspedes. *(Canta)*

Cuando en tinieblas

Riela la luna

Y en la laguna

Canta el alción...

MAMÁ JESUSITA.— ¡Cállate, Vicente! No es hora de cantar. ¡Mira estos inoportunos! En mis tiempos la gente se anunciaba antes de caerle a uno de visita. Había más respeto. ¡A ver ahora a quién nos traen, a cualquier extraño de esos que se casaron con las niñas!¡Abate Dios a los humildes! como decía el pobre Ramón, a quien Dios tenga en su santa gloria...

VICENTE.— ¡Tú no cambiaste para bien, Jesusita! A todo le pones pero. Antes tan risueña que eras. ¡Lo único que te gustaba era bailar polkas! *(Tararea Jesusita en Chihuahua y hace unos pasos)* ¿Te acuerdas cómo bailamos en aquel Carnaval? *(Sigue bailando).* Tu traje rosa giraba, giraba y tu cuello estaba muy cerca de mi boca...

MAMÁ JESUSITA.— ¡Por Dios, primo Vicente. No me recuerdes esas tonterías!

VICENTE.— *(Riéndose)* ¿Qué dirá ahora Ramón? Él tan celoso. Y tú y yo aquí juntos, mientras él se pudre solo allá en Dolores.

GERTRUDIS.— Tío Vicente, ¡Cállese, va a provocar un disgusto!

CLEMENTE.— *(Alarmado)* Ya le expliqué, doña Jesús, que en el momento, no tuvimos dinero para transportarlo.

MAMÁ JESUSITA.— ¿Y las niñas qué esperan para traerlo? No me dé explicaciones, a usted siempre le faltó delicadeza.

(Se oye un golpe más fuerte.)

CATITA.— ¡Vi luz! *(entra un rayo de luz)* ¡Vi un sable! ¡Otra vez San Miguel que viene a visitarnos! ¡Miren su lanza!

VICENTE.— ¿Estamos completos? Pues ahora, ¡orden y nos amanecemos!

CLEMENTE.— Faltan Muni y mi cuñada.

MAMÁ JESUSITA.— ¡Los extranjeros siempre apartándose!

GERTRUDIS.— ¡Muni, Muni!, alguien viene, a lo mejor es una de tus primas. ¿No te da gusto, hijo? Podrás jugar y reírte con ellas otra vez, a ver si se te quita esa tristeza.

(Aparece Eva, rubia, alta, triste, muy joven, en traje de viaje de 1920)

EVA.— Muni estaba por ahí hace un momento. ¡Muni hijito! ¿Oyes ese golpe? Así golpea el mar contra las rocas de mi casa... ninguno de ustedes la conoció... estaba sobre una roca, alta, como una ola. Batida por los vientos que nos arrullaban en la noche, remolinos de sal cubrían sus vidrios de estrellas marinas, la cal de la cocina, se doraba con las manos solares de mi padre... por las noches las criaturas del viento, del agua, del fuego, de la sal, entraban por la chimenea, se acurrucaban en las llamas, cantaban en la gota de los lavaderos...¡Tin! ¡tan! ¡tin! ¡tin! ¡tin! ¡tin! ¡tan!... Y el yodo se esparcía por la casa como el sueño... La cola de un delfín resplandeciente, nos anunciaba el día. ¡Así, con esta luz de escamas y corales!

(Eva, al decir la última frase, levanta el brazo y señala el raudal de luz que entra a la cripta, cuando separan arriba la primera losa. El cuarto se inunda de sol. Los trajes lujosos de todos están polvorientos y los rostros pálidos. La niña Catalina salta de gusto.)

CATITA.— ¡Mira, Jesusita! ¡Viene alguien! ¿Quién le trae, Jesusita? ¿Doña Difteria o San Miguel?

MAMÁ JESUSITA.— Espera niña, vamos a ver.

CATALINA.—A mí me trajo doña Difteria. ¿Te acuerdas de ella? Tenía los dedos de algodón y no me dejaba respirar. ¿A ti te dio miedo, Jesusita?

MAMÁ JESUSITA.— Sí hermanita, me acuerdo que te llevaron y el patio de la casa quedó sembrado de pétalos morados. Mamá lloró mucho y nosotras las niñas también.

CATALINA.— ¡Tontita!, ¿qué no sabías que ibas a venir a jugar aquí conmigo? Ese día San Miguel se sentó junto a mí y con su lanza de fuego lo escribió en el cielo de mi casa. Yo no sabía leer... y lo leí. ¿Y era bonita la escuela de las señoritas Simson?

MAMÁ JESUSITA.— Muy bonita, Catita. Mi mamá nos mandó con lazos negros...

CATALINA.— ¿Y aprendiste el silabario? Para eso me iba a mandar mi mamá...

MUNI.— *(Entra en pijama, con el rostro azul y el pelo rubio)* ¿Quién será? *(Arriba por el trozo de bóveda abierta al cielo, se ven los pies de una mujer suspendidos en un círculo de luz.)*

GERTRUDIS.— ¡Clemente, Clemente! Son los pies de Lidia: ¡Qué gusto hijita, que hayas muerto tan pronto!

(Todos callan. Empieza el descenso de lidia, suspendida con cuerdas...Viene tiesa, con un traje blanco, los brazos cruzados al pecho. Los dedos en cruz, y la cabeza inclinada. Los ojos cerrados.)

CATITA.— ¿Quién es Lidia?

MUNI.— ¿Lidia? Es la hija de mi tío Clemente y de mi tía Gertrudis, Catita. *(Acaricia a la niña.)*

MAMÁ JESUSITA.— Ya tenemos aquí a toda la serie de los nietos. ¡Cuánto mocoso! ¿Pues qué el horno crematorio no es más moderno? A mí, cuando menos, me parece más higiénico.

CATITA.— ¿Verdad, Jesusita, que Lidia es de mentiritas?

MAMÁ JESUSITA.— ¡Fuera bueno, mi niña! Aquí hay lugar para todo el mundo, menos para el pobre Ramón!

EVA.— ¡Cómo creció! Cuando me vine era tan chiquita como Muni.

(Lidia quedó de pie, en medio de todos, que la miran. Luego abre los ojos y los ve).

LIDIA.— ¡Papá! *(le abraza)*. ¡Mamá! ¡Muni! *(les abraza)*.

GERTRUDIS.— Te veo muy bien, hija.

LIDIA.— ¿Y la abuela?

CLEMENTE.— No puede levantarse. ¿Te acuerdas que cometimos el error de enterrarla en camisón?

MAMÁ JESUSITA.— Sí, Lilí, aquí me tienes acostada por sécula seculórum.

GERTRUDIS.— Cosas de mi mamá, ya sabes, Lilí, lo compuesta que fue siempre.

MAMÁ JESUSITA.— Lo peor será, hijita, presentarse así ante Dios Nuestro Señor. ¿No te parece una infamia? ¿Cómo no se te ocurrió traerme un vestido? Aquel gris, con las vueltas de brocado y el ramito de violetas en el cuello. ¿Te acuerdas de él? Me lo ponía para ir a las visitas de cumplido...pero de los viejos nadie se acuerda...

CATITA.—Cuando San Miguel nos visita, ella se esconde.

LIDIA.— ¿Y tú quien eres preciosa?

CATITA.— ¡Catita!

LIDIA.— ¡Claro! ¡Si la teníamos sobre el piano! Ahora está en casa de Evita. ¡Qué tristeza cuando la veíamos, tan melancólica, pintada en su traje blanco! Se me había olvidado que estaba aquí.

VICENTE.— ¿Y no te da gusto conocerme a mí, sobrina?

LIDIA.— ¡Tío Vicente! También a ti te teníamos en la sala, con tu uniforme y en una cajita de terciopelo rojo, tu medalla.

EVA.— ¿Y de tu tía Eva no te acuerdas?

LIDIA.— ¡Tía Eva! Sí, te recuerdo apenas, con tu pelo rubio tendido al sol... y recuerdo tu sombrilla morada y tu rostro desvanecido debajo de sus luces, como el de una hermosa ahogada... y tu sillón vacío meciéndose al compás de tu canto, después que ya te habías ido.

(Del círculo surge una voz)

VOZ.— La generosa tierra de nuestro México abre sus brazos para darte amoroso cobijo. Virtuosa dama, madre ejemplarísima, esposa modelo, dejas un hueco irreparable...

MAMÁ JESUSITA.— ¿Quién te habla con tanta confianza?

LIDIA.— Es don Gregorio de la Huerta y Ramírez Puente, Presidente de la Asociación de Ciegos.

VICENTE.— ¡Qué locura! ¿Y qué hacen tantos ciegos juntos?

MAMÁ JESUSITA.— ¿Pero por qué te tutea?

GERTRUDIS.— Es la moda, mamá, hablarle de tú a los muertos.

VOZ.— Pérdida crudelísima, cuya ausencia habremos de calibrar con el tiempo, nos dejas para siempre privados de tu arrolladora simpatía; y dejas también, a un hogar cristiano y sólido en la orfandad más terrible. Tiemblen los hogares ante la inexorable parca...

CLEMENTE.— ¡Válgame Dios!, ¿pero todavía anda por allá ese botarate?

MAMÁ JESUSITA.— Lo que no sirve, abunda.

LIDIA.— Sí, y ahora es el Presidente de la Banca, de los caballeros de Colón, de la Ceguera; de la Bandera y del Día de la Madre...

VOZ.— Sólo la fe inquebrantable, la resignación cristiana y la piedad...

CATITA.— Siempre dice lo mismo don Hilario.

MAMÁ JESUSITA.— No es don Hilario, Catita, don Hilario hace la friolera de sesenta y siete años que murió...

CATITA.— *(Sin oírla)* Cuando a mí me trajeron, dijo: ¡Voló un angelito! Y no era cierto. Yo estaba aquí abajo, solita, muy asustada. ¿Verdad, Vicente? ¿Verdad que yo no digo mentiras?

VICENTE.— ¡Dímelo a mí! Figúrense, yo llego aquí, todavía atarantado por los fogonazos, con mis heridas abiertas... ¿y qué veo? A Catita llorando: ¡quiero ver a mi mamá! ¡quiero ver a mi mamá! ¡Qué guerra me dio esta niña!, con decirles que echaba de menos a los franceses...

VOZ.— ¡Requiescat in pace!

(Empiezan a poner las losas. La escena se oscurece paulatinamente.)

CATITA.— Estuvimos mucho tiempo solitos ¿verdad Vicente? No sabíamos qué pasaba, pero nadie vino nunca más.

MAMÁ JESUSITA.— Ya te he dicho, Catita, nos fuimos a México, luego vino la Revolución...

CATITA.— Hasta que un día llegó Eva. Tú dijiste, Vicente, que era extranjera...

VICENTE.— La situación era un poco tirante y Eva no nos decía ni una sola palabra.

EVA.— También yo estaba cohibida...y además pensaba en Muni... y en mi casa... aquí estaba todo tan callado.

(Silencio. Ponen la última losa.)

LIDIA.— Y ahora, ¿qué hacemos?

CLEMENTE.— Esperar.

LIDIA.— ¿Esperar todavía?

GERTRUDIS.— Si, hija, ya irás viendo.

EVA.— Verás todo lo que quieras ver, menos tu casa, con su mesa de pino blanco, y en las ventanas las olas y las velas de los barcos.

MUNI.— ¿No estás contenta Lilí?

LIDIA.— Sí, Muni, sobre todo de verte a ti. Cuando te vi, tirado aquella noche en el patio de la Comisaría, con aquel olor a orines que venía de las losas rotas, y tú durmiendo en la camilla, entre los pies de los gendarmes, con tu pijama arrugado, y tu cara azul, me pregunté: ¿Por qué?, ¿por qué?

CATITA.— También yo, Lilí. Tampoco yo había visto a un muerto azul. Jesusita me contó después que el cianuro tiene muchos pinceles y sólo un tubo de color, ¡el azul!

MAMÁ JESUSITA.— ¡Ya no molesten a este muchacho! El azul le va muy bien a los rubios.

MUNI.— ¿Por qué, prima Lilí? ¿No has visto a los perros callejeros caminar y caminar banquetas, buscando huesos en las carnicerías llenas de moscas, y el carnicero, con los dedos remojados en sangre a fuerza de destazar? Pues yo ya no quería caminar banquetas atroces buscando entre la sangre un hueso, ni ver las esquinas, apoyo de borrachos, meaderos de perros. Yo quería una ciudad alegre, llena de soles y de lunas. Una ciudad sólida, como la casa que tuvimos de niños con un sol en cada puerta, una luna para cada ventana y estrellas errantes en los cuartos. ¿Te acuerdas de ellas, Lilí? Tenía un laberinto de risas. Su cocina era cruce de caminos; su jardín, cauce de todos los ríos; y ella toda el nacimiento de los pueblos...

LIDIA.— ¡Un hogar sólido, Muni! Eso mismo quería yo... y ya sabes, me llevaron a una casa extraña. Y en ella no hallé sino relojes y unos ojos sin párpados, que me miraron durante años... Yo pulía los pisos, para no ver las miles de palabras muertas que las criadas barrían por las mañanas. Lustraba los espejos para ahuyentar nuestras miradas hostiles. Esperaba que una mañana surgiera de su azogue la imagen amorosa. Abría libros, para abrir avenidas a aquel infierno circular. Bordaba servilletas, con iniciales enlazadas, para hallar el hilo mágico, irrompible, que hace de dos nombres uno...

MUNI.— Lo sé, Lilí.

LIDIA.— Pero todo fue inútil. Los ojos furiosos no dejaron de mirarme nunca. Si pudiera encontrar a la araña que vivió en mi casa —me decía a mí misma—, con el hilo invisible que une la flor a la luz, la manzana al perfume, la mujer al hombre, cosería amorosos párpados que cerrarían los ojos que me miran, y esta casa entraría en el orden solar. Cada balcón sería una patria diferente; sus muebles florecerían: de sus copas brotarían surtidores; de las sábanas, alfombras mágicas para viajar al sueño; de las manos de mis niños, castillos, banderas y batallas... pero no encontré el hilo, Muni...

MUNI.— Me lo dijiste en la Comisaría. En ese patio ajeno, lejos para siempre del otro patio, en cuyo cielo un campanario nos contaba las horas que nos iban quedando para el juego.

LIDIA.— Sí, Muni, y en ti guardé el último día que fuimos niños. Después sólo quedó una Lidia sentada de cara a la pared, esperando...

MUNI.— Tampoco yo pude crecer, vivir en las esquinas, yo quería mi casa...

EVA.— También yo, Muni, hijo mío, quería un hogar sólido. Una casa que el mar golpeara todas las noches, ¡bum! ¡bum!, y ella se riera con la risa de mi padre llena de peces y de redes.

MUNI.— No estés triste, Lilí. Hallarás el hilo, y hallarás a la araña.

CLEMENTE.— ¿Lilí, no estás contenta? Ahora tu casa es el centro del sol, el corazón de cada estrella, la raíz de todas las hierbas, el punto más sólido de cada piedra.

MUNI.— Sí, Lilí, todavía no lo sabes, pero de pronto no necesitas casa, ni necesitas río. No nadaremos en el Mezcala, seremos el Mezcala.

GERTRUDIS.— A veces, hijita, tendrás mucho frío, y serás la nieve cayendo en una ciudad desconocida, sobre tejados grises y gorros rojos.

CATITA.— A mí lo que más me gusta es ser bombón en la boca de una niña. ¡O cardillo, para hacer llorar a los que leen cerca de una ventana!

MUNI.— No te aflijas cuando tus ojos empiecen a desaparecer, porque entonces serás todos los ojos de los perros mirando pies absurdos.

MAMÁ JESUSITA.— ¡Ay, hijita! ¡Ojalá y nunca te toque ser ojos de ciegos de pez ciego en lo más profundo de los mares! No sabes la impresión terrible que tuve, era como ver y no ver cosas jamás pensadas.

CATITA.— *(Riéndose y palmoteando)* También te asustaste mucho cuando eras el gusano que te entraba y salía por la boca.

VICENTE.— ¡Pues para mí lo peor ha sido ser el puñal del asesino!

MAMÁ JESUSITA.— Ahora volverán las tuzas. No grites cuando tú misma corras por tu cara.

CLEMENTE.— No le cuenten eso, la van a asustar. Da miedo aprender a ser todas las cosas.

GERTRUDIS.— Sobre todo que en el mundo apenas si aprende uno a ser hombre.

LIDIA.— ¿Y podré ser un pino con un nido de arañas y construir un hogar sólido?

CLEMENTE.— ¡Claro! Y serás el pino y la escalera y el fuego.

LIDIA.— ¿Y luego?

MAMÁ JESUSITA.— Luego Dios nos llamará a su seno.

CLEMENTE.— Después de haber aprendido a ser todas las cosas, aparecerá la lanza de San Miguel, centro del universo y a su luz surgirán las huestes divinas de los ángeles y entraremos en el orden celestial.

MUNI.— Yo quiero ser el pliegue de la túnica de un ángel.

MAMÁ JESUSITA.— Tu color irá muy bien, dará hermosos reflejos. ¿Y yo qué haré enfundada en este camisón?

CATITA.— ¡Yo quiero ser el dedo índice de Dios Padre!

(Todos a coro).— ¡Niña!

EVA.— ¡Y yo una ola salpicada de sal, convertida en nube!

LIDIA.— Y yo los dedos costureros de la Virgen bordando... bordando.

GERTRUDIS.— Y yo la música del harpa de Santa Cecilia.

VICENTE.— ¡Y yo el furor de la espada de San Gabriel!

CLEMENTE.— Y yo una partícula de la piedra de San Pedro.

CATITA.— *(Llora)* ¿Ya no habrá mundo? ¿Y cuándo lo voy a ver? Yo no vi nada, ni siquiera aprendí el silabario. Yo quiero que haya mundo.

VICENTE.— ¡Velo ahora, Catita!

(A lo lejos se oye una trompeta.)

MAMÁ JESUSITA.— ¡Jesús, Virgen Purísima! La trompeta del Juicio Final. ¡Y yo en camisón! ¡Perdóname, Dios mío, esta impudicia!

LIDIA.— No, abuelita, es el toque de queda. Hay un cuartel junto al panteón.

MAMÁ JESUSITA.— ¡Ah sí, ya me lo habían dicho! Y siempre se me olvida. ¿A quién se le ocurre poner un cuartel tan cerca de nosotros? ¡Qué gobierno! ¡Se presta a tantas confusiones!

VICENTE.— ¡El toque de queda! Me voy. Soy el viento que abre todas las puertas que no abrí, que sube en remolino las escaleras que nunca subí, que corre por las calles nuevas para mi uniforme de oficial y levanta las faldas de las hermosas desconocidas... ¡Ah frescura! *(Desaparece.)*

MAMÁ JESUSITA.— ¡Pícaro!

CLEMENTE.— ¡Ah, la lluvia sobre el agua! *(Desaparece.)*

GERTRUDIS.— ¡Leño en llamas! *(Desaparece.)*

MUNI.— ¿Oyen? Aúlla un perro. ¡Ah, melancolía! *(Desaparece.)*

CATITA.— ¡La mesa donde cenan nueve niños! ¡Soy el juego! *(Desaparece.)*

MAMÁ JESUSITA.— ¡El cogollito fresco de una lechuga! *(Desaparece.)*

EVA.— ¡Centella que se hunde en el mar negro! *(Desaparece.)*

LIDIA.— ¡Un hogar sólido! ¡Ese soy yo! ¡Las losas de mi tumba! *(Desaparece.)*

TELÓN

Elena Garro

Nota: Se respetó la puntuación del original.

17. Analiza las funciones de Jakobson en la obra de teatro.

18. Observa la función del diálogo en la obra teatral y coméntala en clase.

19. Con base en una noticia periodística reciente intenta escribir una pequeña obra de teatro.

20. Busca ejemplos de cada una de las funciones de Jakobson y coméntalos en clase.

Función referencial o informativa.

Función emotiva o expresiva.

Función apelativa.

Función fática.

Función metalingüística.

Función poética.

Bibliografía

AGUIAR E. Silva, Víctor Manuel de, *Teoría de la literatura*, Ed. Gredos, Madrid, 1984.

ALEGRÍA de la Colina, Margarita, *Variedad y precisión del léxico*, Ed. Trillas, México, 1987.

ALONSO, Martín, *Ciencia del lenguaje y arte del estilo*, Ed. Aguilar, Madrid, 1988.

ALVARADO, Maité, María del Carmen Rodríguez y Mario Tobelem, *Teoría y práctica de un taller de escritura*, Altalena Editores, Madrid, 1981.

ÁLVAREZ, del Real, María Eloísa, *Cómo escribir sin faltas de ortografía*. Ed. América, Panamá, 1989.

ÁLVAREZ, Miriam, *Tipos de escrito*, Ed. Arco/Libros, S.L., Madrid, 1995. Cuadernos I y II.

AÑORGA, J., *Conozca su idioma*, Minerva Books, L.T.D. New York, N.Y., 1967.

ARIZA, Garrido y Torres, *Comentario lingüístico y literario*, Ed. Alambra, Madrid, 1981.

ASENSI, Manuel, *Teoría de la lectura*, Ediciones Hiperión, España, 1987.

ÁVILA, Raúl, *La lengua y los hablantes*. Ed. Trillas, México, 1977.

BASULTO, Hilda, *Curso de redacción dinámica*, Ed. Trillas, México, 1977.

———, *¡Atención al vocabulario!*, Ed. Trillas, México, 1990.

———, *¡Aplique la gramática!*, Ed. Trillas, México, 1990.

———, *¡Cuide su ortografía!*, Ed. Trillas, México, 1990.

———, *¡Mejore su redacción!*, Ed. Trillas, México, 1990.

BERRENDONNER, Alin, *Elementos de pragmática lingüística*, Ed. Gedisa, Barcelona, 1987.

BERRUTO, Gaetano, *La semántica*, Ed. Nueva Imagen, México, 1979.

CALERO Vaquera, María Luisa, *Historia de la gramática española*, Ed. Gredos, Madrid, 1986.

CLARK and Clark, *Psychology and language*, HBJ Publishers, U.S.A., 1977.

COEN, Arrigo, *Para saber lo que se dice* 1, Ed. Domés, México, 1983.

COUCHAERE, Marie José, *Escriba mejor y sólo lo importante*, Ed. Vergara/Granica, España-Argentina, 1990.

DELEUZE, Gilles, *Lógica del sentido*, Ed. Paidós, España-Argentina, 1989.

DÍAZ de Cossío, Roger, Ignacio Díaz Ruiz, *et al.*, *Escriba mejor*, Ed. Limusa, México, 1990.

DUCROT, Oswald y Tzvetan Todorov, *Diccionario enciclopédico de las ciencias del lenguaje*, Siglo XXI Editores, España, 1979.

ECO, Umberto, *Signo*, Ed. Labor, Barcelona, 1976.

FERNÁNDEZ de la Torriente, G., *Cómo escribir correctamente: la comunicación escrit*a. Ed. Norma, Colombia, s/f.

FERNÁNDEZ González, Ángel R. Hervás y Báez, *Introducción a la semántica*, Ed. Cátedra, Madrid, 1984.

FONCUBERTA, Mar de, Amparo Moreno *et al.*, *El periodismo escrito*, Ed. Mitre, Barcelona, 1986.

FORSTER, E.M., *Aspectos de la novela*, Ed. Universidad Veracruzana, México, 1961.

FOWLER, Roger, *Para comprender el lenguaje*, Ed. Nueva Imagen, México, 1978.

GABILONDO, Ángel, *El discurso en acción*, Ed. Anthropos, Barcelona, 1990.

GAUQUELIN, Françoise, *Saber comunicarse*, Ediciones Mensajero, España, 1982.

GÓMEZ de Silva, Guido, *Breve diccionario etimológico de la lengua española*, Fondo de Cultura Económica, México, 1989.

GONZÁLEZ Reyna, Susana, *Manual de redacción e investigación documental*, E. Trillas, México, 1987.

GRUPO Nadir, *Taller de lengua*, Ediciones de la Torre, Madrid, 1987.

G.W., Martín, *Cómo comunicar mejor por escrito*, Ed. Planeta Mexicana, México, 1990.

IBARROLA, Javier, *La noticia*, Ed. Gernika, México, 1986.

I.T.E.S.M., *Proyecto año 2000*, Ed. I.T.E.S.M, México, 1975.

KAYSER, Wolfang, *Interpretación y análisis de la obra literaria*, Ed. Gredos, España, 1961.

KREIMER, Juan Carlos, *¿Cómo lo escribo?*, Ed. Planeta, México, 1990.

LADRÓN de Guevara, Moisés, *La lectura*, Ed. El Caballito, México, 1985.

LAGUNA, Carlos, *Palabras y palabrotas*, Publicaciones Cruz O., México, 1988.

LAMIROY, Béatrice, *Léxico y gramática del español*, Ed. Anthropos, España, 1991.

LEÑERO, Vicente y Carlos Marín, *Manual de periodismo*, Ed. Grijalbo, México, 1986.

LINTON, Marigold, *Manual simplificado del estilo*, Ed. Trillas, México, 1986.

LÓPEZ Chávez, Juan y Humberto López Morales, *Comprensión y redacción del español básico 1*, Ed. Alhambra Mexicana, México, 1989.

LÓPEZ García, Ángel, *Para una gramática liminar*, Ed. Cátedra, Madrid, 1980.

LÓPEZ Morales, Humberto, *Español básico I II III*, Ed. Playor, Madrid, 1979.

MADRAZO, P.G. y C. Moragón, *Hablar y escribir*, Ediciones Pirámide, Madrid, 1992.

MARCOS Marín, Francisco, *Aproximación a la gramática española*, Ed. Cincel, Madrid, 1972.

———, *El Comentario lingüístico*, Ed. Cátedra, Madrid, 1985.

MARÍAS, Julián, *El uso lingüístico*, Ed. Colomba, Buenos Aires, 1966.

MARTÍN, José Luis, *Crítica estilística*, Ed. Gredos, Madrid, 1973.

MARTÍN Vivaldi, Gonzalo, *Curso de redacción*, Ed. Paraninfo, Madrid, 1977.

———, *Géneros periodísticos*, Ed. Prisma, México, 1973.

MÉNDEZ Torres, Ignacio, *El lenguaje oral y escrito en la comunicación*, Ed. Limusa, México, 1989.

METZ, M.L. *Redacción y estilo*, Ed. Trillas, México, 1986.

MEYER, Michel, *Lógica, lenguaje y argumentación*, Ed. Librería Hachette, Argentina, 1987.

MIGNOLO D., Walter, *Textos, modelos y metáforas*, Ed. Universidad Veracruzana, México, 1977.

MIGUEL, Saad, Antonio, *Redacción*, C.E.C.S.A., México, 1984.

———, *Manual del redactor*, Ed. Diana, México, 1990.

MORENO de Alba, José, *Minucias del lenguaje*, Ediciones Océano, México, 1987.

———, *El español en América*, Fondo de Cultura Económica, México, 1988.

MUÑOZ Aguayo, Manuel, *Escribir bien: manual de redacción*. Ed. Concepto, México, 1990.

NIPONGO, Nikito, *Museo nacional de horrores*, Ed. Océano, México, 1986.

ONIEVA Morales, Juan Luis, *Curso superior de redacción*, Ed. Verbum, Madrid, 1995.

ORTUÑO Martínez, Manuel, *Teoría y práctica de la lingüística moderna*, Ed. Trillas, México, 1979.

PIZARRO, Narciso, *Metodología, sociología y teoría lingüística*, Alberto Corazón Editor, Madrid, 1979.

PRIETO, Luis J., *Estudios de lingüística y semiología generales*, Ed. Nueva Imagen, México, 1977.

POCA, Anna, *La escritura*, Ed. Montesinos, España, 1991.

POZUELO Yvancos, José Ma., *Teoría del lenguaje literario*, Ed. Cátedra, Madrid, 1988.

REBOUL, Oliver, *Lenguaje e ideología*, Fondo de Cultura Económica, México, 1986.

RODRÍGUEZ, Mauro, *Creatividad verbal*, Ed. Pax, México, 1987.

———, *Griego: Presencia del griego en el español*, Ed. Limusa, México, 1990.

———, *Presencia del latín en el español*, Ed. Limusa, México, 1990.

SELECCIONES del Reader's Digest, *La fuerza de las palabras*, Reader's Digest, México, 1977.

———, *La clave de la lectura*, Reader's Digest, México, 1987.

S.I. Hayakawa, *El lenguaje en el pensamiento y en la acción*, Ed. Hispano-Americana, México, 1967.

SERAFINI, Ma. Teresa, *Cómo redactar un tema*, Ed. Paidós, Barcelona-Buenos Aires, 1985.

STAIGER, Emil, *Conceptos fundamentales de poética*, Ed. Rialp, España, 1966.

TACCA, Óscar, *Las voces de la novela*, Ed. Gredos, Madrid, 1978.

TEJADA, Leonor, *Hablar bien no cuesta nada y escribir bien tampoco*, Ed. Posada, México, 1989.

————, *Hablemos correctamente: lo que siempre quise decir en televisión*, Ed. Panorama, México, 1990.

THIEBAUT, Carlos, *Historia del nombrar*, Visor, Madrid, 1990.

TOSCANO, Humberto, *Hablemos del lenguaje*, E. Joshua B. Powers, Inc. New York, 1965.

TREVIÑO, Jorge, *Ortografía: práctica al día*, Ed. Trillas, México, 1990.

TRUJILLO, Ramón, *Elementos de semántica lingüística*, Ed. Cátedra, Madrid, 1979.

UITTI, Karl D., *Teoría literaria y lingüística*, Ed. Cátedra, Madrid, 1977.

VACA Pulido, Juan, *Etimologías: un enfoque lingüístico*, Ed. C.E.C.S.A., México, 1982.

VAN Dijk, Teun A., *Estructuras y funciones del discurso*, Ed. Siglo XXI, México, 1983.

————, *Texto y contexto*, Ed. Cátedra, Madrid, 1988.

————, "La ciencia" del texto en *Comunicación* No. 5, Ed. Paidós Barcelona, 1993.

VIÑOLY, A. y J., *Diccionario guía de redacción*, Ed. Teide, Barcelona, 1970.

Referencias
de textos

225   Tomado de la revista *Muy Interesante*, No. 114, noviembre de 1990.

234   Tomado de *Nexos*, No. 221, México, mayo de 1996, p. 67.

245   Tomado de *Nexos*, No. 277, enero de 2001.

273   Tomado de *Comercio exterior*, Vol. 42, México, diciembre de 1992.

288   "Memorias de aeropuerto I."
Tomado de *Nexos*, No. 177, México, septiembre de 1992.

294   Tomado de *La contracultura en México*, Ed. Grijalbo, México, 1996.

312   "A uno le pasan cosas muy raras." Tomado de *Los sueños vanos, los ángeles curiosos*, Ed. Argos Vergara, España, 1980.

312   *Rayuela*. Tomado de *Rayuela*, cap. 32, Ed. Sudamericana, Argentina, 1976.

312   *Paseo en trapecio*. Tomado de *Paseo en trapecio*, Ed. Edivisión, México, 1985.

313   "El espejo que no podía dormir." Tomado de *La oveja negra y demás fábulas*, Ed. Seix Barral, México, 1983.

313   "San Avilán." Tomado de *La musa y el garabato*, FCE, México, 1992.

314   "La última navidad." Tomado de *Sopita de fideo*, Ed. Aguilar León y Cal Editores, México, 1991.

321   "Este ir y venir" y "Estos templos que somos".

322   "Soneto de la esperanza." Tomado de *Obras completas*, FCE, México, 1978.

322   "Emiliano Zapata." Tomado de *Antología de poesía mexicana contemporánea*.

323   Tomado de Ochoa, Enriqueta, *Retorno de Electra*, Ed. Diógones, México, 1978.

323   "Tú." Tomado de *Al viento submarino*, ITESM, México, 1966.

325   Tomado de *Un hogar sólido*, Universidad Veracruzana, México, 1958.

PROGRAMAS EDUCATIVOS, S.A. DE C.V.
CALZ. CHABACANO NO. 65,
COL. ASTURIAS, DELG. CUAUHTEMOC,
C.P. 06850, MÉXICO, D.F.

EMPRESA CERTIFICADA POR EL
INSTITUTO MEXICANO DE NORMALIZACIÓN
Y CERTIFICACIÓN A.C. BAJO LAS NORMAS
ISO-9002:1994/NMX-CC-004:1995
CON EL NO. DE REGISTRO RSC-048
E ISO-14001:1996/NMX-SAA-001:1998 IMNC/
CON EL NO. DE REGISTRO RSAA-003